U0466302

江 山
慈爱民 著

彩云长在有新天

毛主席亲属和身边工作人员难忘的回忆

中国文联出版社

图书在版编目（CIP）数据

彩云长在有新天：毛主席亲属和身边工作人员难忘的回忆 / 江山，慈爱民著 . -- 北京：中国文联出版社，2025.5. -- ISBN 978-7-5190-5837-1

Ⅰ. A754

中国国家版本馆 CIP 数据核字第 20257K6T29 号

著　　者　江　山　慈爱民
责任编辑　胡　笋
责任校对　秀点校对
封面设计　吉　辰

出版发行　中国文联出版社有限公司
社　　址　北京市朝阳区农展馆南里 10 号
邮　　编　100125
电　　话　010-85923025（发行部）　010-85923091（总编室）
经　　销　全国新华书店等
印　　刷　北京顶佳世纪印刷有限公司

开　　本　710 毫米 ×1000 毫米　1/16
印　　张　22.25
字　　数　280 千字
版次印次　2025 年 5 月第 1 版第 1 次印刷
定　　价　89.00 元

版权所有·侵权必究
如有印装质量问题，请与本社发行部联系调换

代序

历史会永远铭记这个伟大的名字

慈爱民

2023年12月26日，是中国人民的伟大领袖和导师毛泽东主席诞辰130周年纪念日。

10年前，在纪念毛泽东同志诞辰120周年座谈会上，习近平总书记指出："毛泽东同志是伟大的马克思主义者，伟大的无产阶级革命家、战略家、理论家，是马克思主义中国化的伟大开拓者，是近代以来中国伟大的爱国者和民族英雄，是党的第一代中央领导集体的核心，是领导中国人民彻底改变自己命运和国家面貌的一代伟人。""在为中国人民不懈奋斗的光辉一生中，毛泽东同志表现出一个伟大革命领袖高瞻远瞩的政治远见、坚定不移的革命信念、勇于开拓的非凡魄力、炉火纯青的斗争艺术、杰出高超的领导才能。他思想博大深邃、胸怀坦荡宽广，文韬武略兼备、领导艺术高超，心系人民群众、终生艰苦奋斗，为中华民族和中国人民建立了不朽功勋。"习近平总书记的重要讲话，对毛泽东同志的丰功伟绩和毛泽东思想的历史地位给予了高度评价，代表了全党的共识，代表了亿万人民的心声。

毛泽东是属于中国的，也是属于世界的。他不仅赢得了全党全国各族人民爱戴、崇敬和怀念，也赢得了世界上一切向往光明和进步的人们的敬佩和赞扬。时间又过去了10年，毛泽东这个伟大的名字，不仅没有被人们所淡忘，而且随着时间的推移，愈发闪耀着璀璨夺目的光辉。

曾经有那么一个时期，有那么极少数人，以所谓反对"个人崇拜"、破除"个人迷信"为由，妄图全盘否定毛泽东的巨大历史功绩，全盘否定毛泽东思想作为科学理论的崇高历史地位。其实，这股逆流从根本上讲，就是对马克思主义的曲解和背离，因为按照辩证唯物主义和历史唯物主义的观点，马克思主义者从来不否认领袖人物在历史发展进程中的重要作用，甚至关键时刻的决定性作用。

列宁指出，领袖就是最有威信、最有影响、最有经验，被选拔出来担任最高职务的人们。历史唯物主义认为，历史是人民创造的，离开了亿万人民的伟大劳动和创造，历史无疑是一张白纸。但是，这并不能否定领袖人物、英雄人物在历史上的特殊重要作用。一些伟大的领袖人物，往往会以他们卓越的才能和贡献，对人类社会的经济、政治、思想、文化等产生重大影响，推动历史的发展，甚至改变历史前进的轨迹。如果排除他们，否认他们所起的重要作用，不仅不符合史实，而且会陷入历史虚无主义的泥淖。

党的中央集体领导是我党的最高政治领导形式。在长期的革命斗争实践中，我们党形成了行之有效的民主集中制的原则。但是，党在坚持集体领导的同时，又决不否认领袖人物重要的、乃至决定性的作用。在中国革命、建设、改革的漫长曲折、艰苦卓绝的斗争实践中，我们党锻炼产生了一批理想坚定、才干绝伦、功勋卓著的革命领袖。他们在各个紧要的历史关头运筹帷幄、力挽狂澜，拨正了历史航船，建立了旷世伟业。毛泽东同志就是他们中的杰出代表。

"江山如此多娇，引无数英雄竞折腰"。今天，我们回首风云激荡的百年历史，无不感叹在沧桑古老的华夏大地上，曾经发生了多少血与泪的故事，演绎了多少英雄的传奇，造就了多少风云人物。走进新的时代，历史和人民在怀念他们的时候，无不以虔诚、崇敬的心情，站在国家和民族大义的立场上，客观公允地评说着他们的功过是非。

以毛泽东为例，从韶山冲里的农民之子，到湘江岸边的一介书生，从普通的大学图书管理员，到点燃星火的建党领袖，从粗布长衫的"农民运动大王"，到"占山为王"的军事天才，从席卷闽赣、到跨越万水千山、到坚持陕北十三年、到指挥千军万马令强敌"灰飞烟灭"的三大决战，直至登上天安门城楼……毛泽东的一生波澜壮阔、奇瑰绚丽，充满传奇。虽然他的对手、敌人对他充满敌意，甚至恨之入骨，不惜造谣中伤、攻击污蔑，然而，任何一个尊重历史的人，都要面对基本的历史事实，即毛泽东确具高屋建瓴之眼光、经天纬地之才略。

解决争论和歧见，一个比较简单的办法，就是假设。虽然历史不能假设，但作为研究党史的学者，我们不妨假设一下，如果历史没有毛泽东，将会怎样？

假如没有毛泽东，就不会有秋收起义的霹雳和井冈山的割据，就不会有"星星之火，可以燎原"的伟大预见，更不会有"赣水那边红一角"的中华苏维埃旗帜在黑沉沉的赣南、闽西高高飘扬；

假如没有毛泽东，就不会有"雄关漫道真如铁，而今迈步从头越"的壮志豪情，不会有出神入化、堪称战争经典的四渡赤水，也不会有"五岭逶迤腾细浪，乌蒙磅礴走泥丸"的盖世绝唱，更不会有巧渡金沙江、强渡大渡河、飞夺泸定桥、翻越夹金山的惊世传奇；

假如没有毛泽东，就不会有来自延安窑洞揭示人类思想无穷奥秘的哲学经典，不会有《为人民服务》《纪念白求恩》《愚公移山》等诠释共产党人崇高信念的不朽宣言，不会有"一切反动派都是纸老虎"的英明论断，也不会有以区区2万兵力与20万敌军周旋于黄土高原峡谷沟壑的战争神话；

假如没有毛泽东，就不会有天安门城楼上响彻神州、声震寰宇的庄严宣告，不会有"抗美援朝，保家卫国"、与世界上最强大的对手拼死较量的胆识和壮举，更不会有"两弹一星"的惊天巨响和社会主义中国巍然屹立于世界东方的傲然雄姿。

假如没有毛泽东，以中国人民的聪明智慧，这些成就或早或迟也许会取得。然而，我们或许却永远没有机会欣赏到毛泽东深邃锐利的哲学思想、洞若观火的远见卓识、坚定不移的理想信念、得心应手的斗争艺术、驾驭全局的领导才能、力透纸背的妙笔美文、纵横捭阖的滔滔雄辩和雄浑潇洒的诗词书法，欣赏不到他过人的凝聚力和伟大人格的感染力，欣赏不到他作为"世界级"伟人的超凡魅力。毛泽东接手的，是一个四分五裂、一盘散沙、被列强以政治、经济直至军事手段肆意踩蹦的中国，而当他撒手人寰时，中华民族在近代以来第一次以从未有过的尊严，站立在世界的舞台上。

毛泽东的诞生，是中国人民的幸运，是中华民族的幸运。历史不能假设，但历史一旦被创造，就永远不可改变或磨灭。

历史的长河如奔腾不息的长江、黄河，注定要东流入海。然而，没有了三峡绝景的长江、失去了壶口瀑布的黄河，又会失去多少壮观，减去多少豪迈！历史是人民创造的，党的路线方针政策也是集体智慧的结晶，然而，许多思想火花、智慧闪电、精神奇葩却是毛泽东所独有的，正如三峡之于长江、壶口之于黄河！

中华大地是孕育无数英雄的壮丽沃土，中华民族是英雄辈出的伟大民族。然而，"数风流人物，还看今朝"。从20世纪20年代初叶到迄今为止的百年之间，中华民族诞生了以毛泽东为杰出代表的富有理想、富有远见、具有治党、治国、治军雄才大略的卓越领导人。他们既是中国共产党的英明领袖，更是全体华夏儿女为之骄傲和自豪的民族英雄。

毛泽东逝世已经47周年了。近半个世纪以来，缅怀他老人家丰功伟绩、传奇人生的图书汗牛充栋，令人目不暇接。在纪念他老人家130周年诞辰之际，如何编写一本不同于以往、不同于他人、不同于同类作品的纪念专著，是我和另一位作者江山同志费尽思量的问题。我曾任中宣部《党建》杂志社社长，江山同志是新华社高级记者，曾长期担任中红网的总编辑，我们两人都无限崇敬伟大的领袖毛泽东，把编写一本专著作为献给他老人家130周年诞辰的礼物，看作是我们义不容辞的职责。后来，我们商定把近些年来先后对毛泽东的亲属、身边工作人员和故乡亲友所做的专访，重新进行改写和加工，有的还进行了补充采访，通过深度挖掘那些鲜为人知、生动感人的故事，力求为读者展示一个真实、平凡、多情、富有个性而又充满人格魅力的毛泽东。

本书不是全面展现毛泽东丰功伟绩的鸿篇巨制，而只是回忆生活中的毛泽东的短文集锦。倘若我们写出来的故事，让人们能够感受到真实的毛泽东，能够体味到毛泽东的伟大人格和崇高品质，能够领悟到本书书名《彩云长在有新天》的深刻用意，那我们就十分的欣慰了。

2023 年 12 月于北京

目录

他是一个伟大的父亲
访毛泽东的女儿李讷 · 001

做毛主席儿媳妇是我终生的幸福
访毛岸英的夫人刘思齐 · 014

忆往昔，峥嵘岁月稠
访中央警卫局原常务副局长、中央警卫团原团长张耀祠 · 039

在伟人身边的日子
访中央警卫局原常务副局长孙勇 · 056

毛主席永远活在我心中
访毛主席警卫战士陈长江 · 081

毛主席影响了我一生
访毛主席警卫战士曲琪玉 · 103

在毛主席身边学习毛主席
访毛主席警卫战士王明富 · 114

伟大的人格高悬天际
访毛主席警卫战士孟进鸿 · 144

情意绵绵忆春秋
访毛主席警卫战士孙振发 · 158

毛主席的清廉人生
访毛主席警卫战士贲兰武 · 175

永远把人民装在心里
访毛主席警卫战士李耿成 · 190

一点一滴总关情
访毛主席理发师周福明 · 198

伟人的平凡生活
访毛主席的"管家"吴连登 · 220

让历史的瞬间定格
访毛主席专职摄影师钱嗣杰 · 237

跟随毛主席转战陕北的日子
访原中央纵队电台报务员李锦华 · 251

毛主席在 118 厅的故事
访人民大会堂服务员张善兰 · 264

"流动的中南海"温暖如春
访"毛泽东专列"乘务员王爱梅 · 275

毛主席的第二个家
访"毛泽东专列"列车员李建新 · 296

韶山赤子毛泽东
访毛泽东侄女毛小青、侄儿毛坚平 · 306

韶山乡亲眼里的毛泽东
访毛泽东韶山乡亲汤瑞仁、胡小娟、李定洪、毛雨时 · 323

他是一个伟大的父亲
访毛泽东的女儿李讷

> 李讷，女，汉族，中共党员。1940年8月出生于陕西延安，北京大学历史系毕业。曾任全国政协委员、中央办公厅秘书局巡视员。毛泽东的小女儿。

采访李讷，是在她位于北京万寿路的住处进行的。

李讷是毛泽东最小的女儿，1940年8月3日出生在革命圣地延安。她在金戈铁马、硝烟弥漫的战争环境中度过了童年。

由于47岁才有了这个孩子，毛泽东不忍心把幼小的女儿送到保育院去，所以李讷是唯一一个在毛泽东身边度过了全部童年的孩子，父女之间非常亲昵。

对于自己的名字，李讷说："'讷'，取自于孔子《论语》中的名句：'君子欲讷于言而敏于行。'所以我叫讷，姐姐叫敏。"李讷说："这句话的意思就是让我'少说话，多做事'。"

对于为何姓李，李讷没有解释。外界对此有两种解读：一是

毛主席和女儿李讷（左）、李敏（右）在一起

当年毛泽东老来得女，自然很高兴，考虑到女儿姓毛太惹人注意，所以决定她采用母姓。二是因为毛泽东转战陕北时曾经化名"李得胜"，李讷是在陕北出生的，便给女儿取名李讷。

采访者问道："李讷同志，我们知道，您从小就和父亲生活在一起。在你们兄弟姐妹中，您是在父亲身边时间最长的孩子，受到他老人家的影响也应该最大，所以，我们想请您谈谈他老人家是怎样关心、爱护你们，并教育你们成长的？"

李讷深情地说："是的，父亲是一个有着博大胸怀和强烈爱心的人，他爱党、爱国家、爱人民，当然也非常爱我们兄弟姐妹。他爱我们的故事，几天几夜也说不完。但是，他是一个伟大的父亲，他对我们的爱，不是宠爱，更不是溺爱，而是从一个革命家的角度、从培养革命事业接班人的目的出发而给予的爱。"

稍停顿了一会儿，李讷接着说："父亲给我们最大的财富，不是金钱，而是对我们的严格要求。这是最宝贵的精神财富，是我们一生取之不尽、用之不竭的财富。有人曾经说过，你父亲当年要求你那么严格，你觉得幸福吗？甚至还有的人问，你恨不恨他？我说你怎么会提出这样的问题来？我爱他都爱不够呢，怎么会恨！我觉得，他那样严格要求我，完全是为我好，而且爱得长远。"

往事如烟，毛主席和爱女之间那些美好的故事，鲜活地呈现在我们面前。

从 4 岁开始读诗说起

李讷是北京大学历史系的高材生。之所以选择学习历史专业，不能不说也是在很大程度上受到了酷爱历史的父亲的影响。父亲爱读历史书，让李讷也跟着读了不少历史名著，渐渐地她对历史产生了兴趣，而且书籍上父亲批注的笔记也让她受益良多。父亲还让她和姐姐李敏读四大名著，首先是读容易懂的《水浒传》，然后再读其他几本。还让她们多读各类诗词，感受诗词的境界，提高文学素养。毛泽东还将自己选编的诗词打印成册，装订了好几本，每个孩子送一本。

毛泽东十分注意教育孩子的方法，不干涉孩子的爱好和选择。当年，在李讷填写大学志愿时，他对女儿说："爸爸妈妈提的建议仅供你参考，你自己喜欢什么就选什么，你自己拿主意。"最终，李讷根据自己的爱好报考了北大历史系。

李讷回忆起父亲对自己的教育："在我三四岁时，父亲开始教我读诗。杜甫有首诗中写道'细雨鱼儿出，微风燕子斜'，当我们散步时，正刮着微风，父亲就说'微风燕子斜'。他喜欢用这样的方法教育孩子。我10岁之前没有上过学，都是这样潜移默化地学了很多知识。"

李讷最早学会的诗，是父亲教的刘邦的《大风歌》："大风起兮云飞扬，威加海内兮归故乡，安得猛士兮守四方。"那是在延安时期。李讷问："《大风歌》为什么只有三句？"毛泽东说："这就叫千古绝唱嘛。"

李讷说，父亲喜欢听京剧，她自己是在听着京剧的锣鼓点声中长大的。"那时候家里有留声机和唱片，经常放，延安评剧院也经常演京剧。在我刚能被抱着出去的时候，父亲就抱着我晚上去看戏。我看戏老问他出场的是好人坏人，一说是好人我就会躺在爸爸的怀里安心睡觉了。"从这些言谈中，能感受到李讷对童年时光的幸福的怀念。

在李讷的记忆里，自从读小学后，由于父亲的工作实在太忙，加之她平时都住在学校，父亲便不太过问她的学习。但会通过特殊的方式引导她和姐姐。1957年8月1日，毛泽东在繁忙的工作之余，吟诵起范仲淹的《苏幕遮》《渔家傲》两首词。他有感而发，即兴写下了一则很长的评注。其中写道："词有婉约、豪放两派，各有兴会，应当兼读。读婉约派久了，厌倦了，要改读豪放派。豪放派读久了，又厌倦了，应当改读婉约派。我的兴趣偏于豪放，不废婉约。婉约派中有许多意境苍凉而又优美的词。……婉约派中的一味儿女情长，豪放派中的一味铜琶铁板，读久了，都令人厌倦的。……词的婉约、豪放两派，在一个人读起来，有时喜欢前者，有时喜欢后者，就是一例。睡不着，哼范词，写了这些。江青看后，给李讷看一看。"这时李讷还是个中学生，并不太懂古诗词，毛泽东是想通过这种方式引导李讷把握宋词的基本特征，教给她欣赏文学作品的正确方法。

上大学不久，学习方式和内容都有所变化，特别是面对深奥的历史问题，李讷也有些问题需要向父亲请教。大概是在 1959 年底，她给父亲写了一封信，探讨阅读历史名著的问题。当时毛泽东正在杭州开始他为期两个月的特殊读书生活，接信后，很快就给李讷回了信，信中说："要读浅近书，由浅入深，慢慢积累。大部头书少读一点，十年八年渐渐多读，学问就一定可以搞通了。"毛泽东是在告诉女儿，读书要有所选择和侧重，同时要循序渐进、持之以恒。

由于自小养成了习惯，读书成了李讷的唯一爱好。她的物质生活非常简单、俭朴，吃喝、穿着都毫不讲究，家中也没有什么值钱的家具陈设，就是书多，书柜里摆满了书。这些书大都是她母亲留下的，有 2 万多本。

不准说是毛泽东的孩子

我们党成为执政党后，毛泽东从历史和现实的高度，认真思考干部子弟，特别是高级干部子女教育的重要性，把对干部子弟的教育放到防止人民政权变质的高度来认识。

李讷说，在延安的时候，我虽然只有五六岁，但也和大伙儿一样拿着小碗到食堂去打饭，吃的是一样的黑豆，从没有觉得这有什么不正常。父亲要求我不要搞任何特殊化。

李讷上小学前，父亲曾告诉李讷，在学校里，不准说你是毛泽东的女儿，不能坐中南海的汽车上学。

李讷问:"那同学们问我,你爸爸是干什么的,我咋回答?"毛泽东说:"你就说你的爸爸是个工人嘛!"结果李讷受到了同学们的冷落,而那些家庭背景显赫的同学则是众星捧月。毛泽东得知后,十分感慨,觉得干部子女中的攀比现象远比他想象的要严重。

有一次,毛泽东和湖北省委副秘书长梅白谈起领导干部子女的教育问题,毛泽东问他:"你还记得曹操评汉献帝的话吗?"梅白说:"记得。其中有两句是:生于深宫之中,长于妇人之手。"

梅白说完这句话其实已经猜出了主席想说的意思,随后他听到毛泽东叹了一口气说:"我们某些高级干部的子女不就是汉献帝吗!从小娇生惯养,吃不得苦,是温室里的花朵,是'扶不起的阿斗'啊。现在我们中央、省级机关的幼儿园、小学,孩子们互相攀比坐的是什么汽车,爸爸是干什么的,看谁的官最大,这不是从小就培养了一批贵族少爷吗?我很担心啊!"

李讷说,父亲对这种现象十分不满。他认为要从培养千百万革命事业接班人的高度来重视和解决这个问题。领导干部子女不能娇生惯养、养尊处优,而要严格教育、严格要求,让他们经风雨、见世面,到大风大浪中去磨炼。

20世纪50年代末,在读完苏联《政治经济学教科书》一书之后,毛泽东曾有过一次发人深省的谈话,他说:"我很担心我们的干部子弟,他们没有生活经验和社会经验,可是架子很大,有很大的优越感。要教育他们不要靠父母,不要靠先烈,要完全靠自己。"

1967年,毛泽东曾向党内高级干部推荐阅读《战国策》中的《触龙说赵太后》。这篇文章在分析众诸侯没有一个能够子孙三代保持王位的原因时指出:"此其近者祸及身,远者及其子孙。岂

在父亲诞辰纪念日这天，李讷（左）和姐姐李敏在父亲遗像前合影

他是一个伟大的父亲　访毛泽东的女儿李讷

人主之子孙则必不善哉？位尊而无功，奉厚而无劳，而挟重器多也。"毛泽东在讲评中说："这篇文章，反映了封建制代替奴隶制的初期，地主阶级内部财产和权力的再分配。这种再分配是不断地进行的，所谓'君子之泽，五世而斩'，就是这个意思。我们不是代表剥削阶级，而是代表无产阶级和劳动人民，但如果我们不注意严格要求我们的子女，他们也会变质，可能搞资产阶级复辟，无产阶级的财产和权力就会被资产阶级夺回去。"

为了培养合格的革命事业接班人，毛泽东率先垂范，从自己做起，严格要求自己的孩子。

李讷回忆，1946年1月，哥哥毛岸英从苏联回到延安。分别19年的父亲让他做的第一件事就是脱下洋装，换上布衣，到陕北贫瘠的乡村当农民，拜农民为师。一开始，岸英是和父亲住在一起的，但不久，毛泽东就让岸英搬到中央机关去住。有一次，他问岸英："你吃什么灶？"岸英如实回答："中灶。"毛泽东一听便很生气，责问岸英："你有什么资格吃中灶？你应该跟战士一起吃大灶。"毛泽东这样要求，就是为了让岸英明白自己也是普通人，要永葆劳动人民的本色，不能搞特殊化。

对哥哥是这样"苛刻"，对姐姐李敏同样严格要求。李讷说："我姐姐上初中一年级就住校，吃学校的食堂，上高中后才给买个自行车。"

在父亲的教导下，上高中之前，很少有人知道李讷是毛泽东的女儿，就连很多老师都不知道。她在学校非常低调，生活也很俭朴。

据李讷回忆，她上中学时在学校是带午饭。念大学时，家里给她的伙食费并不高。父亲还特别交代：就是这么多钱，不许多给一分钱，如果不够你就跟别人去借，下个月再挤出来还。李讷说："当时好多同学以为我很有钱，因为是主席的女儿嘛。他们就跟我借，借上一个10元，我还能勉勉强强地对付过去，如果再借，我自己都得跟别人借了，同学们不会相信我连自己的饭费都交不上了。一个月就15元的饭费，日子过得是紧紧巴巴的。最近有个同学看了我写的回忆文章后跟我说，真想不到，当年我跟你借钱，还以为你有很多的钱哪！"

上大学后，李讷过着和普通工农子弟一样的生活，住学校，吃食堂，每周六下课才回家。有一次，李讷离校太晚，卫士李银桥担心一个女孩子走夜路不安全，便瞒着毛泽东派车去接了回来。这件事后来被毛泽东知道，他狠狠地批评了李银桥。李银桥委屈地说："就是怕不安全。"毛泽东严厉地说："别人的孩子能自己回家，我的孩子为什么不行？不许用车接，说过就要照办，让她们自己骑车子回来。"

还有一次，在粮食供应紧张的三年困难时期，李银桥偷偷给李讷拿了一盒饼干，也受到了毛泽东的严肃批评。

从青少年时期起，艰苦朴素便一直伴随着李讷。如今，已经年逾八十的李讷，仍然还是那样俭朴和恬淡。在人们的印象里，她的穿着永远没有变化，深灰色的棉布套装，脚穿黑色北京布鞋，似乎跟普通的城市老太太没有什么区别。与那些装扮时尚、雍容华贵的贵妇人相比，李讷的土布装束显得很不合时宜，甚至有些落伍。然而，这普通的外表，却掩盖不住她坚强、内敛与淡定的内在气质。

无情未必真豪杰

毛泽东对子女的要求非常严格,但却丝毫不吝惜对孩子深沉的爱,这是一位革命家父亲对孩子特殊而真挚的爱。毛泽东以他特有的方式爱自己的子女,他的家教成为党的高级领导干部的光辉典范。

李讷回忆,在她刚刚有点懂事的时候,也是毛泽东的工作十分繁忙的时期,如何在繁忙的工作中让主席休息片刻,成了身边工作人员最头疼的事情。每到此时,天真活泼的小李讷就成了工作人员使出的"杀手锏"。李讷说,她当时的主要任务就是让父亲休息。"他太累的时候叔叔们就把我推进房间,让我去跟他玩。父亲喜欢孩子,就会不由自主地停下工作跟我玩一会儿。"

李讷记得,她学说话时,最早说的一句话就是"爸爸散步去"。后来进城了,爸爸还给她说"你小的时候就会说'爸爸散步去'"。李讷回忆说:"我两三岁的时候手小,经常是攥着爸爸的一个手指头去散步。以后逐渐长大了就拉着两个手指头,三个手指头,然后是拉着整个的手。我就是这样慢慢长大的。"

有一次,李讷突发急性阑尾炎,需要做手术,毛泽东得知后十分牵挂,但作为党的领袖他日理万机,无法到医院看望,便给女儿写了一封信。他在信中写道:

害病严重时,心旌摇摇,悲观袭来,信心动荡。这是意志不坚决,我也常常如此。病情好转,心情也好转,世界观又改观了,豁然开朗。

李讷，再熬几天，就可完全痊愈，怕什么？我的话是有根据的。为你的事，我此刻尚未睡，现在我想睡了，心情舒畅了。诗一首：青海长云暗雪山，孤城遥望玉门关。黄沙百战穿金甲，不斩楼兰誓不还。这里有意志。知道吗？

亲你，祝贺你胜利，我的娃！

短短几百个字，完全是拉家常的口吻，亲切、随意、充满爱意。这是一个父亲对女儿多么深沉的呵护啊！

今天，谈起自己平淡的生活，李讷说这完全是受父亲的影响，自自然然，平平常常，从没有刻意要求自己做什么。

据她回忆，在20世纪五六十年代，父亲卫生间里的洗涤用品就是一块普通的洗衣服用的肥皂，父亲的衣服上也有很多补丁。在饮食安排上，父亲很少按照保健医生的劝告吃所谓的营养餐。每日三餐，他吃的很普通。只有在生日的时候，父亲才会同意多加几个菜，叫上家人和工作人员一起吃顿便饭。能和父亲一起吃顿饭，算是我们儿女享有的"特殊待遇"了，因为父亲还定了一条规矩，就是不经过他允许，我们不能与他同桌共餐，都得去机关食堂就餐。李讷说："受他的影响，我们自然而然地就会勤俭、朴素，严格要求自己，靠自己的能力为国家做工作，自己养活自己，做一个自食其力的普通劳动者。"

李讷回忆说，父亲的家教真正触及她灵魂的是在她上大学以后。在这段时间内，毛泽东和李讷前前后后通了十来封信。信中他说的最多的，就是教导女儿"不要特殊，不要骄娇二气，不要自以为是"。毛泽东始终认为，一个人要改变自己，首先是世界观要有根本的改变。

1963年新年伊始，李讷给父亲写信详细剖析了自己的一些缺点和思想变化。在信中，她还谈到自己在大学课程中学《庄子·秋水》后的感想。《秋水》是一篇有名的寓言，记述的是自高自大的黄河水神河伯和虚怀若谷的北海神之间的对话。李讷读后，思想受到很大触动，感觉自己有的地方很像鼠目寸光的河伯，存在着狭隘、浅薄和自高自大的毛病。她认为自己应当从根本上改变人生态度，要和同学们打成一片。于是，她写信向父亲汇报了这一思想变化。

　　接到李讷的来信，毛泽东非常高兴，立即给女儿回了一封信：

　　李讷娃：刚发一信，就接了你的信。喜慰无极。你痛苦、忧伤，是极好事，从此你就有希望了。痛苦、忧伤，表示你认真想事，争上游、鼓干劲，一定可以转到翘尾巴、自以为是、孤僻、看不起人的反面去，主动权就到了你的手里了。没人管你了，靠你自己管自己，这就好了，这是大学比中学的好处。中学也有两种人，有社会经验的孩子；有娇生惯养的所谓干部子弟，你就吃了这个亏。现在好了，干部子弟（翘尾巴的）吃不开了，尾巴翘不成了，痛苦来了，改变态度也就来了，这就好了。读了秋水篇，好，你不会再做河伯了，为你祝贺！

　　毛泽东深为女儿的进步而欣喜，喜悦之情溢于言表。因为他始终要求子女不能因为自己身份的特殊而有优越感，什么时候都要谦虚谨慎，要和普通群众打成一片。

　　在收到父亲的这封家书后，李讷立即给父亲写了回信。仅仅11天后，李讷再次收到父亲的回信，信中说："信收到。极高兴。

大有起色，大有壮志雄心，大有自我批评，大有痛苦、伤心，都是极好的。你从此站立起来了。因此我极为念你，为你祝贺。读浅，不急，合群，开朗，多与同学们交谈，交心，学人之长，克己之短，大有可为。"

李讷说："他（指父亲毛泽东）看得长远。假如不是他那样严格要求的话，我后来自己一个人带着孩子过生活，恐怕很难过得来。我想，他是早就预见到了，他那样要求是很实事求是的。因为接着是你将来要怎么样，你必须要过这样的关，所以他才那样严格要求。这是真正的父爱，真正的！可以说，没有父亲那样严格的要求，就没有我的今天。我非常感谢父亲的言传身教，他是一个真正伟大的父亲！"

做毛主席儿媳妇是我终生的幸福
访毛岸英的夫人刘思齐

> 刘思齐，女，汉族，中共党员。1930年3月出生于上海。曾任解放军工程兵某部翻译，后到军事科学院工作，直至退休。毛泽东长子毛岸英的夫人。

毛主席的儿媳、毛岸英的妻子、革命老人刘思齐，是我们这次采访的重点之一。我们曾先后三次前往刘老家中采访，近距离听她讲那些真实、生动的故事。

2022年1月7日，92岁高龄的刘思齐不幸因病去世，她是一位值得人们尊敬和怀念的老人，对她的离世，我们深感悲痛。为了纪念她——毛主席的好儿媳刘思齐，我们要把她亲口讲述的故事，原原本本再讲给大家听，让更多的人从她讲的故事中，多侧面了解世纪伟人毛泽东和他的儿子、人民英雄毛岸英。

主席认我做干女儿

这是一个充满传奇的故事——毛泽东在延安大礼堂观看文艺演出时，偶然遇见了革命烈士刘谦初的遗孤刘思齐，便把眼前的这个小女孩认做干女儿。从此，这一层特殊的亲情关系，改变了刘思齐的人生。后来，她成为毛泽东主席的大儿媳妇。

据刘思齐说，刘思齐只是她的曾用名，她现在的名字叫刘松林，她的身份证、工作证上的姓名都用的是"刘松林"。刘松林是她上学后用的名字，因为毛泽东曾经对她说过，不要把"刘思齐"弄出很大的名声。

"刘思齐"这个名字，是她的父亲刘谦初牺牲前给她起的。刘谦初是我党早期的一位老革命家，他原名刘德元，"五四运动"爆

毛泽东与毛岸英（右二）、刘思齐（右一）

发时，他就读于济南齐鲁大学，因为积极宣传爱国思想被反动当局勒令退学，后又于1922年考入燕京大学，参加中共地下党组织的工作。大革命时期刘谦初从黄埔军校毕业。1927年1月，在北伐途中，刘谦初加入中国共产党。大革命失败后，在一片白色恐怖下，他继续从事党的地下工作，先后担任中共福建省委书记、山东省委书记。

1929年7月，由于叛徒出卖，中共山东省委机关被破坏了。有一天刘谦初从济南到青岛去组织开展罢工斗争，在明水火车站不幸被捕，敌人提审时核对了照片，把他认了出来。刘谦初没办法隐瞒身份了，被关在山东国民党政府的监狱里。接着，刘谦初的妻子张文秋也被捕了，那时她已有身孕。敌人审讯时，张文秋说："你们抓错人了，我是家庭妇女，什么都不知道。"法官就骂她，逼她承认是共产党。张文秋很厉害，反驳说："你是法官，你夫人也是法官吗？"后来，张文秋被党组织营救了出来。刘思齐这个名字是刘谦初在就义前给起的，意在希望孩子将来无论在哪里都不要忘记自己的故乡（山东古时称齐）。

在法庭上，刘谦初请律师进行辩护。他让律师告诉党组织，自己出不去了，没有救了。因为时任国民党山东省主席的韩复榘向蒋介石报告，称山东的共产党很猖獗，山东共党大头目非杀不可。刘谦初让律师通知他的父亲，敌人枪毙他的日期已经定了。父亲知道后，就搞了一辆木板车，从老家平度赶到济南，守在刑场外，准备收尸。1931年4月，国民党下令枪杀关押在济南的刘谦初，以及中国共产党的创始人之一邓恩铭等革命同志，共有21人。这些革命烈士被押往刑场时一路高呼"中国共产党万岁"的口号。行刑后，刘谦初父亲进去找到了儿子的遗体，一个人把遗体搬到车上，拉回老家安葬。白发人送黑发人，是异常惨烈的。

刘谦初牺牲后，张文秋来到上海，在极端艰险的情况下坚持党的地下工作，先后在上海国际远东第四局情报部做国际情报工作，在江苏省委组织部、上海浦东区委做机要工作。后来，又被调往由上海的中共中央南方局领导的中央联络部情报处工作。抗日战争爆发后，1937年9月，张文秋在党组织的安排下赴革命圣地延安，在抗属学校和鲁迅小学工作。在此期间，张文秋与湖南籍老红军陈振亚结为夫妻。1938年4月，张文秋入抗日军政大学第四期学习，同年9月毕业后被分配到云阳镇八路军115师留守处，与丈夫陈振亚（留守处政治处主任）在一起工作，1938年10月，张文秋生下了二女儿邵华（张少华）。

1938年初春的一个晚上，毛泽东、朱德、任弼时等中央领导同志在延安中央党校礼堂观看话剧《弃儿》。

这部话剧讲述的一个从事党的地下工作的母亲和她女儿的感人故事。全剧的高潮是，由于被特务秘密跟踪，执行任务刚进屋的妈妈就发现追捕的敌人已经堵住了门口，妈妈迅速把没有送走的文件扔在了火堆里。就在这时，门被砸开了，穷凶极恶的军警冲了进来，抓住了妈妈，给她戴上了冰冷的手铐。刚刚入睡的女儿听到了妈妈的呼喊，连衣服也没有来得及穿就追了出来，在昏暗的路灯下，可怜的、衣衫褴褛的小女孩追逐着远去的警车，在凛冽的寒风中凄凉地哭喊着："妈妈，妈妈……"小女孩童稚、真情的演出，催人泪下，深深打动了坐在台下的观众。那稚嫩的声音、撕心裂肺的呼唤，也唤起了毛泽东对亲人无尽的思念。

演出结束后，毛泽东派人把小演员叫到身边来，摸着小女孩的头，十分亲切地问："小姑娘，你叫什么名字？"小女孩回答道：

"我叫刘思齐。"毛泽东又问:"你的爸爸妈妈是谁呀?"思齐朝人群中看了一眼,用手一指说:"那就是我的爸爸妈妈。"毛泽东回头望了望,只见张文秋和陈振亚赶紧走了过来。毛泽东问:"这是你的孩子吗?"陈振亚回答说:"报告主席,这是张一平(张文秋当时的化名)和刘谦初烈士的女儿,我只是她的继父。"

当毛泽东知道刘思齐是刘谦初的女儿后,他脸上顿时露出了惊讶和复杂的表情,原来他和刘谦初早年非常熟悉。1926 年底,刘谦初随黄埔军校学员参加北伐战争,来到武汉。在这里刘谦初与张文秋相识、相爱和结婚。恰在这个时期,毛泽东也在武汉主办农民运动讲习所。耿直豪爽的刘谦初和沉稳睿智的毛泽东一见如故,很快成了亲密的同志和战友。1927 年 4 月,刘谦初和新婚妻子张文秋来到武汉毛泽东的住处拜访,毛泽东和杨开慧热情地接待了他们。这时毛岸英和毛岸青一个五岁,一个三岁,两个孩子学着大人的样子,抓红枣、花生送给刘谦初夫妇,逗得大人哈哈大笑。毛泽东还开玩笑说:"我有两个儿子,你们生几个姑娘,这样我们好对亲家。"

往事如烟,由于有这段难忘的情谊,毛泽东思绪万千,神情严肃又真诚地对张文秋和陈振亚说:"思齐是烈士的后代,我们都有责任好好培养她!"说着,毛泽东抱起年仅 8 岁的刘思齐,风趣地说:"我做你的干爸爸,你做我的干女儿,好吗?"刘思齐懵懵懂懂地点了点头,毛泽东高兴地说:"好,就这样一言为定了。"

从此,刘思齐就成了毛泽东的干女儿。

与毛岸英情深意笃

1939年8月,中共中央决定派一批高级干部去苏联治疗养伤。曾经在红军进军万载的战斗中左腿负重伤后遭截肢的陈振亚也在这批干部中,他准备到苏联安装假肢。为了照顾他的生活,张文秋也带着刘思齐、邵华,与丈夫同行。然而,他们一行人在途经新疆迪化(今乌鲁木齐市)时,被新疆军阀盛世才扣留。陈振亚与陈潭秋、毛泽民等共产党人被软禁在一起。后来,陈振亚、陈谭秋、毛泽民等被盛世才残酷地杀害了,张文秋与刘思齐、邵华被关进新疆监狱长达4年之久。在此期间,中共中央与国民党当局反复谈判和交涉,竭力营救被监禁在迪化的中共党员及其家属、子女。

1946年4月4日,素有"和平将军"之称的张治中兼任新疆省主席。经他努力,中共党员及其家属、子女终于获准无罪释放,返回延安。

1946年6月10日,对于刘思齐来说是个难忘的日子。经过精心准备,刘思齐和妈妈张文秋、妹妹邵华,及叔叔、阿姨、小伙伴们,分乘10辆大卡车向延安进发。

卡车穿戈壁、过火洲、闯关卡,历经坎坷,终于在7月11日抵达革命圣地延安,回到了党的怀抱。

7月12日上午,毛泽东亲自来看望从新疆归来的全体人员。当他走到张文秋面前时,停下了脚步,说:"你回来了,好不容易呀!思齐呢?怎么没有见到她?"

张文秋就把站在她身后的刘思齐拉到毛泽东面前。这一年,刘思齐已经16岁,是一个亭亭玉立的少女了。毛泽东拉着思齐的手,高兴地说:"七八年不见面,你长成大人了,我都认不出来啦!你还是我的干女儿呢,记得吗?"

刘思齐羞涩而激动地点点头。

走出了监狱,离开了新疆,回到了党的怀抱,回到了"干爸爸"身边,刘思齐开始了新的生活。由于经常到干爸爸的家里来,1947年初的一天,她在干爸爸住的窑洞里,第一次见到了从苏联回国不久的毛岸英。当主席告诉岸英"这是你的思齐妹妹"时,岸英感到很诧异,也很惊喜。当岸英了解到思齐这么小的年龄就蹲过国民党的监狱,又知道了她两个烈士父亲的不平凡经历后,他们之间的感情距离一下子拉近了。从此,思齐和岸英之间就产生了兄妹之间的好感和亲情。岸英比思齐大8岁,他是思齐心目中了不起的大哥哥,思齐也是他十分喜欢的小妹妹。

可当时由于国民党胡宗南的军队很快要进攻延安,党中央决定撤离,刘思齐和毛岸英分别随着机关和部队离开了延安,两人也就暂时地分开了,但总是互相牵挂着,盼望着再次见面。直到1948年5月26日,毛泽东率领党中央机关进驻河北平山县西柏坡村,思齐和岸英才再次相见,他们分外激动。这次见面后,他们的感情已经不仅是兄妹之间的亲情,而是上升到了年轻人的恋情。

1948年下半年,思齐和岸英已经难舍难分。有一天,岸英对思齐说:"我俩结婚吧!"当时思齐一点思想准备也没有,因为那时她还是一个学生,刚刚18岁,还在读书,她表示要考虑考虑。过了几天,岸英让思齐和他一起去找爸爸,正式提出结婚的事。思齐犹豫了半晌,最后还是同意了岸英的意见。于是,两人一起到主席爸爸那儿,向他提出了结婚的想法。但是,没有想到主席没有同意。

毛泽东首先问思齐:"思齐,你正在学习,还没有毕业,现在结婚,不怕影响学习吗?"

思齐回答说:"结婚后好好安排,不会影响我学习的。"

毛泽东说:"你还小,不要着急,反正我同意你们结婚,等一等,好不好呀?"

岸英在一旁说:"好,我们听爸爸的。"

于是两人就向主席告辞。可是,没走多远,岸英又往回走,走到主席爸爸那儿。

主席说:"岸英,你怎么又回来了呀?"

岸英说:"爸爸,我今年已经26岁了,我想结婚。结婚后,我会专心致志学习和工作的。"

主席说:"你的意思,是不是让我立刻同意你们结婚?"

"是的。"岸英说。

毛泽东听岸英这样讲后,就有些生气了。他说,他之所以不同意岸英马上结婚,一是因为思齐的年纪确实很小,还不满二十岁;二是解放战争正在紧张进行之中,他和大家的工作实在太忙,这个时候结婚不是好时机。

岸英没想到自己的"正当要求"遭到父亲如此明确的反对,他气鼓鼓地转身走了。但后来岸英经过冷静思考,觉得父亲的想法是对的。几天后,岸英主动向爸爸作了检讨,承认自己不应该在这个时候提出结婚。

1949年初,北平(9月更名为北平)和平解放了。没过多久,岸英、思齐都分别随部队和中央机关进驻北京。这是一段美好的时光,岸英和思齐的爱情也在发展着。当时思齐和妈妈住在西四北大街，西四公园附近有个工人电影院。那年夏天的一个星期天，岸英突然跑来找思齐，邀她一起去看电影。

思齐说："今天是大热天，我想在家凉快一下，我还要做作业，不想去看什么电影。"

岸英说："不行，一定得去看。"思齐只好陪他一起到了电影院。一看电影海报，原来上映的影片是《三毛流浪记》。在整个看电影的过程中，岸英一直攥着思齐的手，看着看着，岸英的手在哆嗦。当时思齐不太理解他的这种状态，心想，今天他是怎么啦？

看完了电影，在回家的路上，思齐问岸英："你为什么对'三毛流浪'这么动情？"

岸英说："我一看这个电影，就回想到我和弟弟的那段童年生

毛岸英和刘思齐的结婚照

活,简直与三毛完全一样、一模一样。电影里的故事像写我一样,三毛的每一个遭遇,我都经历过,只有一点与三毛不一样。"

思齐问他:"哪一点不一样?"

岸英说:"三毛偷东西,我没有偷过东西。对了,还有,我没有像三毛那样去给资本家当儿子。"

岸英还说:"三毛推人力车上桥坡,不是黄包车夫回头扔两个铜板,是坐车人扔的,这些细节我全都经历过。"

当时,思齐听了岸英的话,心里也很心酸。

经主席批准与岸英结婚

1949年9月的一天,岸英和思齐商量,准备过些时候结婚。首先,他们征求母亲张文秋的意见。母亲表示同意,但要求他们必须征得毛主席的同意。

岸英又去征求父亲的意见。这一次,主席爸爸说:"我同意。"又问:"你们准备怎么办婚事呀?"

岸英主张婚事从简。他说:"我和思齐都有随身被褥,都有随身衣物,合在一处,就算结婚了。"

主席爸爸听岸英这么一说,非常高兴。但作为父亲,还是想要帮心爱的儿子好好办一办婚礼,于是特别交代岸英,要他俩列一份参加婚宴客人的名单。

岸英便和思齐商量,共同列出了一个参加婚宴人员的名单。名单上,有邓颖超、康克清、谢觉哉、蔡畅等。主席爸爸看了之后,笑呵呵地说:"你们只请了邓妈妈,还应该请恩来;请了蔡妈妈,还应该请富春;请了康妈妈,还应该请总司令;请了谢老,还应该请定国妈妈。还有少奇和光美同志也要请。弼时同志有病住在玉泉山休息,就不要麻烦他了。婚事简办,我完全赞同,就是要改一下旧习嘛!"

1949年10月15日,毛泽东在中南海菊香书屋,为儿子举办婚礼。是他自己掏钱,置办了3桌酒席。应邀前来参加婚礼的有周恩来夫妇、朱德夫妇、刘少奇夫妇、李富春夫妇、谢觉哉夫妇等。晚上七八点钟,这些伯伯、叔叔、阿姨们带着小礼物,陆续来到菊香书屋。新郎岸英穿的是一身工作服;新娘思齐穿的灯芯绒上衣,裤子是半新的,鞋是新买的。

毛泽东举着酒杯,走到亲家张文秋面前,笑着说:"谢谢你教育了思齐这个好孩子,为岸英和思齐的幸福,为你的健康干杯!"张文秋说:"谢谢主席在百忙之中为孩子们的婚事操心,思齐年幼不懂事,希望主席多批评教育。"

酒席上有湖南风味的腊鱼、腊肉、红辣椒。主席一边往徐特立、谢觉哉等革命老人碗里夹菜,一边说:"孩子的婚事没让我操心。待会儿吃了饭,请你们到他们的新房看看。"

婚礼结束了,岸英和思齐向爸爸告别。临走时,主席拿出一件黑色的皮大衣(这是他1945年去重庆谈判时穿的),笑着说:"我没有什么贵重礼物送给你们,就这么一件大衣。白天让岸英穿,晚上盖在被子上,你们俩都有份。"在场的来宾们听了都忍不住哈哈大笑起来。

岸英的新房,是机关宿舍的一个普通房间。门上贴了大红的"囍"字,房内的陈设非常简单,只有一些必备的生活用品,一张木板床,床上有两条被子,其中一条是思齐的嫁妆。就这样,两个年轻人结婚了。

岸英默默地与我告别

结婚后，岸英的工作非常繁忙，两个人离多聚少。新中国成立不久，岸英就主动要求下基层工作。1950年夏天，他担任了北京机器总厂党支部副书记。这年5月下旬，岸英代父亲回长沙韶山为母亲扫墓，并看望父老乡亲。他按照父亲的教诲，全程都很谦虚低调、礼貌周全，圆满地完成了代父亲毛泽东回乡省亲的任务。

1950年6月，美国将战火烧到了鸭绿江边，毛泽东发出"抗美援朝，保家卫国"的号召。这时，毛岸英从外地回京没多久。刘思齐说，当时岸英去朝鲜，还有一个原因，就是当时能做俄文翻译的人很少，有的翻不了，有的刚毕业经验不足，个别的甚至装病不愿意去。这么大的军事行动，志愿军司令部里没有真正熟悉俄文翻译的参谋人员怎么行，而毛岸英的俄语翻译水平很高。虽然岸英新婚不久，但在保家卫国这样的重大问题上，在祖国和人民需要的时候，他一定会义无反顾、挺身而出的。

令刘思齐特别痛心的是，岸英去朝鲜战场，临走前与她告别，却是在医院的病房里。

当时，因为朝鲜战事吃紧，岸英曾经先行北上了十几天。后来他又随彭德怀回到北京，随彭老总向毛主席汇报朝鲜战事的情况。汇报结束，天已经黑了，岸英匆忙找了一辆自行车，先骑到工厂与工友们道别（岸英工作关系是在北京机器厂），然后，岸英来到医院向思齐告别。当时刘思齐因阑尾炎手术正在住院。

刘思齐痛苦地回忆起她与岸英分别时的情景：

那应该是1950年国庆节后一天晚上，大概是在10月10日前后，我们已经多日不见。不知道去了什么地方的岸英突然回到了北京，我因为患急性阑尾炎做了手术，正住在北京医院。

那天晚上岸英来看望我，医院里静悄悄的，他敲了敲房门，推门而入，他走到我的病床前，关切地询问我的病情。当时，我有点不高兴。我无法理解他为什么忙成这样，我生病、动手术、住院了，他却消失了半个月。岸英见我心情有点不太愉快，就一个劲地道歉。可是，道歉过后他又说来医院是向我辞别的，说是最近要出一趟远差，时间会比较长。由于岸英的工作保密性非常强，我从来不打听他的去向，这一次也像往常一样，没有细问。临走时我发现他上衣左上方的口袋被蓝黑墨水浥了。

我问岸英："这是怎么回事？"

岸英说："我的钢笔套裂了，我现在没有钢笔用了，我明天一早就要走，怎么办呀！"

听岸英这么一说，我忽然想起，我与岸英结婚时，翻译家董秋斯曾送给我一支派克钢笔，我一直舍不得用，搁在我妈妈那儿。岸英一说钢笔，我就想起来了。我说："你又要出差了，还去不去妈妈那儿告诉她一声呀？"

岸英说："要去的，一定要去的。"

我说："那你与妈妈讲，我有一支钢笔在她那儿，看能不能找到，找到了你就带上它。"我还讲，我来打个电话给妈妈。

那天晚上，在医院大门口，我目送岸英离开。我隐约觉得，岸英的举动有些不寻常，但在当时却又说不出什么。岸英在医院门口，走走又回来，回来又走开。最后，在上自行车之前，他站在那里深深地向我鞠了一躬。当时，我根本不知道岸英要去血雨腥风的朝鲜战场，原来他是在向亲人告别，是在与我永诀呀！

岸英走后，我就去护士值班室打电话，可是门锁了，电话打不了，我也没有办法。后来我问妈妈笔给他了没有，妈妈说给了。妈妈告诉我，岸英去了她那儿，已经很晚了，不好意思开口，临走时才提起要钢笔的事。

岸英应该是在医院与我告辞后，当天就与彭老总一起乘坐飞机到东北，在东北逗留了几天，就去了朝鲜。岸英到东北后，还与战友一起在解放战争时期牺牲的烈士的墓前拍了张照片，这是岸英留在世上的最后一张照片。

思齐说，刚到朝鲜时，岸英和几个年轻人一起在志愿军司令部当参谋。多年后担任中央军委委员、中国人民解放军总后勤部部长的赵南起当年和岸英同住一个房间。赵南起是朝鲜族同志，懂朝鲜语。赵南起曾经给思齐讲过，晚上睡觉前，岸英总拿着思齐的照片给他看，还问："漂亮吧！"

岸英是这样壮烈牺牲的

说起毛岸英牺牲的细节，刘思齐说，赵南起是岸英的战友，曾亲历和目睹了岸英牺牲的过程。他生前曾经有过讲话，还写过文章，回忆了毛岸英牺牲的经过。

毛岸英牺牲时任志愿军司令部作战室主任的丁甘如，曾详细地回忆了这次敌机空袭的细节。

抗美援朝战争第一次战役后，志愿军领导机关同志在回国汇报工作时，谈到了志愿军司令部在朝鲜的防空问题，远在北京的毛泽东和军委放心不下，多次打电报提醒要注意志司领导机关的安全，千万不可大意。

1950年11月24日晚，丁甘如等正在志愿军总部机关大榆洞的山沟里忙碌，突然一群美机飞过来了，是F-80战斗轰炸机，一共12架。其中一架掉转头来在大榆洞的上空盘旋侦察了很久才飞走。

丁甘如想到，美机会不会发现了志愿军司令部驻地。随后不久，丁甘如从部队了解到，这群敌机是去轰炸松花江上的小丰满发电厂返航，从志愿军司令部驻地上空经过的。

丁甘如还是将敌机情况和自己的想法向志司首长作了汇报，引起了邓华和洪学智两位副司令员的警觉，他们向彭总建议召开会议，布置一下防空问题，以防止敌机可能会来的轰炸。彭总当时正在忙于第二次战役的部署，没有特别放在心上。但当天晚上，会还是开了。会上主要由洪学智讲话，决定第二天凌晨3时吃饭，4时疏散，除作战室值班脱不开身的，其他人员一律进矿洞内隐蔽。

1950年11月25日，是志愿军正式出国参加抗美援朝一个月的日子，是毛岸英来到朝鲜的第38天，也是志愿军打响第二次战役的第一天。这天凌晨，尽管丁甘如等一再催促，可彭总却躺在床上不起来，洪学智带着丁甘如等一起去叫彭总，彭总不理，再催，还是不动。

丁甘如向随行的几个使眼色，两个警卫员和秘书不由分说把床上的褥子卷起，枕头抽走——彭总眼看着无法再躺了，只得勉强下了床，被大家连拉带拖送进了防空洞。

果然不出所料，上午10点多钟，4架野马式战斗轰炸机在志愿军司令部上空盘旋，连俯冲的动作都没有做，就迅速投下大量凝固汽油弹。志愿军司令部驻地顿时一片火海、浓烟……彭总的办公室和作战室首先起火燃烧。

丁甘如马上带志愿军司令部机关一帮人去救火，就在这时，从燃烧的作战室里，成普等跑了出来，浑身带着火，他们一边脱衣服，一边喊："快来救火！救毛岸英和高瑞欣！"丁甘如带着人冲到火旁，但火势太大了，无法近身，老远都感到空气就像火一样烫人。等火势熄灭，大家找到的已是毛岸英和高瑞欣的遗体，两人都被烧焦了。丁甘如从一只烧剩的手表表壳分辨出岸英的忠骨，这只表是他的岳母张文秋送给他的纪念品。

丁甘如看着毛岸英烧焦的遗体万分悲痛。在清理岸英的遗物时，只发现一只很小的帆布包，里面有几件换洗衣服和日用品，一把小剪刀，还有一摞他珍爱的书籍。

后来，丁甘如从成普那里了解到，因为当时作战室里的工作很忙，毛岸英连夜整理会议纪要，熬到很晚才睡。美机来轰炸时，成普和毛岸英、高瑞欣都在值班室，飞机在头顶一响，成普就冲出去了，他看到了天上掉下来的汽油弹，一般的炸弹是黑色的，这次的炸弹是亮闪闪的，他一看就大声喊："不好了，是凝固汽油弹，快跑！"而毛岸英与高瑞欣正在专心地收拾作战地图和文件，还没等跨出房门，就被上千度的燃烧弹爆炸的高温火焰吞噬了。

岸英牺牲后，彭总亲自起草了电报，当天就以特急绝密电报，报告了周恩来。周恩来得到这个惊心动魄、比天塌下来还严重的消息，一下子怔住了。要不要马上向毛泽东汇报？如何汇报？周恩来想了很长时间，他与刘少奇商量后，决定压下这份电报，暂不向主席报告。为什么呢？因为，主席当时的身体很不好，如果把毛岸英牺牲的消息告诉他，会直接加重他的病情。

直到1951年1月2日，岸英已经牺牲一个多月了，周恩来来到毛泽东住的菊香书屋，报告了毛岸英已经光荣牺牲的消息。主席听到爱子岸英牺牲的噩耗后，怔怔的，一声不响。在场的所有人都不敢说话，低下了头。

毛泽东的眼睛湿润了，但他强忍着没有掉泪，只是一声长叹："谁让他是毛泽东的儿子呢！"听到毛泽东这一声叹息，在场的人顿时都号啕大哭起来。

20多年后，毛泽东已是晚年，在湖南长沙，他曾向自己在长沙一师时的老学友周世钊先生谈起这件往事。毛泽东语气沉重地说："当然，如果我不派他（指毛岸英）去朝鲜战场，他就不会牺牲，这是可能的，结果也是很好的。但是你想一想，我是极力主张派兵出国的，因为这是一场保家卫国的战争。我的这个动议，在中央政治局的会上，最后得到了党中央的赞同，作出了抗美援朝的决定。要作战，就要有人，派谁去呢？我作为党中央的主席，作为一个领导人，自己有儿子，不派他去抗美援朝、保家卫国，又派谁的儿子去呢？人心都是肉长的，不管是谁，疼爱儿子的心都是一样的。如果我不派我的儿子去，而别人又人人都像我一样，自己有儿子也不派他上战场，先派别人的儿子去前线打仗，这还算什么领导人呢？"

这就是毛泽东伟大的革命家、政治家的胸怀和情怀！

主席爸爸始终关怀刘思齐

我们问刘思齐是在什么时候知道毛岸英壮烈牺牲的？

刘思齐说主席爸爸一直瞒了她两年多，后来还是她一再询问，爸爸才不得已告诉了她。

刘思齐回忆说，自从那天晚上岸英到医院来看我、与我告别后，我就收到过他一封信。当时我没有回信，因为没有回信的地址。因为没有岸英的任何信息，我问过主席爸爸，他说："岸英出远差了，可能收不到信。"于是我老等，等了一年多，一直没有等到有信来。

有一天，我看到摄影师侯波拿了一张照片，她不知道岸英已经牺牲了，嘻嘻哈哈把照片给我了。我看到岸英穿的是志愿军的服装，才知道岸英当了志愿军去了朝鲜。

1951年底，在北京开过欢迎志愿军英模代表的会议，从朝鲜回来了很多人，有张积慧等战斗英雄，我向他们打听了，都没有岸英的消息，但我感到他们看到我后的眼神怪怪的，就觉得不大对劲。直到1952年，岸英还是没有回来，我才发现真有问题了。

直到抗美援朝取得胜利，志愿军将士陆陆续续回国，岸英还是杳无音信，我再也忍不住了，就直接去问了主席爸爸。这一切都无法继续隐瞒下去了，再也不能让我遭受精神上的折磨了，就在1953年底的一天，主席爸爸终于把岸英牺牲的消息告诉了我。

我们问，毛主席是用什么方式告诉你的呢？

刘思齐说，为了不让我受到太大的刺激，主席爸爸是一点一点地说起的。他先从毛家牺牲的人说起，讲到杨开慧、毛泽民、毛泽覃、毛泽建、毛楚雄等先烈为革命献身的故事。听主席爸爸讲这些，我感到十分疑惑。说到最后，他还是痛心地把岸英牺牲的真实情况告诉了我。

这真是一个晴天霹雳，我被这个天大的噩耗击倒，我放声痛哭起来。主席爸爸走过来安慰我，说："战争嘛，总是要死人的。不能因为岸英是我的儿子，就不应该为中朝人民的正义事业去牺牲。"他又说："思齐呀，今后你就是我的女儿。"

这是一个漫长的、痛苦的过程。主席爸爸一直鼓励我投入到新的学习和工作中,但我一直没有办法从对岸英的思念、从对他牺牲的痛苦记忆中走出来,一直形单影只凄苦地生活着。在1959年的时候还生了一场大病,也根本没有重新组织家庭的打算。对此,主席爸爸曾经多次劝说我。每次讲到这个话题,我只是哭,不表态。我对妹妹邵华说:"我怎么能忘记岸英呢?他去朝鲜参战,为了不让我担心,就说去外地出差。他牺牲了,我最后连他的尸骨都没见到,你说,我怎么能接受这个现实呢?"

后来经毛泽东同意,刘思齐于1959年春天首次去朝鲜中国人民志愿军烈士陵园,给毛岸英烈士扫墓。此时离毛岸英牺牲已经八年多的时间了,从与丈夫诀别,到与英魂相聚,刘思齐百感交集。

为了帮助刘思齐从痛苦中走出来,日理万机的毛泽东几次给刘思齐写信,他在信中说:"你要听劝,下决心结婚吧,是时候了。五心不定,输得干干净净。"

在主席爸爸的关怀和鼓励下,刘思齐下决心克服身体和精神上的双重痛苦,完成了学业。1961年秋天,刘思齐被分配到解放军工程兵科研部门做翻译。这一年,离岸英去世已经是11个年头了。

有一次,空军副司令员刘震向毛主席介绍说,空军学院强击机教研室有一位年轻的军人叫杨茂之,是从苏联留学回来的,为人老实正派,可以介绍给刘思齐认识一下。

毛泽东得到这个信息后,很高兴,立即让刘震安排人负责这件事,介绍两个年轻人接触接触,看看是否合得来。经过一段时间的相处,刘思齐和杨茂之建立了感情。

1962年2月,在主席爸爸的亲自操持下,刘思齐再婚,建立了新的家庭，收获了幸福。在他们结婚时，主席爸爸将他创作不久的新词《卜算子·咏梅》抄录了一份，并附上300元，作为礼物送给思齐夫妇，祝他们的生活幸福美满。

毛岸英生平感人肺腑

刘思齐在和岸英恋爱、结婚后，岸英多次给她说起自己苦难的童年。幼年时，岸英就跟随参加革命的父母到过上海、广州、武汉、长沙，辗转多地。1927年大革命失败后，父亲毛泽东带领秋收起义的工农革命军上了井冈山。他母亲杨开慧带着三个孩子，目标太大，无法转移，湖南反动军阀何键派人到处抓她，她就回到老家长沙县的板仓隐蔽。岸英随母亲及两个弟弟、保姆东躲西藏，躲了三年。

1930年10月24日，正是岸英8岁生日那天，杨开慧被湖南军阀何键抓捕。岸英和母亲同时被敌人关进了监狱，他跟着母亲一起坐牢，亲身体验了革命斗争的残酷和反动派的残忍。岸英很小就明白了爱和恨。在狱中，他对母亲说："妈妈，现在他们打你，将来我长大了要狠狠地打他们！"

刘思齐深情回忆起毛岸英生前向她讲述母亲杨开慧牺牲的悲壮情景，深情追忆了主席父亲曾经向儿子岸英询问开慧和怀念"骄杨"的感人故事。伟人不是神，结发夫妻情、浓浓父子情，让我们看到了毛泽东的情感世界多么丰富、崇高。

刘思齐回忆，他们结婚后，只要一提到他妈妈，岸英的心情就十分沉重。有一天早晨思齐起来，看到岸英呆呆地站在窗户边，望着窗外的天空。

思齐问他："岸英，你怎么啦？"

他说："今天是妈妈的忌日。"

杨开慧烈士的忌日是 1930 年 11 月 14 日。这一天，年仅 29 岁的杨开慧，在长沙市浏阳门外的识字岭英勇就义。

岸英一直记着这个让他刻骨铭心的日子，曾多次给思齐讲他妈妈在监狱里的事情。他记得妈妈在监狱里给他讲："你出去后，如果见到你爸爸，你要告诉他，妈妈一直是爱着他的，忠于他的，想念他的。"岸英在讲这些话时，非常悲痛。妈妈临刑那天，她知道要上刑场了，就自己换了一件衣服，这件衣服是由孙嫂送进去的。敌人把她拉走时，岸英抱着妈妈不让拉走，敌人就把他的小手掰开，并把他推到一边去。妈妈回过头来，对岸英说："岸英，不要哭。见到你爸爸后，告诉他，妈妈是爱他的！"在延安时，毛泽东曾经问过岸英："你妈妈在临刑前说了什么？"岸英就把妈妈的这几句话说给父亲听，父亲听后非常悲伤。

杨开慧牺牲后，岸英被板仓的亲属保释出狱。湖南军阀何键企图用毛岸英作诱饵，抓捕更多的共产党人，敌人派出便衣特务，在板仓杨宅附近暗中监视。

1930 年 12 月，正在江西苏区指挥红军进行第一次反"围剿"的毛泽东，从缴获的敌人的报纸上，看到杨开慧被捕和就义的噩耗，悲痛欲绝，他在给岳母向振熙的信中说："开慧之死，百身莫赎。"

1930 年底，在上海从事党的地下工作的毛泽民听到嫂子杨开慧被敌人杀害的消息后，立刻写信给湖南党组织，请他们帮助设法把大哥的三个孩子送出来。经组织同意，毛泽民找到地下交通员，通过他们带信给在长沙板仓杨开慧的母亲向振熙和嫂嫂李崇德，让他们设法摆脱敌人的监视，把岸英三兄弟护送到上海。当时已是花甲之年的向老太太和儿媳李崇德，扮作走亲戚的样子，领着岸英、岸青和岸龙三兄弟来到杨开慧的坟前，给亲娘叩头拜别。终于，在1931年春节前的一天，在舅妈李崇德的护送下，兄弟三人来到了上海的指定接头地点。

毛泽民、钱希均夫妇是在泪水和盼望之中见到了三个见不到父亲又失去母爱的侄子，他们紧紧地搂抱着孩子不肯放手。岸英扑到毛泽民的怀里，哭着说："二叔，我母亲被反动派杀害了，我要找父亲，要给母亲报仇！"两个弟弟也扑在叔叔、婶婶的怀里哭个不停。

毛泽民和钱希均用平时节省下来的钱给岸英三兄弟每人买了一身新衣服，然后把他们送到上海地下党组织在戈登路（今江宁路）开办的"大同幼稚园"。岸英三兄弟分别化名杨永福、杨永寿、杨永泰，他们在这里度过了一段短暂的平安时光。

大同幼稚园收养的孩子，大多数是烈士遗孤。但就是在这里，毛岸英失去了最小的弟弟毛岸龙。这年夏天，毛岸龙得了中毒性痢疾，头天被送去医院治疗，第二天就死了。当幼稚园的管教人员把这个不幸的消息告诉了9岁的岸英后，岸英急忙来到医院，一看岸龙睡的小病床已经空了，他才知道自己的小弟弟真的没有了。岸英问医生岸龙葬在哪儿，他们说葬在城外的乱坟岗。

岸龙死的时候，幼稚园里没有一个亲人在场，幼小的孩子临死前看到的全都是陌生人。他这么小就走了，连尸首埋在何处也不知道。岸英曾给刘思齐说，岸龙是毛家最可怜的孩子，出生时没有见到父亲，3岁时母亲被杀害，4岁就夭折了。

更悲惨的遭遇还在后面。岸英三兄弟到上海不久，上海地下党遭到破坏，幼稚园被迫解散。原先在园里的这些孩子，有父母或亲戚的就送到父母、亲戚身边，而岸英他们的母亲已经牺牲，父亲在中央苏区，叔叔也转移到了苏区，他们无处可去，组织上只好安排一位地下工作者负责看护。可这位地下工作者自己已经有6个孩子，家庭条件极差，生活十分拮据，岸英与岸青在这里过着寄人篱下的日子。有一次，在岸青被这家女主人毒打后，岸英趁着夜半三更，背着被打伤的岸青逃离了这户人家，逃的时候天上还下着雨。

岸英兄弟俩逃出来后，就流落街头，过上了没有人管的流浪生活。他们与一群叫花子搅在一起，在一个大庙里睡；兄弟俩在街上流浪，捡垃圾、烟头，拉人的黄包车上桥时帮着推车。他俩还卖报纸，收入一点点钱，就靠这个艰难地生活。所以，北平解放后，那次岸英一定要思齐陪他一起去看《三毛流浪记》这部电影，就是因为影片再现了他和岸青流落上海街头的悲惨情景。

后来，听说是一位姓李的女地下党员找到他们的。当时党中央指示上海的地下党组织："一定要找到毛泽东的两个孩子。"于是，这位女同志就每天在街上找，但是迟迟没有眉目。那时上海有专门做施舍米粥善事的，她就干起了这个，通过这种方式来吸引社会上的流浪人群。后来，果然在一大群流浪儿中找到了岸英和岸青。兄弟俩被找到后，由党组织安排，借东北义勇军司令李杜将军去西欧考察的机会，由他带岸英、岸青和董健吾的儿子董寿琪一同出国。1936年底，岸英、岸青被送到莫斯科。从此，岸英、岸青兄弟俩在异国他乡开始了全新的生活。

岸英和岸青都被安排到苏联国际儿童院学习。岸英学习认真，不久便担任了少先队大队长，1939年加入了共青团并担任支部书记。1941年，苏联卫国战争爆发后，毛岸英坚决要求参战，他找到苏军总政治部副主任，被批准去军校学习，1943年毕业时授中尉军衔，并加入联共（布），后来回国转为中共党员。不久，他又进入伏龙芝军事学院学习，在校期间曾到苏联红军中担任过坦克连党代表，参加过进军白俄罗斯、波兰和捷克斯洛伐克的战斗。二战结束后，1946年1月，岸英随苏共派往延安的医生一同乘飞机回国。临行前，斯大林专门接见了他，并赠给他一把手枪。

刘思齐说，毛岸英从入朝参战到壮烈牺牲，仅仅38天。正是这短短的几十天，奏响了他28年生命交响曲中永不消逝的最强音。他的一生是奋斗的一生，是奉献的一生，是真正实现了人生价值的一生。他的生命是短暂的，又是光荣的；是平凡的，又是伟大的。

如今，那场战争的硝烟早已散去，在朝鲜桧仓郡中国人民志愿军烈士陵园里，矗立着一块三尺高的花岗岩石碑。郭沫若同志为墓碑题字。正面镌刻着"毛岸英同志之墓"几个大字，背面是的碑文是：

毛岸英同志原籍湖南省湘潭县韶山冲，是中国人民领袖毛泽东同志的长子，一九五〇年他坚决请求参加中国人民志愿军，于一九五〇年十一月二十五日在抗美援朝战争中英勇牺牲。毛岸英同志的爱国主义和国际主义的精神将永远教育和鼓舞青年的一代。毛岸英烈士永垂不朽！

周恩来总理曾经高度赞扬毛岸英，指出，毛岸英入朝一个月零三天就牺牲了，他吃过苦、留过学、打过仗，又经过农村和工厂的锻炼，在和毛岸英同龄的一代青年中，像他那样受过良好教育和多种锻炼的人是不多的。毛岸英的牺牲，对党，尤其对主席，都是一个无法挽回的损失。

彭德怀司令员说：国难当头，挺身而出，这不是每个人都能做得到的。有些高干子弟甚至高级干部本人就没有做到，但毛岸英做到了，毛岸英是坚决请求到朝鲜抗美援朝的。

江泽民同志说：我听洪学智同志讲过毛主席是怎么把毛岸英送到朝鲜前线，毛岸英是怎么牺牲的以后，十分感动。假如我们所有的干部对子弟都能像毛主席对待毛岸英一样，我们的党一定兴旺，我们的党一定能为群众所拥护。

2009年10月5日，正在朝鲜访问的时任国务院总理温家宝来到毛岸英烈士墓前敬献鲜花。他对着毛岸英的塑像说："岸英同志，我代表祖国人民来看望你。祖国现在强大了，人民幸福了。你安息吧！"

忆往昔，峥嵘岁月稠

访中央警卫局原常务副局长 中央警卫团原团长张耀祠

张耀祠，男，汉族，1916年2月出生于江西于都。1931年加入中国共产主义青年团。1935年转为中共党员。历任中央纵队第二师副政委，中央警卫局常务副局长、中央警卫团团长，中央办公厅副主任等职。

在21世纪初的十几年时间里，每逢毛主席诞辰和逝世纪念日，我们都要到毛主席纪念堂去参加纪念活动，在这里先后见到过华国锋、汪东兴等原党和国家领导人，也遇见过刘思齐、李敏、李讷、毛新宇等毛主席亲属。有一次，居然有幸地见到了中央警卫团（代号8341部队）原团长张耀祠。那天他在女儿张文雯的陪伴下，来到毛主席纪念堂瞻仰领袖遗容，神态是那么深切，表情是那么专注。当时张老已是八十多岁高龄，我们请他回忆在毛主席身边工作的往事，只见他很高兴地点点头，表示等有条件时一定安排接受采访。

后来,在张老身体状况允许的情况下,我们访问了这位曾在毛主席身边工作长达40多年,对毛主席十分了解的老将军,听这位革命老人讲那些鲜为人知的故事。

在瑞金,张耀祠为毛主席站过岗

1916年2月5日,张耀祠出生在江西省于都县葛坳乡新安子村。3岁时父亲逝世,10岁时大哥也去世了,是母亲把他带大。1929年,毛泽东、朱德领导工农红军解放了他的家乡,成立了县、区、乡政府,把农民都组织起来、武装起来,打土豪、分田地。在毛泽东同志领导下,建立了赣南闽西中央革命根据地,粉碎了蒋介石发动的对中央苏区的第一、二、三、四次"围剿",苏区得到很大的发展。

1931年,15岁的张耀祠加入中国共产主义青年团,当过儿童团长、少先队大队长、乡共青团支部书记。为保卫苏维埃政权,他们放哨、查路条,防止白军的特务混进苏区,配合游击队打击白军和靖卫团的渗透和破坏。1933年5月,党中央提出扩大铁的红军100万人、粉碎国民党军队对中央苏区第五次"围剿",号召共青团员和青年踊跃参加红军。石灶村由张耀祠带头,有40多人参加了红军少共国际师。

同年7月,张耀祠被调往瑞金县(今瑞金市)沙洲坝中华苏维埃共和国临时中央政府警卫连,担负保卫毛主席和中央政府机关的光荣任务。当时,中央政府警卫连刚刚成立,边整训,边执行任务。这天,班长安排张耀祠上哨,这是他当兵后站的第一班哨，没想到这第一班哨就站在了毛主席住所的大门口。他站在那里，手持着枪，感到非常紧张。

不多一会儿，毛主席拖着疲惫的身体从房间里走出来了，他是到屋外面散步的。只见毛主席细长个子，颧骨突出，身体很弱很瘦，两眼充满了血丝，虽然如此，目光仍然炯炯有神。毛主席没有留意执勤的张耀祠，因为他当时在沉思。

但张耀祠内心非常激动："毛主席，他就是毛主席！"

下哨后，张耀祠十分兴奋地对同班的战友说："我今天见到毛主席啦！"

1934年4月，中央决定从中央政府警卫连抽调一部分战士到红八军团，张耀祠被分配到军团保卫局侦查科任科员。同年5月，部队由瑞金出发前往江西于都县，到兴国县崇贤前线，同国民党蒋介石的军队进行了几个月的激战。1934年10月上旬，部队从前线撤离，向于都开进。九九重阳节这一天下午，红八军团等部渡过于都河。从此，中央红军开始了二万五千里长征。

在著名的湘江之战中，张耀祠所在的红八军团几乎被打光了。中央红军打到贵州，占领了黎平县，部队进行了整编，八军团番号被取消了，残部被分散到其他军团，一部分人被调到国家保卫局，张耀祠被分到该局侦查科任科员。

1935年1月，中央红军占领了贵州北部的重镇遵义。智取遵义城的是红一军团二师六团。毛主席得知红军占领遵义后，非常高兴，因为这是红军长征以来第一次占领比较大的中心城市。

毛主席幽默地说："知道吗？附近就是夜郎国，有个夜郎自大的人物就出在这里。到了夜郎国了，我们胜利了，但红军将士可不能夜郎自大啊！"

为了保卫中央领导同志的安全，国家政治保卫局局长邓发要侦察科、检查科派几个同志先进遵义城，对城内敌特、社会情况进行调查了解，部署好进城时的安全保卫工作。张耀祠等人就是最先被派往城里进行侦查、调查的侦查员。经过广泛的调查了解，张耀祠他们掌握了大量情况，做好了迎接党中央和中央领导同志进入遵义的工作。

1935年1月9日，遵义城喜气洋洋，街道两边摆着烟、茶、糕点、酒等，群众早早列队站在街道两边，远远地等候毛主席、周副主席和中央领导同志从他们身边经过。国家政治保卫局侦察科、检查科的同志身着便服，混在群众中。国家政治保卫局特务队员肩挎驳壳枪，排列在中央领导同志的前排和两侧，部队以三路纵队迈着整齐的步伐沿大街前进。群众看到中央领导同志走过来时，都热烈鼓掌。一时间，锣鼓阵阵，鞭炮齐鸣，整个遵义城沸腾起来了。

进入遵义新城，过了桥来到老城。毛主席经过府衙门向广场走去。一时间，青年学生和市民转头涌进了广场，到处都挤满了人。

毛主席注视着四周的人群，心情格外激动，看来他是要向群众讲话了。

广场上没有讲台，负责保卫的同志马上搬来了一条长板凳，放在毛主席跟前，他顺脚踏了上去，站在上边向欢呼的人群挥手。当时，张耀祠就站在毛主席的身后。周围都是群众，张耀祠神情紧张，两只眼睛密切观察着会场的情况。

老百姓从未见到过毛主席，他们不知道站在板凳上的这个人是谁，但从这个人沉着的仪态、非凡的气度可以看出，他是个级别很高的红军领袖。

只见毛主席站在板凳上,以他那特有的、有强烈感染力的湖南口音向群众大声地讲道:"中国工农红军来到贵州,是要同你们一道,打倒统治压迫剥削劳动人民的军阀王家烈,打倒国民党蒋介石,解放全中国。"

毛主席讲话总是循循善诱,他继续说道:我们劳动人民,为什么祖祖辈辈都是穷人呢?富人为什么那样富呢?这是因为以国民党蒋介石为代表的大地主阶级、大资产阶级对工人、农民、城市贫民实行残酷的剥削。国民党、各地军阀、党、政、军、警、宪所有的官员都是一群贪官污吏,是专门敲诈勒索工人、农民、城市贫民的吸血鬼。我们无产阶级长期以来都是受资产阶级、地主阶级、军阀官僚的残酷压迫剥削。究其原因,最主要的是无产阶级没有自己的政权,没有自己的军队,人民没有自由说话的权力。无产阶级有了自己的政权和军队,人民就有自由说话的权利,就有生存的条件。

毛主席站在板凳上,双脚一动不动,手却在不停地挥动着。他接着说,现在中国共产党领导的中国工农红军,是人民的子弟兵。工人、农民和劳动人民要在中国共产党领导下,团结起来,组织起来,建立人民民主政权。青年人要踊跃参加中国工农红军,壮大红军的力量,坚决打倒国民党蒋介石,打倒王家烈,打倒帝国主义!

毛主席慷慨激昂的演讲,激起了遵义市民的一阵阵欢呼。

1935年1月12日,张耀祠从国家政治保卫局侦察科调到国家政治保卫局特务队任班长,执行保卫遵义会议安全的任务。会议从1月15日至17日开了三天。会上对李德、博古的"左"倾军事路线的严重错误进行了严厉批评,并撤销了李德的军事顾问职务。在离开遵义时,上级把李德交给张耀祠班保护。邓发局长指示:

一、不要让他自杀了；二、不要让他逃跑了；三、行军（特别是夜间）时和到达宿营地时，对他都要跟得紧，看得严，不能发生任何问题。

张耀祠响亮地回答："保证完成任务！"

1935年6月，中央红军开始过雪山草地。在国家政治保卫局担任侦查员的张耀祠，因工作原因能经常见到毛主席。

红一方面军当时经过的雪山很多，比较有名的是夹金山。它位于四川、西康（旧省名，包括今四川省西部及西藏自治区东部地区）交界区，海拔4000多米，山上终年积雪，有四五尺厚。

红军于6月7日到达夹金山下，寒气阵阵向人袭来，大家穿上所有的衣服开始向茫茫雪山攀登，有的人从雪山上摔下去，过一会儿就被大雪埋没了。

红军战士在山上非常艰难地跋涉。毛主席和其他中央领导同志跟战士们一样，忍受着难以想象的艰难，徒步爬上雪山。山上空气稀薄，严重缺氧，憋得人喘不过气来，浑身无力。历史上很少有人从这里走过。

红军翻越夹金山是史无前例的壮举。

过了夹金山，又走了好多天，就到了四川北部懋功县（今小金县）的毛儿盖。红军在那里休息了十几天，准备干粮，寻找羊皮和羊毛，为过草地做准备。毛儿盖地处大草地边缘，八九月份的草地是雨季高峰。红军经过草地时，时而下雨，时而下冰雹，时而又是雨雪交加，狂风怒吼。站在草地上，举目四望，茫茫一片荒凉，没有树木和房屋，没有人烟，没有一片干燥的土地，见不到一点人间的生机与活力，只有那些腐烂了的永远浸泡在污水中的野草，无边无际。

草地也有繁花锦簇的地方，但这样的地方往往就是陷阱，它的下面都是深不可测的沼泽。只要误入花丛，一分钟就会把你吞掉。红军要想在很短的时间里通过草地，是非常困难的。然而，就是在这样的境况下，每天仍要走七八十里路，红军在草地整整走了七天，在草地夜间露营六个夜晚。不仅要跟自然环境斗、同蒋介石和地方军阀斗，还要同张国焘的错误路线斗。

就这样，在毛主席的带领下，红军顶住了莫测的风暴，越过了无底的沼泽，战胜了死亡的威胁，终于走出草地，于1935年10月19日，胜利到达陕北吴起镇（今吴起街道），同陕北红军与红二十五军组建的红十五军团胜利会师了。

在吴起镇，毛主席问肖锋等同志："你们算过没有？我们离开江西中央苏区已经走了多少天啦？"

见大家没有回答，他沉吟片刻说："到今天为止，我们一共走了12个月零3天，算起来，我们休息不超过60天，行军约267天，我们走过闽、赣、粤、湘、黔、桂、滇、川、康、甘、陕共11个省，已经走了二万五千里路程了。"

大家听毛主席这么一算，都感叹不已。

张耀祠受命组建8341部队

1953年5月初的一天，中央警卫师政委张廷桢通知张耀祠："汪东兴同志有事找你，叫你上午去中南海。"

汪东兴当时是中央办公厅警卫局局长，张耀祠是中央警卫师副政委，他想汪东兴找自己会有什么事呢？

很快，张耀祠到了中南海汪东兴办公室。汪局长对他说："中央决定成立中央警卫团，负责保卫党中央领导核心，保卫五大书记，保卫住中南海的政治局委员和住在中南海的党、政、军领导机关及住在玉泉山、新六所的中央领导同志和机关的安全。现在调你来担任公安部九局（中央警卫局）副局长兼中央警卫团团长。"

张耀祠说："这项任务很艰巨，责任重大，我怕不能胜任工作，还是另选别的同志吧。"

汪局长说："上级已经决定了，不要推了，你快点来吧，把中央警卫团组建好。"

张耀祠到职后，同中央警卫师一团司令部机关同志一边开始组建工作，一边履行保卫毛主席和中央领导同志安全的职责。1953年5月上旬，以中央警卫师一团机关、部队为基础（一团的前身是延安中央警备团，这个团的干部资历比较老，部队军政素质也好）组建中央警卫团，除本团干部战士外，还从别的部队选调了一部分人补充进来。

组建完成后，汪东兴、张耀祠向总参谋部作了报告。按编制序列，中央警卫团的代号为"总字001部队"。机关对外联系工作，干部、战士写家信与亲朋、好友通信往来，都用"总字001部队"这个代号，以利保密。到1955年，改为3747部队，1964年改为8341部队，后来到了1971年前后改为57001部队，但不久又改回8341部队。张耀祠说，这些代号的变化，都是按照部队正常序列代号排出来的，没有什么特定的含义。

8341部队的建制是归总参谋部领导，警卫任务归公安部九局领导，时任公安部部长是罗瑞卿。九局局长由中央警卫局局长汪东兴兼任。

1953年6月9日，在中南海团部会议室召开了排以上干部会议，张耀祠在会上宣布了中央警卫团的成立。根据上级决定，由张耀祠兼任中央警卫团团长，杨德中为中央警卫团政委，张宏为副团长兼团司令部参谋长，王化宇为团副政治委员兼团政治部主任，王连龙为团政治部副主任，周广益为团后勤部部长，程会仔为团后勤部副部长。

部队组建不久，就根据斗争和职责需要，对中央警卫团的各级干部进行了几次轮训。在形势和任务教育中，特别讲了国际国内阶级斗争的复杂性、长期性、残酷性和尖锐性。无论是国际的、国内的反动阶级，还是反革命分子都不甘心自己的失败灭亡，他们仇恨无产阶级革命领袖和高级干部，仇恨工人、农民、劳动群众翻身得解放。他们垂死挣扎，训练特务分子，千方百计寻找机会暗杀革命领袖和高级干部。

张耀祠还谈到，我们在做好人身安全保卫的同时，也要注重政治保卫、政治影响。中南海有的岗哨有时拦住了中央领导同志的汽车，有时机关工作人员出入门卫也拦住，我们认为这是有关政治影响的问题。因此，教育每个哨兵要熟悉业务，记住首长的汽车牌号、姓名、特征及其他记号，尽力熟悉机关工作人员，便于他们出入营门。加强保密教育。一个革命军人如果丧失了革命警惕性，泄露了党和国家的机密，就等于向敌人缴了械，安全就没有保障，国家和人民的利益就要受损失。

张耀祠说，中央警卫团誓死保卫党中央，保卫毛主席安全，做到了"五个忠于"，即忠于党、忠于毛主席、忠于祖国、忠于人民、忠于职守。新中国成立以后，一直没有发生过任何重大政治事故和安全事故。

张耀祠的大部分时间都在毛主席身边。负责内卫的是8341部队一中队。是无论毛主席在中南海，还是外出到各省市巡视工作，这个中队始终都紧跟不离。陈长江是副大队长兼一中队中队长、李连庆是一中队指导员，他们带领中队全体同志天天跟随毛主席。他们敬仰毛主席，热爱毛主席，对毛主席有着深厚的感情。

专列上毛主席同张耀祠的一次深谈

1962年6月，张耀祠随毛主席出巡南方。专列奔驰在江南的大地上。在杭州至南昌的途中，毛主席把张耀祠叫进了公务车厢，他正躺在床上看一本线装书，见张耀祠到了，便放下书，挥挥手："坐、坐！"

张耀祠不知道毛主席要和他谈什么，但他知道主席对调走的战士很关心，是不是要谈这件事情呢？于是张耀祠先作检讨说："主席，1959年上级要我们一中队的人减少一点，我当时没有请示您，就把您熟悉的同志调走了。当时应该请示一下主席。"毛主席说："是呀，应该给我说一声嘛！有些同志天天见面，现在看不见了，很想念他们！"

毛主席呷了一口茶，然后点上一支烟，又说："这是小事，调走几个人，我这里的'墙'也垮不了。过去王明，就把'墙'推倒过。"

毛主席第一次给张耀祠讲了他在江西土地革命战争时期，党中央领导机关从上海迁移到中央苏区瑞金的情况。他说："以王明为首的教条主义者统治了我们党长达4年之久，打着共产国际的旗号吓唬中国共产党，凡是不赞成的就要打倒，他们的'左'倾教条主义把中央苏区搞垮了，红军不得不进行二万五千里长征。"

1966年春夏视察大江南北期间，毛泽东与专列随行人员在天津合影。站立者前排右起第一人是张耀祠，第二人是汪东兴。坐者前排右起第一人为张玉凤，右起第二人为吴连登

毛主席接着说："那个时候，中央政治局开会，不让我参加（毛泽东是中央政治局委员），只让我管群众工作，毫无发言权。"

毛主席又说："一直到了1934年11月，中央红军过了第四道封锁线之后，红军出现了行动方向问题。红军是要到湘西与贺龙会师呢，还是打到贵州去？按照原定计划，是要到湘西，这是经共产国际批准的行动方案。在这拿不定主意的时候，他们在湖南通道召开中央军委会议，这一回才请我去参加。在会上，李德、博古仍主张按原定计划向湘西方向进军。我当时就说，建议中央红军放弃与贺龙会师的计划，改变路线，不向湘西挺进，而挥师向西，尔后向北进入贵州。贵州情况要好得多，因为黔军（敌方）力量较弱，类似在广西走廊遭受两面夹击的可能性极小。所以，红军在贵州有可能获得喘息的时间，以便整顿被打散的部队，研究今后的行动计

划。而如果按原定路线去湘西，就会遇上蒋介石所埋伏好了的20万军队，一路上大山也多，我军就有被消灭的危险。"

毛主席点上烟，接着说："我这么一说，朱德首先表示同意，接着，周恩来、王稼祥也表示了赞成。"

毛主席对这一段历史实在是记得太清楚了。他说："那时候，中国党和红军处在危急关头。1935年1月，党中央在遵义召开了政治局扩大会议，首先由博古作正报告，周恩来作副报告。"

毛主席扳着指头说："我一个，朱德、王稼祥、张闻天、陈云等一些同志都在会上发了言。在讨论中，到会的很多同志对博古的报告很不满意，他对第五次反'围剿'的失败讲客观原因多，讲主观原因少，也不承担责任。许多同志发言严肃地批判了李德、博古'左'倾错误军事路线，认为不解决错误路线问题，可能会使全军覆灭。当时朱德就说，李德在国民党蒋介石军队第五次'围剿'中，命令红军打阵地战，其结果是丢掉了江西苏区，牺牲了很多人。最后，我们还是撤离了江西中央苏区。而西征开始的军事策略也是错误的，害怕接敌，仓皇逃跑，以致损失惨重，这也是中央的责任。如果继续这样领导下去，我们就不能跟着走下去了。"

毛主席呷了一口茶，说："朱德讲到这里，王稼祥接上了，他说，同意总司令的看法，我重复一句，错误的路线必须改变，'三人团'（注：博古、李德、周恩来）得重新考虑……他十分坚定地说，'拥护毛泽东同志出来指挥红军'。这时候，张闻天也站了出来，他说，请问博古同志，能再继续领导下去吗？我们中国的事情，不能完全依赖洋顾问，我们自己要有点主见。我完全赞成把军事指挥权交给毛泽东同志。陈云也说，过湘江的教训不能再重演了，'三人团'的领导必须改变，博古同志作为党的主要负责人，再继续领导下去是有困难的，希望大家慎重考虑。"

毛主席继续讲："我说，第五次反'围剿'失败的主要原因，最根本的是在制定战略战术上犯了'左'倾的错误，如进攻时的冒险主义、防御时的保守主义、转移时的逃跑主义。指挥者只知道纸上谈兵，不考虑战士要走路，要吃饭，要睡觉，也不问走的是山路、平原，还是河流，只知道在地图上一划，限定时间赶到打，这样哪能打胜仗呢？这完全是瞎指挥嘛！"

谈到李德，毛主席有些激动："共产国际派李德到中国来当中国红军军事顾问，博古不懂军事，李德不了解中国革命战争的实际情况，就同博古结合在一起。博古把李德奉为最高顾问，指挥一切。第五次反'围剿'的重大军事行动都是李德决定的，推行了一条错误的军事路线。蒋介石调动了几十万军队，筑起了一道道封锁线，采取步步为营的堡垒政策。而李德、博古则以'先发制人''六路分兵''御敌于国门之外''不丧失一寸土地''不打烂坛坛罐罐'的错误方针，同优势的敌人拼消耗，使自己陷入被动地位。"

毛主席非常沉重地说："中央红军撤离赣南闽西中央苏区时，有八万六千多人。突破敌人第四道封锁线，过湘江，红八军团被打垮了，红三十四师几乎全师覆灭，全军兵力损失了五分之三。到达贵州遵义城，中央红军只保持了四个军团的番号，一、三、五、九军团，实际上只有16个团，1个干部团，还剩3万余人。几乎断送了中国革命的前途。"

毛主席说："我们这个党啊，真是多灾多难啊！"

遵义会议后，决定由张闻天在党内负总责，毛泽东、周恩来、王稼祥三人组成军事领导小组，负责指挥中央红军行动。新的三人领导小组一成立，情况就完全不一样了。

毛主席这次跟张耀祠的谈话，张耀祠也提了一些问题，毛主席很高兴，俩人交谈了40多分钟。

列车继续向南昌奔驰，张耀祠却陷入了久久的沉思。毛主席这次谈话，对张耀祠是一次深刻的党史教育。

毛主席朴素的生活

张耀祠介绍，毛泽东主席经常对身边的工作人员、警卫战士和服务员说："要注意勤俭节约，处处爱护公物，注意节约水电。"

毛主席对于节约，可以说到了苛刻的地步，甚至要求火柴用完了，把火柴盒留起来，买些散的火柴装上再用。他常说："一粥一饭都是来之不易，一针一线也不应该浪费，这都是来自人民，是劳动人民流血流汗生产的果实，如果浪费了，就是白白丢了人民的劳动果实和自己的财富，影响我们国家财富的积累。万万不可以这样做。""几棵小麦做一个馒头？几株稻子做一碗米饭？有谁算过这笔账？"

毛主席还常说："我们的国家是一个大国，人口众多，如果一个人一天浪费一粒米，一年就要浪费掉365粒米。这样，8亿人一年浪费的粮食积累起来，就能救济很多灾民。如果8亿人民每天再节约一粒米，其数量不就可观了吗？实行勤俭节约，反对浪费，能使我们的国家富强了再富强，使人民生活提高了再提高。"

毛主席还说过："只要大家注意，处处都可节约，积少成多嘛！节约也是建设社会主义重要的一条。"

毛泽东主席是这样要求别人的，他也处处用这些原则严格要求自己。

在衣着上,毛主席进北京城后做过一套制服,这套制服只在接见外宾和参加会议等场合穿,其余时间穿便服或睡衣阅批文件、看材料、看书、看报。

1972年,美国总统尼克松访问中国。工作人员向毛主席建议做一套新制服,原来那一套太旧了,毛泽东同意了。做了这套制服也只穿了这一次,以后再没有穿了。他的衬衣、睡衣、袜子、毛巾被、布鞋、拖鞋等都是旧的,打过很多补丁。不管哪一件,总是破了就补,补了再补。毛主席身边工作人员总能见到毛主席的衬衣、睡衣、毛巾被等的补丁"千姿百态""不成方圆",灰布头、蓝布头、白布头,有什么布头就补什么布头。他说:"没有关系,穿在里面别人看不见,我不嫌就行了。我的标准是不露肉、不透风就行。"

毛主席还说过:"我节约一件衣服,前线战士就能多一发子弹。现在国家还穷,不能浪费啊!"他穿的两件睡衣,一件黄色,一件白色,裂了口子,缝一缝,破了找块布补好,一件有59个补丁,一件有67个补丁,实在太破烂了。曾有一位同志把这件补丁最多的睡衣换下来,拿了一件新的睡衣放在他的卧室里。这一天,毛主席起床穿衣服时,发现睡衣换了,很不高兴,一再追问:"那件睡衣到哪里去了?……"工作人员只好又把那件破旧的睡衣拿回来让他穿上。他边穿边说:"习惯了,还是这件补了补丁的好穿。"

进北京城后,毛主席做过一双棕色皮鞋,时间久了,旧得褪了色,身边人员劝过多次,再买一双新的皮鞋,他就是不同意,直到他去世也没有再买第二双皮鞋。

在饮食上,毛主席基本上保持了农民的生活习惯。他一天基本上吃两餐饭,个别时候也吃三餐。工作繁忙时,顾不上吃饭,有时一天只吃一餐饭。每天只饮茶,不喝牛奶。主食以大米为主,

1973 年，张耀祠全家在中南海留影

爱吃糙米饭，有时大米掺些小米，大米掺点芋头，新鲜玉米和烤红薯代主食。副食以青菜为主，肉类爱吃红烧肉。1948 年底在西柏坡期间，毛主席指挥三大战役，工作非常紧张，不知熬过多少日夜不眠，警卫战士想把他的伙食搞好一点，便主动到滹沱河捉鱼。毛主席知道后说："你们不要乱忙，你们弄来了我也顾不上吃，你们只要隔三天给我吃顿红烧肉，我肯定能打败蒋介石。"

济南战役胜利了，毛主席拿着电报向卫士们挥着手说："攻克济南了！"一个卫士调皮地把它与红烧肉联系起来说："主席吃了红烧肉，指挥打仗，没有不赢的。"

毛主席工作起来从不分钟点，经常连续几个昼夜不停，吃饭也没有钟点，只是感到饥饿了才想起吃饭。习惯于每餐饭简单朴素、粗茶淡饭。在他看来，追求个人吃喝享乐，那是格调很低、很庸俗的事，他尤其厌烦宴会。在20世纪50年代，我国接待外国元首、政府首脑，举行国宴标准偏高，一般都有山珍海味等贵重菜品。为此，毛主席曾作过指示："不能总是山珍海味，既浪费又不实惠……我们生活在这个世界上，不是只为了吃，而是为了改造世界。这才是人，人跟其他动物就有这个区别。"

在三年困难时期，毛主席与全国人民同甘苦，7个月没有吃肉，也不喝茶了。警卫战士看到毛主席这样艰苦，心里非常难过，大家想：我们这么大一个国家，毛主席为广大劳动人民日夜操劳，还在乎他老人家吃点肉、喝点茶吗？工作人员也再三劝毛主席吃点肉、喝点茶："您年纪大了，又是高度脑力劳动，需要补充营养。"

毛主席说："有饭吃，有青菜就很好嘛。"

周恩来总理有一天到毛主席住所谈工作。谈完了，总理关心主席的健康，劝他吃点肉。

毛主席笑着说："你吃不吃肉？"

总理也笑了，说："大家都没有吃肉了。"

毛主席说："大家都没有吃肉了，我们要和人民群众一起过艰苦生活嘛！"

毛主席特别关心农民生活，关心全国人民的生活。他活得洒脱，在金钱、物质生活条件方面从不讲究。他不讲吃，不讲穿，生活不拘小节。对于钱，他绝不当它的奴隶。没有钱，他从不苦恼。他同蒋介石握过手，就是不摸钱。1976年去世时，毛主席身后除了几套衣服和将近10万册的图书外，没有给子女留下任何遗产。他老人家著作出版所得的稿费，也全部由中央办公厅特会室管理。

在伟人身边的日子
访中央警卫局原常务副局长孙勇

> 孙勇，男，汉族，1926年出生，河北大城人。1938年参加革命，1945年加入中国共产党。历任中央警卫局警卫员、副科长、副处长、副局长、常务副局长兼中央警卫团团长等职。1947年1月至1967年2月期间担负毛主席警卫工作。著有《在毛主席身边二十年》等书。

秋高气爽、鸟语花香的季节，温暖的阳光照在身上，凉风习习，舒适而又惬意。2019年初秋的一天下午，我们驱车来到位于北京西三环外的一处部队营区，拜访曾经在毛主席身边工作了20年的老将军孙勇。

孙勇中将是中央警卫局原常务副局长兼中央警卫团团长，是当时为数不多的仍健在的毛主席贴身警卫之一。这一年老将军已93岁高龄。

我们如约来到孙勇将军的住所。这是一套位于将军楼二层的

20世纪五十年代中期，毛泽东主席与越南领导人胡志明在北戴河游泳后愉快地交谈。站立者左为孙勇，右为龚澎

军职干部寓所，宽敞、整洁而又宁静。敲开门，老将军笑脸相迎，精神矍铄，声若洪钟，豪爽的军人气质不减。他热情欢迎我们的到来，说："前不久我刚出版了新书《在毛主席身边二十年》，写我在毛主席身边的那些往事，但我毕竟不是专业作家，文笔比较粗糙。稍后我把这本新书送给你们，也请你们给我提提意见。"老人家思维敏捷、十分健谈，我们感觉他完全不像年过九旬的老人。

我们环顾将军家的客厅，陈设非常简单、俭朴，除了一对长沙发，就是一台普通的电视机。将军说，虽然离休多年了，他仍然关心国家大事，每天的新闻联播是必看的。这个客厅留给我们最深印象的是四周墙上挂满了老将军与毛主席、邓小平同志、习近平总书记等领袖在一起的照片。其中与毛主席在一起的照片更多一些，都是记者抓拍的，许多都没有公开发表过。有一张 20 世纪 50 年代初期毛主席在中南海手牵女儿李讷散步的照片，画面上跟在毛主席身后的就是孙勇。我们夸这张照片很传神，老将军说，在毛主席身边工作时，只要老人家散步，他几乎形影不离。可惜当时照相机会不多，很多珍贵的历史瞬间都没能留下来。

我们的交谈是从他何时来到毛主席身边开始的。

初见毛主席

1926 年，孙勇出生在河北省大城县的一个贫苦农民家庭。他 6 岁丧父，7 岁时母亲改嫁，他和弟弟跟着伯父，三人相依为命，常年靠吃糠咽菜勉强度日。

1938 年，是抗日战争的第二个年头，孙勇 12 岁了。看到日本侵略军的凶残，看到山河破碎的惨状，年少的孙勇和冀中地区的老百姓一样，对日本帝国主义充满刻骨的仇恨。为了赶走侵略者，这年 8 月，年仅 12 岁的孙勇就毅然参加了八路军冀中军区的部队。因为年纪太小，他被安排当后勤兵，随着部队转战在冀中平原。

1940 年春，孙勇所在旅奉命从冀中调到晋西北地区，补充到贺龙任师长的 120 师 358 旅。由于要通过日军严密封锁的铁路线，部队连夜从冀中平原急行军进入太行山区。14 岁的孙勇年少体弱，走不快，赶不上老战士的行军速度。老兵就教他一个方法，让他拽着马尾巴走。后来孙勇就是死死拉着马尾巴不放，一路小跑，终于艰难地越过了日军的封锁线。孙勇说，这一路上是马尾巴救了他的命。

在358旅，孙勇被分配到供给部当勤务员，后任通讯员和警卫员。1942年的一天，供给部科长夏隆尧见到孙勇，问孙勇在家乡有没有念过书。孙勇据实回答，因为家中困难，他几乎没有进过一天学堂。夏科长说："你很年轻，又聪明机灵，可惜没有文化，但这一课必须补上，你一定要抓紧时间学文化。"从那时开始，孙勇下决心学习文化。

说来也巧，第二年夏天，他接到上级指示，派他到延安的旅教导大队去集中学习一段时间。这可真是天赐良机啊！在教导队期间，孙勇如饥似渴地抓紧学习。那时延安的条件很差，既没有笔也没有纸，白天一有时间孙勇就用木棍在地上反复写生字，晚上睡觉前还用手指在肚皮上默写。通过刻苦学习，最终仅用了三个半月时间，他就学完了《晋西北施政纲领》这本书上的全部生字，从此，他能简单地阅读书籍和报纸了。

凭着勤奋学习和努力工作，1945年10月，年仅19岁的孙勇光荣地加入了中国共产党。

有一天，孙勇和战友们正在学习，突然接到通知，说旅政委余秋里找他和李银桥、滕铁昌、刘栩然四位同志谈话。他们到了余秋里的住处，余政委严肃地说："旅里接到中央通知，要求我们从团里挑选四名战士到中央警卫团工作。经过我和旅长、政治部主任等人政审和研究，决定派你们四人去。这是去给毛主席和朱总司令担任警卫员，任务非常光荣，你们一定要好好工作，不得有丝毫马虎！"

听了余政委的谈话，四人都很激动，孙勇更是高兴得几天都睡不着觉，但脑子却十分清醒。他从当兵起就听说过毛主席和朱总司令的大名，但做梦都没想到此生还能见到两位领袖，而今不仅能见到他们，还能够贴身保卫他们，这实在是太幸运了。

1947年初，孙勇等人带着上级开好的介绍信来到杨家岭，军委办公厅主任杨尚昆接待了他们，将他们带到毛主席办公和生活的枣园。

到枣园后，他们并没有马上见到毛主席，而是由警卫科指导员毛崇横给他们安排工作。毛指导员与这四个新来的同志交流后，安排他们为毛主席、周恩来副主席、朱德总司令等中央领导传送文件和电报。

1947年5月的一天，机要科长叶子龙突然找到孙勇，说："上级看到你这段时间工作非常认真，具备当一名优秀警卫员的素质，经研究决定，调你到毛主席身边工作。"就这样，21岁的孙勇成了毛主席的警卫员。

有一次毛主席在小道上散步，见到孙勇，便问他："小同志，听说从教导队选拔了一批警卫员，你是新来的吧？"

孙勇："是的，主席，我才来您身边没多久！"

主席："你是哪里的人？"

孙勇："我是河北大城县人！"

主席："河北出人才啊，我党早期重要领导人李大钊同志就是河北人。那你叫什么名字？"

孙勇："我叫孙勇！孙是《西游记》里面孙悟空的孙，勇是勇敢的勇！"

毛主席听完笑了笑，说道："那我就看看你今后有没有孙猴子那般勇敢！你家中情况如何？有几口人啊？"

孙勇没想到毛主席会这么和蔼可亲，会和一个普通的战士拉家常，就告诉了主席自己苦难的童年和贫寒的家境，还说了自己为什么要参加八路军。

毛主席听后沉思良久，用一种深沉的口吻既像是对孙勇，又像是自言自语，说："旧中国灾难深重，有那么多的贫苦大众，这样的情况很是普遍，不是每个人都有机会去读书识字，也并不是每个人都像孙勇这般年纪就敢参军。"很可能就是从这时起，毛主席对孙勇有了好感，他觉得孙勇虽然年纪不大，但爱学习，做事比较机灵，就和他一路走一路聊起自己这半生的革命历程，鼓励孙勇继续读书学习，在未来能够更好地为国家和人民作出自己的贡献。

孙勇在毛主席身边不断汲取有益的知识，更明白了做人的道理。他在晚年回忆时曾经这样说道："我们警卫战士与毛主席朝夕相处，他时刻教我们一些做人做事的道理，长时间相处中结下了深厚的友谊。我们为能在毛主席身边工作而感到无上光荣！"

夜宵、冰块和地板床

从1947年1月到1967年2月，孙勇跟随毛主席从转战陕北到进驻西柏坡，从指挥三大战役到进京"赶考"，从入住中南海到视察大江南北，亲身经历了毛主席许多鲜为人知的故事，感受了毛主席非同寻常的人格魅力。

孙勇说："我在毛主席身边担任警卫工作20年，给我印象最深的是，不论是在艰苦卓绝的战争年代，还是在生活条件相对较好的和平建设时期，毛主席都始终严格要求自己，艰苦朴素，身体力行，坚持过苦日子、紧日子，始终与人民群众同甘共苦。毛主席勤俭过日子的故事很多，我只能挑几个比较典型的讲给你们听听。"

新中国成立初期，中央政治局会议特别是政治局扩大会议常常安排在晚上开。会议经常开到很晚，凌晨一两点还没散会是常事。考虑到中央领导同志晚饭吃得早，到深夜会很饿，叶子龙和孙勇商量后，就报请毛主席让食堂为大家准备一点夜宵。所谓夜宵，也就是一碗手擀清汤面，再加几根青菜而已。即便如此简单，毛主席也不让随便吃。

有天晚上，毛主席在颐年堂主持召开政治局会议。叶子龙请示主席，问晚上几点吃夜宵，毛主席严肃地说："要订个规矩，今后不管是在颐年堂开常委会、政治局会，或是在家开会和会客，不到晚上12点一律不准吃夜宵。"此后不久的一天晚上，正好在颐年堂开政治局会议，叶子龙请示毛主席："现在都11时45（分）了，要准备夜宵吗？"毛主席说："不用了，再有10分钟就散会了。"

上世纪50年代，北京冬天的气温比现在要低很多，最冷时南海结冰四五十厘米厚。为了利用这些冰资源，警卫战士效仿明、清时期宫廷的做法，在南海西岸地下修建了一个8米宽、20米长、10米深的冰窖。每年冬天，警卫团的官兵、职工用钢钎把冻冰切成1米宽、2米长的冰砖，用板车拉到冰窖内整齐摆好，用稻草棉被密封严实储存起来。

夏天，中南海内各个食堂、各首长处都从这个冰窖取冰，作为降温和储藏肉食之用。毛主席怕热，那时中南海没有空调，用电扇降温噪音大，效果又不好，每到夏天，孙勇和战士们就从冰窖里把冰块取出来，放在铝制和木制大盆内，在毛主席办公室和卧室里各放两三盆，用以降温。这天然的降温办法既有效，又省钱，毛主席很高兴，表扬警卫战士会办事，"充分利用了大自然"。

毛主席"会过日子"的故事很多。有一次，那是1953年12月24日，毛主席乘专列离京外出，到上海、杭州视察。杨尚昆、罗瑞卿等陪同。外出前，主席专门指示警卫战士说："你们把我日常用的东西，洗漱用具、衣服铺盖、书籍等都带上，到地方不要用公家的东西。"大家便把毛主席要的东西全部装箱打包。孙勇还把留声机和京戏唱片也带上了。

在火车上，只要主席吃饭时，孙勇就把留声机打开，放他最喜欢听的京戏唱片，比如高庆奎唱的《逍遥津》、言菊朋唱的《捉放曹》、刘鸿声唱的《斩黄袍》、谭富英唱的《空城计》等等。主席一边吃饭一边听唱片，有时还同杨尚昆、罗瑞卿谈论京戏。

12月27日凌晨1时专列快到上海时，杨尚昆召集罗瑞卿、叶子龙、汪东兴和江苏省委第一书记柯庆施开会，研究决定：为了毛主席的安全和保密起见，不在上海火车站下车，提前在南翔车站下车。毛主席由柯庆施陪同，乘汽车前往上海市区华东局领导同志住地励志社。到励志社时已凌晨两点钟。毛主席与华东局陈毅、饶漱石、柯庆施等领导同志见面，谈了一会儿就出来了，准备上床休息。

毛主席走进卧室，看到床上铺着花床单、缎面被子、绣花枕头，非常生气，对李银桥说："我不是跟你们说过不要用公家的东西吗？把这些被褥统统拿走，用我自己的！"李银桥对毛主席说："带来的被褥在火车上没有拿下来。"毛主席更生气了，这时叶子龙说："我们马上到车站去取。"主席到卫生间，看见台子上摆着大小花毛巾、香皂等，再次对李银桥说："把这些东西都拿走。"

1954年4月19日，毛主席乘专列离开北京，前往天津、山海关、北戴河等地视察。20日凌晨1点，专列到达天津。天津市委第一书记黄火青等人到车站迎接。当晚，主席入住天津市委大院宿舍。

这晚，孙勇值班。凌晨两点半左右，毛主席突然推开房门说："我睡不惯软床，你给我把褥子、床单铺在地板上，我睡地铺。"

孙勇说:"这不行!马上换个硬床。"毛主席不同意,说:"夜深了,不要兴师动众的,我睡地铺就很好。"

第二天早上,孙勇向叶子龙、黄火青汇报了毛主席昨晚睡地铺的事。黄书记听了,非常歉疚:"怎么能让主席睡地铺呢!怪我事先不了解情况,没有准备好。"10点钟,毛主席起床后,黄火青急忙道歉。毛主席风趣地说:"睡地铺比你那软床舒服多了!"这句话把在场的人都逗笑了。

从此孙勇和警卫人员都知道,毛主席到外地视察,他们一定要随身带上他的被褥、洗漱用具等东西。

之后多年,毛主席每到全国各地视察、巡视、调研,都是自带行李和生活用品。他老人家从来不睡钢丝床、席梦思,一辈子只睡坚实的硬板床。到任何地方,唯一离不开的就是满满几大箱子书籍,手不释卷是毛主席保持终生的习惯。为不给地方党委、政府和负责同志"添麻烦",毛主席视察时,很少住当地宾馆,一般都会住在火车专列上,办公、找地方负责同志谈话,甚至会见外宾,也都在火车上。

"好心办蠢事"

1949年6月,毛主席从香山搬进中南海丰泽园内的菊香书屋。

丰泽园是一个三进院落,正门朝南开,靠近南海,视野开阔,从这里可看到瀛台、新华门及整个南海的景色。东边是勤政殿,也是袁世凯登基做皇帝的地方。西边是皇家园林"静谷",精致幽雅。毛主席和中央领导同志常到静谷散步。

丰泽园因年久失修,有些破烂不堪,雕梁彩画和大门、柱子上的油漆都脱落了。

1950年底，叶子龙请示毛主席："丰泽园大门、院内东西厢房、颐年堂和走廊油漆彩画破破烂烂，中央办公厅主任杨尚昆提议稍微修整一下。"毛主席听了，严肃地说："全国刚解放，西南还在剿匪，几十万志愿军战士正在朝鲜与美帝作战，国家经济困难，能用能住的，就先将就着用和住吧。我相信，外宾和民主人士也不会因为我住的房子破就不来见我。"

到了1953年底，新中国的国民经济有了全面的恢复，抗美援朝战争也结束了，这时，杨尚昆再次提出整修丰泽园，他还把这个想法向周总理作了汇报，请总理征求主席意见，周总理爽快地答应了。

一天，毛主席和周总理在颐年堂会见完外宾后，周总理说："主席，随着国内外形势的发展，外宾越来越多，丰泽园应该修整一下了，一是工作需要，二是为了保护古建筑。"毛主席这次同意了，说："既然你总理同意，那就修吧！"

周总理随后打电话告诉杨尚昆说："毛主席同意修整丰泽园了，请你抓紧时间办。"

杨尚昆立即召集叶子龙、汪东兴等布置，乘毛主席外出的时机，尽快施工。不久，修整后的丰泽园焕然一新，既不花哨又整洁大气。毛主席看了高兴地说："这么一修整确实比原来好看多了，你们要注意保护，不要碰坏了油漆。"

时间到了1954年9月下旬的一天，叶子龙请毛主席到玉泉山去住，换个环境休息几天。

就在此前不久，叶子龙、汪东兴商量，经杨尚昆同意，在玉泉山一号楼院内给毛主席修建了一个长8米、宽5米的小游泳池。叶子龙原想给主席一个惊喜，所以事先并未将此事报告给他。

毛主席乘车来到玉泉山，一进大门，叶子龙就笑着说："请您参观一下新修的游泳池。"

毛主席听了一愣，停下脚步说："什么游泳池？"

叶子龙说："您喜欢游泳，冬天快到了，我们给您建了一个室内小游泳池。"

没想到刚才还满脸笑意的毛主席，顿时变了脸，他问叶子龙："这是谁的主意？给我修游泳池，为什么不事先报告我？我知道，你们是好心，但办的是蠢事。你们游吧，我是不在这儿游的。另外，这个游泳池既然是以我的名义修的，那就应该由我来付钱，你们把修建的费用搞个清单给我，不管花多少钱，都从我的稿费里出。"

毛主席说到做到。后来他果然一次也没在这个游泳池游过，而修建的费用却是从他的稿费中出的。再后来，警卫局把这里改成了花房。

令孙勇印象深刻的还有一次，那是1958年春天，中央警卫局副处长毛崇横向叶子龙、汪东兴建议，春耦斋年久失修，阴暗潮湿，地砖磨损严重，周末在这里为中央领导同志举办舞会，地面不平整，影响效果，加之大厅只有一个公用卫生间，警卫值班人员和服务员合用一间小房不方便，乐队演奏员、舞伴无地方休息，都坐在走廊里，杂乱拥挤。因此，建议把春耦斋改建或扩建一下。

叶子龙说："等我报告了杨尚昆主任后再定。"没过几天，叶子龙、汪东兴召集开会，说："杨主任同意扩建春耦斋，要我们抓紧设计和尽快施工。"

这次扩建春耦斋，杨尚昆、叶子龙认为这里是公共场所，不是专门为毛主席扩建的，所以就没有向他报告。有一个周末，毛主席提出要去跳舞，叶子龙说，春耦斋正在修缮，舞会临时改在勤政殿了。听说是修缮，毛主席没说什么。

直到1959年秋，春耦斋扩建完工，焕然一新，新建的大理石露天舞场与原来的室内舞场相连，汉白玉栏杆，房檐中挂着大匾"春耦斋"三个镏金大字，特别显眼，特别是露天舞场上悬挂五颜六色的彩灯、小旗，像过春节一样喜庆。

在扩建工程完成后的第一个周末，欢快的舞曲再次奏响。晚上9点多，警卫员去报告正在办公的毛主席，今晚春耦斋有舞会。

说话之间，孙勇陪主席一起来到春耦斋。叶子龙边走边介绍说："这是新建的大理石露天舞场。"毛主席非常震惊地问："什么？"又往前走了几步，然后站定，看着舞场满脸不高兴地说："大理石柱子，汉白玉栏杆，还悬挂着彩旗、灯饰，可真是豪华呀！这哪里是修缮，分明是重新建了个舞场！"

毛主席越说越生气，指着叶子龙问："这是谁的主意？谁批准的？为什么不事先报告我？当前国家经济这么困难，一个娱乐活动场所，建得这么豪华，这么富丽堂皇，你们是怎么想的？"

最后，毛主席说："你们去跳吧，我是不去的。"说完，扭头就往回走，边走还边说："修了这么华丽、漂亮的舞场，这要花费国家多少钱？"回到办公室，他又严肃地对叶子龙说："你们马上给我写检查。"

很长一段时间，毛主席只在勤政殿跳舞。有一次，杨尚昆送来一份急电请毛主席审阅，毛主席走到休息室批阅，杨尚昆趁机说："扩建春耦斋舞场，是我批准的，我犯了错误，向主席检讨。但舞场建好一年多了，老不用，也是浪费。"叶子龙、汪东兴也都作了检查。

毛主席听了，还是摇头，一句话也没说。

生活中随和幽默的毛主席

1949年6月,毛主席搬进中南海丰泽园内菊香书屋。此前,毛主席进城会客、开会太晚,也曾在这里休息过。根据孙勇的回忆,当时毛主席高兴地说:"住这儿工作方便多啦,我喜欢这个四合院。"

在夏天的时候,天气过于炎热,孙勇等警卫员就会在院子里的老柏树下为毛主席支起一大间露天的办公室,用10多平方米的帆布搭成大棚,顶上吊两盏带罩的电灯,地上放十来把藤椅子和几个茶几,茶几上放着薄扇用来驱虫、扇风。

毛主席住进菊香书屋时,孙勇请毛主席去颐年堂看看怎么布置。毛主席先看了看外观,后来进殿内转了一圈,说:"颐年堂比故宫的宫殿好,雄伟、壮观、适用。你们先把这些龙座椅、屏风、长条桌、古椅和古董文物等搬走,交给故宫博物院保管。在西头搞个卫生间,大厅内摆十几个小圆沙发,东侧放个长条桌子和小靠背椅子,另外两间改成小饭厅、服务室。布置好后我就在这里会客、接见外宾、开政治局会议。"此时的毛主席俨然一位家居设计师。

孙勇说:"好,我们就按照主席的设计来布置。"

后来,毛主席在颐年堂会客、开会、接见外宾时,东厢房三间作为外宾随员休息室,西侧三间作为工作人员、记者休息的地方。

1949年至1956年间,毛主席只要是在颐年堂会见党外人士和外宾,都是站在厅门外迎接。会见结束时,他又是从颐年堂亲自送到丰泽园大门口，等客人乘车走了他才走回住地。不管是白天晚上，还是遇上雨天或下雪天，都是如此。

在新中国成立后，毛主席的工作十分繁忙，绝大多数时间都会工作到深夜。

身边的工作人员很是心疼毛主席，只是不知道用什么样的理由来劝说毛主席。1950年一天，孙勇和叶子龙陪着毛主席在院子内散步。叶子龙看到毛主席心情比较轻松，便提议道："主席，我们去中南海边上瞧瞧去。"

毛主席听后点了点头，然后带头向外走去，叶子龙和孙勇等工作人员跟在毛主席身后。走了一段距离后，毛主席便在海边的一个码头处停了下来，向远处望去。

站了一会儿，毛主席对孙勇等人说："这里风景不错，而且视野开阔，让人感到很舒心。"

孙勇便趁机说道："主席，您工作太忙了，在办公室一坐就是几个小时。希望您以后能抽出时间，常来海边走走，放松放松……"

毛主席在听了孙勇的话后，笑着说道："孙勇你讲得倒轻松啊！每天我需要处理的文件一大堆，还要开会，再加上外事活动，每天都很忙。我也想到处转一转，可是哪有这闲工夫……"

毛主席在说完这句话后，忽然用有些调侃的口吻对孙勇说："要不咱俩的工作换下，你来当主席，我给你当卫士，看看你能抽出多少空来转悠。"

叶子龙这时也开玩笑说："孙主席你上任吧，我来给你当秘书。"还没等叶子龙这句话说完，毛主席和在场的工作人员都哈哈大笑起来。

孙勇自己则满脸通红，不知道该说什么好……

直到如今，回想起这段往事时，孙勇还都忍不住地笑了起来。他深情地说："毛主席很幽默，有时喜欢和我们开开玩笑，在他老人家身边工作非常愉快。他既尊重我们工作人员，又对我们严格要求，是一位真正值得敬佩的领袖。"

孙勇说，自己在毛主席身边工作多年，还有一个强烈的感受，就是他老人家始终反对身边人把他与人民群众隔离开来。他非常注意体察百姓的生活，与群众打成一片。

1956年10月6日一大早，毛主席到西苑机场为应邀来华访问的印尼总统苏加诺送行，送走外宾才上午9点多钟。从西郊机场回中南海的路上，孙勇随毛主席坐在车后座，叶子龙坐前座。当汽车开到北京展览馆附近时，毛主席突然对叶子龙说："我饿了，找个饭馆吃饭吧。"孙勇说："主席，家里做好饭了，回家吃吧？"叶子龙也说："回家吃安全。"毛主席不高兴了，说："怎么不安全？我今天就想在外面吃顿饭。"

叶子龙只好叫司机周西林停车，下车后，他对坐在随卫车上的汪东兴说了这件事，汪东兴一听就急了："那不行！主席哪能随便在大街上吃饭？"叶子龙说："我与孙勇都劝了，主席根本不听，还是赶快找个地方吧。"这时北京市公安局警卫处张处长说："前面新街口南大街有个西安饭庄，条件还不错。"叶子龙说："那就去吧。"

到了西安饭庄，毛主席走进店内，里面还有不少顾客在吃饭，但因为主席戴着口罩，穿着灰色薄大衣，并没有引起人们的注意。

毛主席坐下后，喝了几口茶，吸着烟，对叶子龙、汪东兴、李银桥和孙勇说："你们阻止我，这儿不能去，那儿也危险，其实我看是你们不相信人民群众。今天我在饭馆里吃顿饭，有你们这么多人保护我，能出什么问题？别忘了我是人民选出来的主席，人民信任我，我就要全心全意为人民服务，就要接近人民，不能把我和人民群众隔离开来。你们不要怕，人民群众不会害我，想害我的人有，那是极少数反革命分子、特务。但即使他们真的要害我，人民群众也会保护我的。你们这些人不都是农民出身吗？进了城吃好了、穿好了，都当官了，可是你们别忘了广大的人民群众，忘了他们就是忘本！"毛主席特别提醒孙勇："孙勇我告诉你，现在不能出去找人打电话，搞得警卫森严。"

孙勇问主席："吃羊肉还是牛肉泡馍？"毛主席说："都可以，你去跟人家商量着办吧。"

孙勇起身先去找饭庄老板，交待完后，急忙跑到附近派出所找到市局警卫处张处长。张处长说，他已布置好了饭庄周围的警卫，市局领导随后就到。孙勇这才拿起电话急告中南海警卫值班室，说明情况。孙勇后来说，这是他第一次违心地没听毛主席的话，因为他觉得肩负的责任实在太重大了，不能不这么做。孙勇叮嘱张处长说："一定要注意缓和警卫形势，你们不要进饭庄，不要在大门口活动，市局领导来了也别露面。"

饭菜摆上桌，毛主席吃了一些羊肉、牛肉泡馍，还吃了些青菜。他有说有笑，兴致很高，还举一些例子开导大家时刻不要脱离群众，不要成为高高在上的"官老爷"。

10点多，毛主席吃完饭，准备乘车离开饭庄。临走时，还特意吩咐孙勇不要忘了给饭店付饭钱。

安全地回到中南海后，罗瑞卿、汪东兴、叶子龙及所有警卫人员这才松了一口气。

毛主席回韶山

1959年6月25日,在中共湖北省委第一书记王任重、中共湖南省委第一书记周小舟、公安部部长罗瑞卿陪同下,毛主席回到了阔别32年的家乡湖南省湘潭县韶山冲。

毛主席乘专列先到湘潭市,然后乘汽车到韶山,入住松山一号。

回到家乡,毛主席特别高兴。当天晚上散步时,他对王任重、周小舟、罗瑞卿说:"我终于回老家了,离开故乡32年啊!现在是心情舒畅,吃饭也香。我们湖南的腊肉、腊鱼、臭豆腐、辣子炒苦瓜、粗米饭,好吃!你们吃了没有?"王任重说:"腊肉、腊鱼好吃,辣子炒苦瓜吃不习惯,粗米没有北方的小站米好吃。"毛主席说:"你们主要是吃得少,多吃就顺口了。"周小舟关心地问在韶山是不是感觉比北京热一些。毛主席说:"热点没有关系,无非多出点汗,出汗是好事,新陈代谢嘛!"

散步后,回到房间,毛主席让李银桥把孙勇叫去。他坐在沙发上对孙勇说:"我32年没有回老家了。这次回家看看,父母早已去世,也没有其他直系亲属了。为革命,光我一家就献出了6位亲人的宝贵生命,许许多多的先烈们用牺牲才换来了新中国!他们是功臣,是英雄,我们活着的人要永远纪念他们。我现在看看旧居,看看生我养我的地方,看看家乡的变化和走访一下乡亲们。"说到这里,毛主席加重了语气:"你们不要阻拦乡亲们。对家乡人,你们一定要热情,讲话要和气。我到乡亲们家中做客时,人家要是给端水喝,送东西吃,你们不要加以阻拦和干涉。这是人家的一片好心。乡亲们想见我,想同我靠近一些,你们也不要干涉。你们听懂了吗？"孙勇连忙说："记住了，一定按主席指示办。"

这天晚上，毛主席提前吃安眠药，睡得也比往常早。可能是坐火车、汽车跑了一天，累了。

26日早晨5点多钟，毛主席就醒了，打铃叫李银桥去，说："我要上祖坟，看望父母亲去。"

毛主席从松山一号出发，向旧居方向快速走去。孙勇和李银桥、沈同、封耀松等紧跟其后。他的父母葬在旧居对面的山上。快到坟墓时，沈同灵机一动，折了一些松柏树枝，临时编了一个"花圈"递给毛主席。

毛主席将"花圈"放在坟墓上，然后肃立默哀，深深地三鞠躬，说道："前人辛苦，后人幸福。"他也许是回想起当年与父母在一起的往事，触景生情，眼含泪花，对孙勇等人说："生我者父母，教我者党、人民、师长、朋友也。今后我回来，还要看望双亲。"

上完坟，毛主席来到旧居。这时，旧居周围已经围满了群众，他们拥上前来，纷纷用家乡话向毛主席问好，有的还喊：毛主席万岁！毛主席向他们挥手致意，高兴地与挤到身边的乡亲们握手问好。

走近旧居，毛主席指着门前的池塘对身边人员说："我小时候就是在这个池塘学会游泳的。"进了旧居，在父母的遗像前，他深深地三鞠躬。又依次走进了当年自己住的房间、堂屋、父母的房间和厨房，一边看一边点头。虽然32年过去了，他依稀觉得当年家里就是这个模样。

从旧居出来，下一站，毛主席是到韶山学校看看老师和孩子们。孙勇加快脚步，先到学校察看了一下。学校周围的环境很好，院内打扫得干干净净，教室玻璃擦得亮亮的。学生们像过春节一样穿得整整齐齐，都系上了红领巾，做好了迎接毛主席的准备。

孙勇告诉老师们："毛主席马上就到！"学校师生沸腾了，纷纷涌向操场。毛主席一进校门，学生们像潮水一样围上来。他们一边跑，一边高喊："毛爷爷好！毛爷爷好！"毛主席高兴地笑着说："娃子们好！教师们好！"当孩子们都围到毛主席身边时，一个小学生拿出红领巾给毛主席系上。毛主席穿着白衬衣，配上红领巾，显得格外精神。摄影记者看到这感人的场面立即按下照相机快门，将它定格。照完相，毛主席鼓励学生们说："娃子们要好好学习，天天向上！"

从韶山小学回到松山一号住地，毛主席把孙勇叫去说："我祖父住的地方毛震公祠附近有个小水库，你去看一看能不能游泳，如能游，你准备一下，下午我们去游泳。"孙勇答应说："我马上去看。"

孙勇找到省公安厅余处长和韶山的杨书记，大家一起乘车去韶山水库。这座水库离松山一号有三四公里，在车上，孙勇问杨书记水库是什么时候修的，以及周围地形、地貌等情况。杨书记介绍说："这个地方原来就有个池塘，周围是水田。1958年'大跃进'时，把池塘、水田挖深了几米，将土堆积筑成拦水大坝，就形成了这个水库。上边有条小溪常年有水注入，但水流不大。"孙勇问得很细："水库有多深？水库内周边有没有大石头和杂物？"杨书记说："最深的地方有二十多米，周边没有大石头和杂物。"

到了跟前一看，水库不大，80米左右宽、100米左右长，碧波荡漾，水质很清澈，真是个游泳的好地方！

孙勇走到水边，拿出事先准备好的温度计测了一下水温，24

摄氏度。水温稍嫌低，但游泳没有问题。孙勇和三个会游泳的警卫战士分成两组下水检查，围着水库边齐腰深的水，用脚踩了一圈，又游了一圈，发现上游浅水处有石头和杂树，但水库中心水质特别清澈。

孙勇把水库情况摸清楚了，心中有了底，便对余处长、杨书记说："毛主席稍后就来游泳。但这里没有换衣服的地方，我们还得想办法搭个临时帐篷。"杨书记说他们没有现成的帐篷。孙勇说："抓紧到部队去借两个。每个帐篷内放两个单人床，摆几个衣服架子。毛主席换衣服的帐篷内再放两个热水瓶和一桶水、两条毛巾。"

孙勇准备顺道去看看毛震公祠。杨书记带路，走了两百多米，看见一个村庄。杨书记指着一幢白墙黑瓦、房内有小石材立柱、造型别致的大房子说："这就是毛震公祠。"孙勇走近一看，整个建筑系砖石结构，门额上的"毛震公祠"四个大字清晰可见。走进屋内，空荡荡的，什么也没有。杨书记说："这里原本是供奉毛氏祖宗的地方，有祭台，祭台上放有祖先牌位。解放后，这些都被撤掉了。"

看完毛震公祠，孙勇一行急忙返回松山一号住地，这时已是下午1点多了。孙勇先向罗瑞卿汇报，罗瑞卿让他赶快向主席报告，并做好游泳的准备工作。

毛主席听了孙勇的汇报，非常高兴，当即决定下午4点多去游泳。5时许，孙勇随毛主席乘车来到韶山水库。周围的乡亲们听说毛主席下午要来游泳，早早地就在水库周围等候，想亲眼看毛主席游泳。

毛主席下车后边走边同乡亲们打招呼，并主动同近旁的乡亲握手问好，场面热烈感人。

下水后，毛主席高兴地用湖南话对乡亲们大喊："乡亲们、娃子们，会游泳的都下来跟我一块游。今天水温凉爽得很，游得舒服呀！快下来吧！"

一些会游泳的男人和小孩脱光了衣服，赤身往水里跳。几位乡亲游到毛主席身边，同他聊了起来。一位乡亲对毛主席说："你水性真好。我们从报纸上看到你在北戴河下海游泳，不怕大浪，下大雨也照常游泳。"另一位乡亲说："我们还看到过你游长江的新闻。水流急，漩涡多又大，你真的不怕吗？"毛主席说："人要有胆量，敢于与大自然斗！大风大浪、水流急、漩涡多，看起来可怕，当你摸到它的规律，掌握了水性特点就不怕了。人在水中，自由自在伸展身体，心情也会放松，变得舒畅。做什么事总是四平八稳不行，有时你不敢冒风险就不会成功。当然也不能莽撞。就说游泳，你不能一点儿不会便往深水里游，要先学习，向技术好的人学习，并且经常练习，逐渐提高游泳技能。我从小就喜欢游泳，到北京后条件好了，冬天在室内游，夏天在北戴河游大海。我还游过湘江、珠江、长江。"

边聊边游，不知不觉中，众人已经游到了深水区。这时，毛主席对大家说："我在水中做几个动作给你们看看。"说话间，只见他平躺在水中一动不动地睡起觉来，头、胸、腹、腿、脚都浮出水面，全身大约有三分之一浮在水面上。接着他在水中直立身体，做起"立正""稍息""齐步走"等动作，一边做，还一边喊着口令，兴致特别高。在岸上观看的乡亲们也都惊叹不已、鼓掌叫好。

毛主席在乡亲们的一片欢呼声中畅快地游了一个多小时。天色不早了，孙勇劝他上岸。毛主席大声问在岸边的封耀松："几点钟了?"小封说:"主席,七点钟了。""好,今天不游了。"

当孙勇搀扶着毛主席上岸时,乡亲们都围了过来,纷纷和他说话。刚游完泳,毛主席容光焕发,显得特别高兴,他说:"难得在家乡畅游一次,谢谢你们修了这么好的水库。今后我还要来这里游。"

毛主席换完衣服从帐篷出来,孙勇准备陪同他乘车回松山一号住地。不料,毛主席并不上车,却径自顺着稻田小道往东茅村走去。田埂的道路很窄,只能容下一人,孙勇紧跟其后,他已猜到主席要去看毛震公祠。

果然,毛主席一进东茅村,就直接走进祠堂内。出乎孙勇的意料,他跨进正厅没走几步,就对着原先曾经是摆放着祖先牌位的地方,双膝跪地,自言自语地说:"不管三七二十一,我给老祖宗磕三个头。我毛泽东不能忘祖呀!"

毛主席磕完头站起身后,其他工作人员都赶过来了。毛主席向大家介绍说:"这就是毛家的祖庙。1925年,我在韶山开展农民运动时,曾在这里办过农民夜校。"

在家乡的两天,毛主席感受到了浓郁的乡情。他脚踏故土,回想当年的峥嵘岁月,感慨万千、诗兴大发,写下了著名的诗篇《七律·到韶山》:

> 别梦依稀咒逝川,故园三十二年前。
> 红旗卷起农奴戟,黑手高悬霸主鞭。
> 为有牺牲多壮志,敢教日月换新天。
> 喜看稻菽千重浪,遍地英雄下夕烟。

将军写书

孙勇深有感触地说:"在毛主席身边工作多年,我有一个切身的体会,就是他老人家喜欢老实人。只要说老实话、办老实事,踏踏实实按规矩办事,即便你能力弱点,甚至办错了事,老人家都能原谅。所以,我在他老人家身边工作了20年,并没有觉得有多大的压力。"

孙勇回忆,1956年,毛主席乘专机前往广州,在武汉中转之时,向众人提出想要横渡长江,而这时的毛主席已经60多岁了,大家考虑到他的身体状况,建议他慎重考虑一下,不要冒险下水,毕竟长江的水流很急,水下的暗流很多,江水里可能还有血吸虫或是有毒生物,很是危险。

毛主席听到后很不满意,毕竟他此前在各大湖泊江水里都游过泳,唯独没有在中国长江游过。于是他派了一个水性很好的人去察看一下水情,但此人走到江边,也没有下水,就说现在江面被几级大风掀起了一层又一层大浪,根本不能下水。毛主席很不高兴,脸色都变了,又派孙勇去察看一下水情,到底可不可以游泳。

孙勇接到指示后,来到长江边,他脱下身上的衣服,跳到江里游了一会儿,回来后对毛主席报告说:"主席,我下去游了一下,可以游泳!"

毛主席听完后,脸上露出了笑容,开心地对着众人说道:"你们看看孙勇同志,他是跳到江里游了几圈才得出的结论,这就是认识来源于实践、实践又推动认识的道理。要想知道这树上的果子好不好吃,就要摘下来自己亲口尝一下才行啊!"

说完这话，毛主席就准备游泳了，孙勇他们赶紧找了十多个水性很好的青年一起陪同毛主席下水。这是毛主席第一次畅游长江，老人家十分高兴。

孙勇就是靠着这种踏踏实实的作风赢得毛主席的信任，毛主席对他厚爱有加，一直舍不得把他调离。20个世纪50年代末的一天，毛主席把孙勇叫到身边，亲手把自己穿过的两套崭新的黄呢子中山装送给他，其中一套还是老人家1949年10月1日在开国大典上穿过的那套，可能终生只穿过那么一次。这是多么珍贵的历史文物啊！

到了20世纪80年代初，孙勇将这套黄呢子中山装捐献给了毛主席纪念堂。

20世纪60年代中期，"文化大革命"开始后不久，1967年孙勇离开了毛主席。"文化大革命"期间，他受尽磨难。直到粉碎"四人帮"之后，孙勇才重新回到中央警卫局工作岗位，负责邓小平同志的警卫工作，担任了中央警卫局副局长，后又兼任中央警卫团团长。他在邓小平同志身边又工作了20年，直到邓小平同志去世。

1998年，已经72岁高龄的孙勇将军正式离休。离休后，他仍然没有清静下来。由于他的特殊人生经历，很多作家和中央、地方媒体的记者都想采访他，想听他讲讲他跟随毛主席、邓小平两位伟人40年的故事。

他起先拒绝接受采访。他认为自己并不是什么了不起的人物，能陪伴在两位伟人身边已是三世修来的福分，哪能以此为资本炫耀自己。但后来在老战友的劝导下，他的想法有所改变。老战友说："你作为一个跟在两位伟人身边这么多年的老兵，有责任、有义务把你所知道的伟人的故事讲出来，用这些故事来教育子孙后代。因为你是当事人，你讲的故事有说服力。这怎么是在向外界炫耀自己呢？"

这些话孙勇慢慢听进去了，因为他觉得自己作为跟随老人家20年的贴身警卫，确实有责任告诉后辈一个真实的毛主席。于是孙老开启了漫长的写作之路。

历时8年，终于写出了《在毛主席身边二十年》和《在邓小平同志身边二十年》两部厚重的回忆录，为党史和军史史料作了新的重要的补充。

对于书籍出版的版权费，他分文不取，全部捐给了部队和社会。老人希望在人生的晚年仍然能够为国家、为人民尽自己的一份绵薄之力。

孙老说："对于一个文化程度不高的人来说，写出两本书不是一件容易的事，但在有生之年能完成这件事，我也感到很知足了，是我作为一个老警卫战士怀着对领袖无比深厚的感情才完成的。我的书虽然没有什么文采，也不懂得用什么修辞、描写的手法，很多都是大白话，在有些人看来，可能只有"骨头"没有"肉"，但有一点却是那些名家、名作所不具备的，那就是我写的确实是我的亲身经历、亲眼所见、亲耳所闻，没有一件事、一个情节是虚构、编造的。这一点我可以对历史负责，也可以对逝去的伟人负责。"

2022年10月13日下午，孙勇将军因病医治无效，在北京逝世，享年96岁。遵照其生前遗愿，丧事从简，不举行任何形式的悼念活动。

将军已逝，而他讲述的在毛主席身边工作二十年的动人故事，却永远教育、激励着后人。

毛主席永远活在我心中
访毛主席警卫战士陈长江

陈长江，男，汉族，1931年9月出生，江苏海安人。1946年参加海安独立团特务连当侦察员，1949年3月加入中国共产党。1951年1月调至中央警卫师一团一连，进入中南海直接保卫毛泽东。历任一中队队员、分队长、区队长、副中队长、中队长、副大队长兼一中队队长。1985年任中央警卫局办公室副师职参谋。

从革命战争年代到新中国成立，直到毛主席逝世，在他老人家漫长的革命生涯中，担任他的警卫工作的战士很多。但是，中央警卫局一中队原队长陈长江是很特殊的一位，因为他在毛主席身边工作的时间最长，长达27年。而且，在毛主席逝世后，他还参加了老人家遗体的保护工作，是毛主席生前最信赖的工作人员之一。

在毛主席诞辰130周年的日子来临之际，我们采访了年逾九旬的陈长江老人。

来到毛主席身边工作

陈长江说:"没有毛主席,没有共产党,就没有我的一切,这绝不是一句套话。"

1931年9月12日,陈长江出生在江苏省泰县(今海安市)的一个贫苦农民家庭。

陈老回忆,从记事的时候起,全家人的生活就和贫困连在一起。他从11岁到14岁在地主家扛活,后来新四军来到了他的家乡,1946年8月,也就是15岁那年,苦大仇深的陈长江参加了新四军,到海安独立团特务连担任侦察员。在3年解放战争期间,陈长江参加了大小数十次战斗,由于作战勇敢、表现突出,于1949年3月光荣加入了中国共产党。后来他随解放军打过长江,1949年5月,他又被调回到泰州军分区司令部特务连担任警卫员,任连党支部委员。

1950年10月,在陈长江19岁那年,他的命运发生了改变。他所在的泰州军分区接到上级通知,要从苏北军区挑选五六个人到北京中央警卫部队工作。挑选的条件十分严格,一共12项标准,陈长江现在还记得其中有这么几条:一是出生于贫苦家庭;二是历史清白,社会关系简单;三是忠于革命,积极要求上进;四是打过仗,有战斗经验的老战士;五是能吃苦、不怕死,服从命令听指挥;六是在党内担任党小组或支部委员以上的职务。按照这些条件,部队进行了严格的挑选,陈长江有幸被选上了。

不久,被选中的6个人来到苏北军区所在地扬州集中。3天后,他们又被送到华东军区集训了一段时间。1950年11月底,陈长江乘上北去的列车来到北京。次年1月，进入中南海担负警卫党中央书记处的任务。他回忆说："当时我们中央警卫团的分工是，一连直接警卫毛主席，二连负责刘少奇、朱德同志的警卫，三连负责周总理的警卫，我被分在一连。领导在找我和另外两个战士谈话时，告诉我们，一连的任务很明确，就是保卫毛主席在住地和外出时的安全。听了首长这么一讲，我内心又紧张又激动，没想到，一到中央警卫团就幸运地受领了保卫毛主席的光荣任务。我暗暗下决心，一定要尽职尽责站好岗、放好哨、值好勤，坚决保卫党中央和毛主席的安全。"

陈长江他们值勤的哨位在丰泽园后门，3个人1个岗，1班站两个小时，1昼夜值4次班，警卫任务很繁重，但非常光荣。

陈长江说，从1951年1月进中南海工作，跟随毛主席27年。其间毛主席多次找他谈话。但1952年第一次与他单独谈话的情景，他至今记得最清楚。

那是1952年4月的一天上午，10点左右，毛泽东在工作了一个通宵之后出来散步。这时，陈长江正在丰泽园后门站岗，看到毛泽东走过来，他立刻敬了个礼。毛泽东见到他，主动上前微笑着与他打招呼："你是哪里人？"

"我是江……"陈长江刚出口，还没有讲完，毛泽东就立刻摆摆手，示意他不要说下去，说："听口音，你是苏北如皋、海安一带的人？"

陈长江马上回答："不错，毛主席，我是江苏海安人。"

毛泽东笑了笑，说："你们那地方，抗日战争和解放战争时期打了很多仗。你知道陈毅打黄桥吗？"陈长江回答："不知道。"

毛主席说："抗日战争时期，陈老总打顽固派的黄桥战斗打得

陈长江与毛主席合影

很好。他善于搞统一战线,第一是发动革命群众,第二是团结民主人士,第三是对反动派又打又拉。统一战线是我们党的一大法宝,过去、将来都是必须要搞的。"

第一次与毛主席谈话,主席就给他说了这么多他从没有听到过的历史和知识,陈长江很激动,可又搭不上话,只听毛主席继续往下说:"解放战争刚开始时,粟裕指挥华中野战军在苏中地区七战七捷,消灭敌人5万多,有两战就是在海安打的,挫败了敌人的进攻。"苏中七战七捷,陈长江当然听说过,不过那时他只是一个刚参军的十六七岁的小战士,并不会知道这场战役的重大战略意义。

毛泽东稍微停顿了一下，又问起陈长江和他家的情况，他便向毛主席作了汇报。他说自己的家乡海安是1946年解放的，1947年土改，家里分到了地主的大房子（青砖小瓦建筑）、14亩田，贫农过上了中农的生活。全家人都感谢毛主席，感谢共产党。

接受采访时，陈长江幸福地回忆道："当时，毛主席问我叫什么名字，我说叫陈长江，他说：'你这个名字，中国的第一大江，你说了以后我就能经常记住了。'"

30多次跟随毛主席外出

陈长江说，他到毛主席身边做警卫工作后，跟随他老人家外出30多次。我们请他谈谈毛主席外出期间的故事。

陈长江说，第一次是随毛主席到石家庄去"休假"。1950年11月25日，毛岸英在美军对朝鲜北方大榆洞志愿军总部的轰炸中不幸牺牲。毛主席心情十分悲痛，中央要求毛主席外出"散散心"。但实际上毛主席外出期间并没有休假，而是做了几件事：一是他继续亲自指挥朝鲜战场的第三次、第四次战役，起草和签发各种电报。二是修订《毛泽东选集》（1—3卷），因为斯大林提出要看毛主席的著作，当时没有一个统一的版本，所以带了一些人进行编辑、修订工作。三是亲自部署在全国开展镇压反革命运动。四是部署开展全国性的土地改革运动。

第二次是1953年12月24日，跟随毛主席出差到浙江杭州。到杭州后，正赶上毛主席过60岁生日。但毛主席不允许给他过生日，而是带了20多人，研究制定我国第一部《宪法》。毛主席把世界上许多国家的《宪法》，还有我国古代历史上的律法都拿来了进行研究。后来，在 1954 年 9 月召开的第一届全国人民代表大会第一次会议上，通过了毛主席亲自参与制定的第一部《中华人民共和国宪法》。

陈长江印象最深的还是毛主席最后一次外出。这次，陈长江跟随毛主席是 1974 年 7 月出去，1975 年 4 月回来，共 9 个多月。这时候，他老人家的身体已经很不好了，眼睛患白内障，腿脚肿了。毛主席这次外出，说是养病，实际上也没有好好休息，一路上一直在工作。他在沿途了解各地的情况，听取工作汇报。在武汉、长沙、杭州等地，毛主席还多次会见外国客人。一些外宾来华，非要见毛主席，毛主席不顾自己的身体状况，总是尽量满足重要外宾的要求。1975 年 4 月毛主席从外地回到北京后，他的眼睛已经看不清东西了。

我们问陈老："毛主席接见外宾时，你在现场吗？"

陈老说："每次客人来，我去开车门接客人，送到毛主席的跟前，安排好照相。毛主席与客人谈话，人家提出什么问题，毛主席都会向他们讲解决的方法。比如，毛主席会见越南共产党胡志明主席。胡志明问毛主席：'怎么解决越南的问题？'毛主席讲：'可以用中国人民解放军打解放战争的打法，要组织主力兵团决战，光打游击战不行。'胡志明主席采纳了毛主席的建议，打了一些规模较大的战役，推动了越南南方战争胜利的进程。"

1975 年 7 月，毛主席的左眼做了白内障切除手术，手术后稍微能看到一些了。毛主席术后第一次会见的外宾是朝鲜的金日成主席。毛主席与金日成谈话结束后，还和身边工作人员一起照了相。这是毛主席和他身边工作人员的最后一次合影。陈长江深深地记着这个难忘的日子。

按照毛主席要求下基层做调研

20世纪五六十年代，毛主席倡导大搞调查研究，陈长江根据毛主席的指示，下到基层第一线去搞调查，受到了毛主席的表扬。

据陈长江回忆，解放初期，毛主席特别关注农村、农业和农民问题。比如农业合作化运动时期，毛主席曾经4次让他回家乡，到基层去了解情况。

第一次是1954年。当时全国已经土地改革，农民分到了土地，少数人解决了温饱问题，也有一些人把土地卖了，还有的人搞单干，力量很薄弱。毛主席讲："要把农民组织起来，要搞农民互助合作化运动。"毛主席讲了许多这方面的道理。陈长江回去后了解了这方面的一些情况，向毛主席作了汇报。

第二次是1961年，毛主席上庐山前。因为1958年、1959年农村出现了一些问题。陈长江随毛主席从北京出发，专列到常州时，毛主席说："长江，长江，快到你老家了，你下去，给你半个月，回去调查研究。我先上庐山，我在庐山等你。"

这次回家乡搞调查研究前后半个月，回来后陈长江向毛主席汇报了4个问题。其中一个是农村"吃大食堂"。因为农户分散，一家一户，吃食堂还有一些困难。毛主席听了汇报后说："现在，就是像上海这么大的城市，也只有30%的人吃中午饭，早饭和晚饭都是在家里吃的。我们农村，住得分散，有老有少，还要养猪养牲口。但他们都说吃食堂好，包括少奇同志也说食堂好。我看，这不符合实际。看来，这样下去不行，食堂要解散。"不久，农村公共食堂就解散了。

这次汇报，毛主席还问到了关于"农业产量"和"深翻密植"的问题。主席讲："现在，有的地方一亩地产量几万斤，这是不可能的。"他不相信。毛主席说："地，不是翻得越深越好。我八九岁时在家种过庄稼，只要翻到这么深（用手比画）就可以了。庄稼也不是越密越好，要合理密植。"

陈长江接着说："第三次外出调研是1967年5月，是'文化大革命'最紧张的时候。我们在中南海，外面经常敲锣打鼓，毛主席在泳游池睡不着觉，有一天他把我叫去，说：'长江，长江，你有多久没有回去了？'我报告主席：'这段时间工作忙，走不开。'毛主席说：'我给你15天，赶紧回去一趟。我算了一下，除了来回途中，可以在家待5天。我就在中南海，哪儿也不去，等你回来。'

"这次回来后，我向毛主席汇报了几个问题。一是一路上火车、

毛主席与身边工作人员合影。前排右二是陈长江

汽车不能按点到站；二是扬州有个地方，一个保皇派，一个革命派，两派斗得厉害。毛主席听后说：'我早就讲过，要文斗，不要武斗。不仅是扬州，舟山群岛还动了枪炮。'

"当我汇报到正值5月麦收，江苏有些地方农业生产搞得比较好时，主席听了很高兴。毛主席说：'我们现在有8亿人民，如果6亿农民把农业搞好了，国家就有希望。'当我汇报到现在群众也有意见、学生搞串联不上学、工人不上班等情况时，主席表示很担忧。"

我们问陈长江，毛主席第四次叫你下去搞调查研究是什么时候？

陈长江说："第四次是1969年7月，我们在杭州时。时任浙江省革委会主任陈励耘向毛主席汇报说：'要将两三个生产队合并，富的生产队养猪多、树种得多，听说要与穷的生产队合并，就又是杀猪又是砍树，怕穷队沾富队的光。'毛主席听了汇报后，要我回老家去摸摸真实的情况。这次给我5天假，毛主席说：'长江，你明天就走。'我回到苏北后，跑了20多个生产队，还问了一些基层干部，了解了不少情况。回到北京后，我向毛主席作了汇报。后来，毛主席叫汪东兴报告周恩来总理，就有关问题请总理向全国打招呼。"

毛主席四次让陈长江回去搞调查，都是关于农村和农民问题，从合作化，到人民公社，到1969年，终其一生，毛主席都一直关心农村、农业和农民，他一直想把农村生产队这一级搞得更好。

陈长江还谈到了毛主席派"五人调查组"的故事。

1962年元旦刚过，汪东兴把他们5个人召集到一起，给他们开会。除陈长江外，还有毛主席的卫士长罗光禄、警卫处副处长孙勇、警卫张仙朋、理发员钱水桃。

在这次会议上，汪东兴向他们说道："主席让你们下基层，到农村去锻炼一年。不准当干部，要当社员，要与社员同吃、同住、同劳动。主席说你们中除小钱外，都是解放前参加工作的，进北京后一直在机关和他身边工作，脱离了基层，很需要下农村去劳动锻炼……"

之后他们分成两个调查小组，由罗光禄、孙勇分别担任组长。

又过了几天，还差两天就要过春节了，毛主席把陈长江和几个准备下基层的同志叫去。毛主席说："你们几个过了春节马上下去，看看老百姓生活情况到底怎么样？每个月写个情况汇报给我。"

陈长江说："通过听了毛主席的谈话，我们理解毛主席派我们下去的目的，主要是为了掌握第一手资料，了解下面的真实情况。同时也是为了使我们几个年轻同志在农村基层得到锻炼。"

陈长江一行先去长沙。由于走得急，不仅没有买到卧铺，上火车后才发现连座位也没有。由于他们始终按照毛主席的要求来做，并没有因为自己是毛主席身边人和中办的干部就找列车长要求照顾，结果他们几个都是站着到长沙的。那时生活物资供应紧张，火车上也买不到吃的东西。

他们下到湖南省石门县的一个农村生产大队。这个地方的条件在常德地区算是比较好的，是一个半山区。他们到这个大队后，住在一间闲置的空房子里，是幼儿园解散后的房子，条件非常简陋。陈长江他们知道是到农村来锻炼和了解情况的，也不计较条件。他们严格按照毛主席的教导，与社员群众实行"三同"（同吃、同住、同劳动），起早带晚与社员一起下地劳动，一天不落。

这次，陈长江他们在这里前后呆了一年时间。每个月调查小组要给中央办公厅写一个报告，要转报给毛主席，主要汇报农村的生产情况、农村干部的情况和社员生活的情况，以及他们与农民群众实行"三同"的情况。

1962年是三年困难时期结束后的第一年，国家采取"调整、整顿、巩固、提高"的方针促进国民经济发展，全国各地的工农业生产都得到了全面的恢复。石门县的农业生产搞得也很好，棉花丰收，稻子也丰收。过去许多生产队农民分菜籽油是用瓶子装，现在不少农户分了几十斤菜籽油，得用桶装。后来回到北京后，陈长江在向毛主席汇报时说，1962年这年，他们蹲点的这个大队搞得很好，到秋收时农民群众都挺高兴的。陈长江说，生产队一般都是二三十户为单位，这样搞得很好。不能搞共产风、浮夸风。

毛主席听了陈长江的汇报后，评价说："你们的调查比较符合实际。"

绝不允许搞特殊

毛主席对子女、对身边工作人员要求十分严格。一旦发现身边工作人员存在搞特殊的问题，就会立即要求开展"整顿家风"，毫不留情进行批评教育。在要求子女方面，更是十分苛刻。陈长江在毛主席身边工作多年，对他老人家这方面的故事知道得很多。

陈长江说，毛主席对身边工作人员，既十分关心，又要求严格。1959年、1960年的时候，原来一组的6个同志出差武汉、上海时，存在参加地方吃请和占便宜的问题。毛主席知道了，就叫一组开展整风，针对存在的问题进行检讨。后来，毛主席从自己的稿费中拿出2万元，替他们向地方退赔；在人事安排上也作了调整处理，调离了一些人，调进了周福明（1960年来的）、吴连登

（1964年来的）等人，还来了两个炊事员。后来，毛主席身边的一些其他工作，都归一中队管。

毛主席全家为中国革命献出了一切。特别是抗美援朝开始时，毛主席的大儿子毛岸英要求去朝鲜战场，得到了毛主席的同意，结果壮烈牺牲了。多年后有一次，陈长江对毛主席讲："抗美援朝时岸英刚刚结婚，如果不让他去朝鲜战场就好了。"毛主席听后，很严肃地对陈长江说："我当然晓得打仗是要死人的，可我要带头呀，不能光让人家工人、农民的儿子去呀，我毛泽东要带个头呀。"

毛主席的一生，是为人民服务的一生。毛主席经常教育干部："共产党的干部，不是做官当老爷，而是人民的勤务员，是为人民服务的。"他是这么说的，更是这么做的。

毛主席对自己要求非常严格，事事带好头。比如工资定级这件事，毛主席就带头降低工资。1955年，国家确定工资级别和标准时，毛主席的工资是610元。到了上世纪六十年代初期，国家遇到三年困难时期，毛主席主动提出要与人民同甘共苦，并带头降工资。最后他得工资降到了404.8元。毛主席对身边工作人员说："你们到哪里去，该自己花的要自己掏钱，不能占公家的便宜。"

毛主席的生活十分俭朴。有时陈长江他们陪毛主席游泳上岸后，也和他一起吃饭，他们几个人一桌，毛主席就比他们多一个菜"毛鱼"（小鱼）。他吃饭，也不全是大米饭，而是五谷杂粮。他从来不吃山珍海味，常讲："我是农民出身，生活上不讲究。"他还说："两荤两素已经很好了，要是全国人民都能吃上两荤两素，我就谢天谢地了。"

在困难时期，毛主席带头不吃肉。陈长江他们就在海边用筐子捞小鱼小虾，让毛主席也吃这些小鱼小虾。在游泳池的周边，差不多有半亩地，战士们种了十几种蔬菜，有扁豆、丝瓜等。毛主席也吃了，还说很新鲜。他表扬战士们："种菜比种花好。"

除了全身心地投入工作外，毛主席也有点业余爱好，那就是游泳，这是他老人家从青少年时期养成的习惯。

革命战争年代，在根据地自然没有游泳的条件。全国解放后，工作、生活环境都发生了很大变化，毛主席把游泳作为休息和锻炼身体的主要方式，尽可能地从事游泳锻炼。除了在室内游泳外，从1954年到1966年，毛主席还在十三陵水库、北戴河、长江、湘江、珠江、邕江等大江大河里游泳，尤其是多次在长江游泳。1966年7月16日，毛主席以73岁高龄在武汉畅游长江，搏击风浪，谈笑风生，神采奕奕，成为当年一大新闻。

陈长江本来不会游泳，还是毛主席教会了他游泳。那是1959年的时候，有一次，毛主席问陈长江会不会游泳，陈长江实话实说，说不会，坦言一下水就往下沉。毛主席就现场给他示范，说："你把身体放松，把腿脚放开。"他按照毛主席教的方法，先后学了几次，就能够做到手脚不动，像毛主席那样在水里仰泳了。

后来的十几年间，陈长江多次陪同毛主席游泳。他负责打前站，非常细致，没有出现任何安全方面的问题。1974年11月，毛主席在长沙省委九所休息，他提出要游泳。这时他的眼睛已经不好，腿脚也肿了，但还是在九所的游泳池里游了将近一个小时。这是他老人家最后一次游泳。

处置"9·13"事件

1971年8月，毛主席又一次巡视南方，陈长江和战友们担负专列的警卫任务。

一路上，毛主席反复讲"三要三不要"，强调要"一切行动听指挥"，还让军队高级将领、地方领导和工作人员一起唱《三大纪律八项注意》歌。

陈长江回忆，到了长沙，毛主席又与华国锋谈话。华国锋当时兼任湖南省委书记，毛主席让他兼任广州军区政委，要他马上穿军装，把广州的事情抓起来。后来他们到了杭州，没看到几个人，也没有看到老同志，感到情况不大正常。

当时，毛主席不知道林彪、林立果等人要谋害他，但毛主席是有相当高的警惕性的。本来，原定计划9月20号后回北京，但到了10号那天（星期五）下午快4点时，警卫战士还在与地方的同志打篮球，洗了的衣服还没有晾干，就传来毛主席的命令，叫他们赶快走。于是，他们马上出发，傍晚6点10分到达上海。按以往，毛主席是要下车去住一个晚上的，可是这次他没有下车，而是住在车上。

毛主席专列到达上海后，他要与许世友谈话，而许世友当时不在南京，要第二天上午10点才回来。第二天王洪文、许世友来后，毛主席就与他俩谈话。中午，毛主席没有留许世友吃饭，而是叫王洪文在锦江饭店安排中饭。那天，上海的林彪死党、空四军政委王维国要上毛主席专列，因为事前没有安排他见毛主席，所以没有让他上车。后来才知道那天他还带了手枪，这是多么的危险！那天从专列上下去，陈长江在前面，张耀祠在后边，毛主席在中间，如果让王维国的阴谋得逞，后果真是不堪设想！陈长江想来真有些后怕。

9月12日中午，毛主席的专列返回北京，本来是要直接回中南海的，但专列下午 1 点钟到达丰台后，毛主席找北京和华北军区的吴德、吴忠、李德生、纪登奎 4 人谈话。毛主席找他们 4 人，连周恩来总理都不知道，是毛主席直接找他们的。毛主席了解了北京军区的情况后，决定立即从 38 军调 1 个师，到北京来保卫党中央。

陈长江说："其实，毛主席在杭州和上海就发现了异常情况。我们从杭州到北京，一路 3 天没有睡好觉。我们中队有 200 多人，我带 100 人出去，回来后安排好大家休息，回到家已经是 12 号晚上 10 点多了。11 点多，值班室突然来电话，把我叫起来，要我马上到毛主席居住的游泳池。我想，刚刚回来，又要叫我去，会有什么事情呀？我到游泳池差不多 12 点左右，汪东兴、张耀祠已经先到了（他俩住在中南海）。毛主席对我们讲：'林彪逃跑了。'"

原来，这天晚上 9 点多，林立衡向中央警卫团的一位副团长报告了林立果、叶群要挟持林彪逃跑的紧急情况。情况上报到张耀祠，张耀祠立即报告汪东兴，汪东兴马上报告周恩来总理。此时周总理正在人民大会堂开会，他接到报告后，一开始没有惊动毛主席，因为毛主席刚刚吃了安眠药睡觉。后来周总理报告了毛主席，问毛主席怎么办，毛主席说："天要下雨，娘要嫁人，让他去吧。"

"9·13"那天晚上，陈长江和警卫局的领导同志彻夜未眠，研究应对措施。因为当时情况不明，分析如果林彪跑到苏联，苏联的导弹来袭击中南海怎么办？所以研究了转移方案，先把毛主席转移到人民大会堂，因为那里相对比较安全，通讯条件也好。所以毛主席当即住到了人民大会堂，一个星期后才回到中南海。

后来得知，林彪乘坐三叉戟飞机出逃，因为没有领航员，没有充足的油料，没有联系外国的机场，没有灯光，飞到蒙古温都尔汗（后更名为成吉思汗）附近坠毁了。9月14号下午，我国外交部接到驻蒙古国大使馆的报告，称一架中国军用飞机在蒙古坠毁。随后中国大使馆同志与蒙方人员到坠机现场进行勘察、调查，证实了林彪等机上人员机毁人亡。

"9·13"事件对毛主席的精神和身体的影响都很大，这个苦，毛主席闷在心里，没有和别人说。

晚年岁月

1972年1月的北京，气温很低，异常寒冷。这个时期，毛泽东外出活动也多了起来。由于连续外出，过分劳累，大大地超过了他的承受力。1月13日，由于肺心病发作，毛泽东高烧不止，发生了严重缺氧，突然休克了。护士长吴旭君有些措手不及，大声喊道："快来人呀！快来人呀！……"

陈长江应声赶到毛泽东的卧室，只见主席躺在床上，像平日常看到的那样，他似乎睡着了，而且睡得很沉，一动也不动。陈长江目睹这一切，呆呆地站在那里，不知所措……著名心血管专家胡旭东赶来了，他上前把毛泽东扶起来，有节奏地在他的背部捶打，还不停地大声呼唤着："毛主席，毛主席……"陈长江和在场的人都随着呼唤起来，好像要把毛泽东从很远很远的地方呼唤回来似的。

周恩来得悉毛泽东发病的消息后，甚为着急，他立即从西花厅驱车赶来。陈长江打开车门时，只见周恩来脸色煞白，两手微微颤抖，腿脚也不听使唤，许久下不了车。周恩来被搀扶着走下汽车，来到抢救毛泽东的现场。恰在这时，经过一阵紧张的救治，毛泽东终于有了微弱的呼吸，慢慢地苏醒过来。他看到面前那些医疗器械，看到周恩来那张因过分紧张而苍白的脸和紧锁的眉头，看到他所熟悉的一张张紧张的面容，显得愕然而不解。他望着大家，似乎在问："这是怎么了？这里发生过什么？你们这是在干什么呀？"

周恩来见毛泽东的状况有所缓和，便俯下身去在毛泽东耳边轻言细语些什么，安慰他。毛泽东连连点头，几乎是一语一应。周恩来向有关人员作了细致交代后才离去。

陈长江回忆说："林彪出逃之后的那几天，毛主席一连几天没有合过眼，很少说话。1972年1月，陈毅去世，毛主席再次受到打击。一连串的挫折，太多太多的刺激，使他的健康受到很大的损害。从那以后，他吃不下饭，睡不好觉，甚至也不想见任何人。"

时隔第一次休克后不久的一天下午，毛泽东又休克了一次。根据毛泽东前后两次休克的严重情况，中央决定成立由周恩来、王洪文、张春桥、汪东兴4人组成的毛主席医疗领导小组，并在原来医护人员小组的基础上，增加了几位医生和护士，以进行具体的医疗值班和护理操作。陈长江说："当年，外界只知道毛主席'容光焕发，神采奕奕'，根本没有谁能想到，那时的毛主席已是重病缠身了。"

然而，从20世纪70年代起，外国元首、首脑但凡踏上中国土地，都有个急切的要求：要拜会毛泽东主席。

1973年春，毛泽东和周恩来这两位身患重病的老人，外交活动达到了高潮。1973年11月一天的下午，毛泽东决定马上会见来访的澳大利亚总理惠特拉姆。陈长江回忆说："当时，周总理同惠特拉姆总理从大会堂出发，同乘一辆红旗轿车，来到中南海。在门口值班的我，见车一停稳便上前迎接。周总理请惠特拉姆先下车，然后两位总理兴致勃勃地一起走进毛主席的书房。王洪文作为党的副主席，也陪同会见。"

这次会见，在照完相后、拍完见面电视镜头之后，记者都退了出去，毛泽东坐在沙发上，喝着茶，告诉客人说："我今年80岁了，腿脚不便，走路有些困难，听力也不好……"听到一向自信的毛主席今天在外国领导人面前讲出这样的话来，陈长江吃惊不小。惠特拉姆见毛泽东精神状态不错，握手也有力，不由得赞赏说："使人感到你不到80岁……"毛泽东和周恩来笑了。很快，宾主双方在欢快的笑声中切入正题。会谈正式开始，陈长江等工作人员便退了出来。会谈结束时，陈长江注意到，尽管毛泽东走路困难，还是坚持把澳大利亚客人送到客厅门口。

进入1974年以后，毛泽东的身体一直就不大好，往往是旧疾未除，又添新病。陈长江说："当时，毛主席病到什么程度，连中央政治局和中央委员会的许多人都不知道，只有少数政治局领导同志和医疗组专家们知道。我们在毛主席身边工作的同志当然也知道，但谁也不准对外讲，因为毛主席不想让外界知道，他还是顽强地一次又一次地坚持会见来访的外国客人。"

1976年5月27日下午，毛泽东会见了来访的巴基斯坦总理布托。这是毛泽东有生之年最后一次会见外宾。陈长江记得，当时任国务院代总理的华国锋陪同客人到来时，毛泽东没有站起来，只是坐在沙发上对这位友好邻邦的政府首脑表示欢迎。陈长江说："毛主席尽管对他们很热情，很友好，可是他的身体实在坚持不了，这次会见只进行了15分钟。这可以说是毛主席会见外宾最短的一次。"此后，中央决定毛泽东不再会见外宾。

据不完全统计，毛泽东在 1974 年和 1975 年每年都要接见外宾 20 余次，1976 年的前 5 个月会见 6 次。陈长江说："在这些会见中，我常看到毛主席会见外宾时看不清人家的相貌，与人家握手时连人家伸过来的手都看不清，不能准确地握住，而是慢慢地摸着握。他那个困难劲啊，叫人看了真心酸。"

1976 年 7 月 28 日凌晨 3 时 42 分，河北唐山、丰南一带发生了 7.8 级的强烈地震，随后又出现多次余震。陈长江回忆说："当时，强烈的地震使我从酣睡中惊醒，大家都十分惊恐，余震不断，我的妻子儿女也被那罕见的地震吓得不知如何是好。"陈长江来不及顾自己家，骑上自行车，顺着摇晃震颤不止的小胡同，不顾一切地直奔中南海，因为他明白自己有更为紧迫的任务要处理。

毛泽东住的游泳池太陈旧，在余震不断之中发出嘎嘎吱吱的声响，连警卫值班室的电灯都在摇动。陈长江心想，这个地方一旦被震塌了，伤了毛主席，那可真是天大的事啊！

可这时的毛泽东早已进入特护阶段，整日不能离开医护人员。医疗组不断发出警告，根据主席的病情，任何的移动都会对他的生命造成严重的威胁。

随后赶到的华国锋、王洪文等，对转移与否一时也定不下来，后经中央领导研究决定，将毛泽东转到不久前新建的一处平房"202"（工程代号）。于是，陈长江着手组织人，从值班人员里挑选了 6 名精干、细致的干部，由自己带队搬迁，医护人员配合，汪东兴等跟随。

7 月 28 日早晨，陈长江进入毛泽东的卧室，只见他苍白的脸上没有一点血色，显然已处于昏迷或者半昏迷状态，谁进去了他都不知道。看到毛泽东鼻子上还插着一根鼻饲管，随着缓慢的呼吸,那根管子一动一动的,陈长江有些心酸,不忍多看。后来,陈长江和其他的警卫战士6人用布单做成的软担架,把毛泽东小心翼翼地抬进了"202"……

8月18日,当秘书报告地震造成极其惨重的损失后,清醒过来的毛泽东十分难过。随后,他在中共中央《关于唐山丰南一带抗震救灾的通报》上留下了自己的手迹。这是毛泽东生前圈阅的最后一份文件。

从9月7日到8日下午,已在病危中的毛泽东仍坚持要看文件、看书。根据医疗组的护理记录,可以看出:"8日这一天,毛泽东看文件、看书11次,共2小时50分。他是在医生还在抢救的情况下看文件看书的,上下肢插着静脉输液导管,胸部安有心电监护导线,鼻子里插着鼻饲管,文件和书都是由别人用手托着。"

毛泽东最后一次看文件,是9月8日下午4时37分。在心律失常的情况下,看文件时间长达30分钟,这离他去世只有8个小时了。8日下午六七点钟,毛泽东的血压开始下降,医生采取各种措施维持他的生命。这之后的五六个小时,他已进入昏迷状态。当晚,他的血压继续下降,心电图显示只有微弱反应,没有明显的心脏跳动。

入夜,中央政治局成员分批前来看望处于弥留状态的毛泽东。毛泽东这时还没有完全丧失神志,报告来人姓名时他还能明白。当叶剑英走近床前时,毛泽东忽然睁大眼睛,并动了动手臂,仿佛想同他说话。叶剑英一时没有察觉,缓步走向房门。这时,毛泽东又吃力地以手示意,招呼叶回来。当叶剑英回到床前时,毛泽东用一只手握住他的手,眼睛盯着他,嘴唇微微张翕着,但很难听到他的声音。叶剑英拉着毛泽东的手,紧紧握住,不停地向他点头。此时,叶剑英拉住毛泽东的手,但无论如何也拉不住他的生命……

1976年9月9日零时10分，经连续4个多小时抢救无效，一代伟人毛泽东的心脏停止了跳动。

参与保护毛主席遗体

我们问陈长江："听说毛主席逝世后，您参加了毛主席遗体的守护及保护？"

陈长江说，是的，毛主席是1976年9月9日零时10分去世的。他老人家逝世后，他的遗体要不要保存，政治局内部意见并不统一，因为毛主席在世时，曾参加过《关于党和国家领导人逝世后实行"火化"规定》的签字，所以也有人认为应尊重主席在世时的意愿，采取火化。但最后，还是当时的党中央第一副主席华国锋拍的板，他提出"先保存遗体"。到了9日下午5点多钟，卫生部部长刘湘屏（谢富治的夫人）带了3个医生来，一起研究怎么保存毛主席的遗体，因为要开毛主席逝世的追悼会。后来，中央决定长期保存毛主席的遗体。建毛主席纪念堂，与华国锋有很大关系。

我们问："你们是如何保护毛主席的遗体的？"

陈长江说："毛主席的遗体存放在地下室里，用福尔马林药水泡着。我们每天要注意室内温度的变化。我们在地下室里工作了将近一年时间，与专家组的同志一起，做好了毛主席遗体长期保存的工作，一直到毛主席纪念堂建好，把毛主席的遗体安放水晶棺中，再移放到纪念堂里。所以，现在全国人民都可以去毛主席纪念堂，瞻仰他老人家的遗容。

访谈进行到这里，陈长江沉默良久。很久之后，仿佛从遥远的回忆中回到现实，接着说道："我在毛主席身边工作了27年，对他老人家的言谈、行为非常了解，也亲历了那个时期党和国家的许多大事，了解历史真相。毛主席给我印象最深的，就是他老人家时时刻刻想的就是如何让国家尽快强大起来，心里装的全是国家、全是人民。只要哪一项事情没有搞好，他就吃不好睡不好，比如大型国防工程、大型铁路工程、大型水利工程、富民工程，等等，哪一项他都牵挂于心。有一次，毛主席听一位负责同志的工作汇报后，说：'你们不搞好，我就睡不着觉，饭也吃不好。'"

陈长江亲眼见过毛主席几次流泪。一次是1975年8月，河南发生特大洪水，水库溃坝了，淹死了许多人。毛主席听报后非常悲伤，流了泪。还有一次是1976年7月的唐山大地震。毛主席听了地震的报告，焦急而沉痛地说："平了，平了，我没有想到呀！"

陈长江回忆说："没有毛主席和共产党，就没有新中国，这不是一句歌词，而是实实在在，我们每个人都经历过、感受到的历史和事实。"他记得，1950年刚到北京工作，那时的北京多落后啊！整个城市没有几栋楼房。现在，从天安门到石景山、到通州，到处都是高楼大厦。不仅是北京，全国城乡都是一样。这些年他去过遵义、威海、西安，回过江苏老家农村，到处都是生机勃勃，一片繁荣。他认为，这些变化如果不是在毛主席领导下建立了新中国，如果不是在毛泽东时代打下的雄厚基础，都是不可能发生的。

毛主席影响了我一生

访毛主席警卫战士曲琪玉

  曲琪玉，男，汉族，1927年出生于山东掖县。1941年2月参加革命，1941年3月加入中国共产党。1950年至1954年在杭州市公安局工作。1954年9月至1968年3月，在毛主席身边担任警卫工作，历任中央警卫局警卫处副科长、科长、副处长。1968年至1979年在中央办公厅"五七干校"劳动锻炼。1979年起，任中央警卫局警卫处处长，中直管理局服务处处长、副局长等，直至离休。

  毛主席身边工作人员都习惯地称曲琪玉为"曲老"。他是目前健在的毛主席警卫战士中年龄最大的，今年已96岁高龄。曲老性情爽朗。我们曾多次到他家中采访，他都是热情接待。

  2023年9月9日，是毛主席逝世47周年纪念日，96岁高龄的曲琪玉老人再次拄着拐杖，颤颤巍巍地来到毛主席身边工作人员经常聚会的泽园酒家，全程参加了纪念毛主席逝世的相关活动。

我终于见到了毛主席

曲老曾多次谈到他参加革命工作的经历。

1941年，刚满14岁的他，还生活在老家山东掖县。那时，正是抗日战争最艰苦的岁月。他光荣地加入了中国共产党，从此走上了争取民族解放的革命道路。曲老至今还清晰地记得，入党前，组织上让他认真地学习两本书：一本是陈云撰写的《怎样做一个共产党员》，书上要求每一名入党积极分子和共产党员不仅要积极参加抗日斗争，还要为共产主义事业而奋斗；另一本是毛主席的著作《新民主主义论》，要求每一名入党积极分子和共产党员不仅要为中国的政治革命和经济革命而奋斗，还要为中国的文化革命而奋斗，其目的是要建设一个有着先进社会制度的新社会、新国家。当时，党支部书记曾告诉他说，毛泽东是我们中国共产党的英明领袖。在他的领导下，我们一定能够建立抗日民主政府，打败日本侵略者，最终建立社会主义国家。

没过多久，这位党支书十分兴奋地告诉曲琪玉，组织上准备选派他去延安学习。众所周知，那时的延安是党中央的所在地。支书拍着胸脯自豪地说，只要到了延安，就一定能见到毛主席。他的语气充满了幸福和骄傲，这让曲琪玉羡慕不已。支书还鼓励曲琪玉好好地做抗日工作，并说："只要你努力工作，做出了成绩，以后也有去延安的可能，也能见到毛主席。"不久，这位支书真的就离开家乡去了延安。自那以后，"见毛主席"这个朴素的愿望就在曲琪玉幼小的心灵深处埋下了种子。正是这种真挚的情愫，一直激励着他的进取心，年轻的曲琪玉积极投身于抗日战争的革

曲琪玉和毛主席在一起

命洪流之中。

  时光荏苒，斗转星移。1949 年底，全国解放后，22 岁的曲琪玉被调到浙江省杭州市西湖公安局工作。无论工作如何变动，曲琪玉要见毛主席的强烈愿望始终不曾改变。他常常因为憧憬那个幸福美好的时刻而寝食难安。随着岁月的流逝，这一愿望已成为他心中挥之不去的向往。

  1953 年 12 月，毛主席来到杭州主持制定我国第一部宪法。在这期间，曲琪玉被安排担负毛主席的保卫工作，并担任临时党支部书记。在这千载难逢、意想不到的机遇面前，曲琪玉终于实现了他多年来梦寐以求的夙愿。他不仅见到了毛主席，还亲自为毛主席服务，曲琪玉的激动和骄傲无法表达。

回忆起毛主席在杭州的日子，曲老说，几十年过去了，他还清楚地记得当时随毛主席在浙江视察茶庄、农场，游览西湖名景，踏遍北高峰、五云山、玉皇山和桃花岭等名胜的情景。

他接着说，毛主席喜爱登高望远，抒发豪情壮志。在工作之余，他总喜欢登西湖周围的山，经常流连于西子湖畔。

曲老回忆，初到杭州，毛主席乘兴登上一座小山，对工作人员说，他要每天坚持爬山。从这以后，毛主席风雨无阻，天天爬山。天气好，他就起得早，爬大一点的山；遇到下雨，或是他起得晚了，就爬小山。他坚持不懈，几乎登遍了西湖附近的大小山峰。不仅游览了西湖名胜，还锻炼了身体，陶冶了性情。他在这里还酝酿、创作了许多脍炙人口的诗作，如《五律·看山》《七绝·五云山》《七绝·莫干山》和《七绝·观潮》等。

"欲把西湖比西子，淡妆浓抹总相宜。"宋人苏东坡这两句绝句，可谓妇孺皆知。杭州之美，天下闻名。而今天的杭州，早已是新社会劳动人民的天堂。曲老说，毛泽东生前非常喜爱杭州。新中国成立后，他曾50多次亲临浙江，在西子湖畔工作生活了近800个日日夜夜。曲琪玉能够近距离地保卫毛主席，他感到是自己最大的幸福。然而，更没有让他想到的是，1954年10月1日，在新中国成立5周年这个普天同庆的大喜日子里，曲琪玉接到通知，组织上决定正式调他去北京，到中南海担任毛主席的警卫工作。

曲老动情地说，到了中南海，毛主席给警卫人员布置了三项任务，一是警卫，二是学习，三是下去调查研究。毛主席一再强调，大家到全国各地去搞调查研究，可不是出来游山玩水、贪图享乐。大家去接触群众，其目的是为了倾听基层最真实的声音，看看我们的工作还有哪些让老百姓还不满意。

曲老说，他每一次和战友们跟随毛主席出去调查、考察，总要到当地人口最密集的地方探查民情，与老百姓打成一片，切实为他们排忧解难、解决实际问题。在毛主席耐心细致的指导下，曲琪玉和他的战友们不仅提高了专业技能，还锻炼、提升了探听民情的能力，积极打造一支更加全面的警卫队伍。

那时，毛主席经常告诫大家说，这支部队不单是保卫他一个人，而是保卫整个党中央，确保所有中央领导人的安全。同时，毛主席还特别强调工作和生活纪律，要求大家决不能因为在他身边工作，就觉得自己高人一层、更有地位。毛主席说，他同大家一样，都是人民的公仆，都是为人民服务的。

曲琪玉说："'为人民服务'这句话是毛主席毕生践行的信念和座右铭，是我党执政为民的庄严承诺。"

从青年时代起，曲琪玉担任毛主席的警卫工作。他在中央领导身边工作了 15 年，绝大部分时间是跟随毛主席活动，成为毛主席最贴身的警卫之一。在毛主席的亲切关怀下，曲琪玉进步很大，逐渐锻炼成长为一名坚定的革命战士。

我为毛主席站岗

来到中央警卫局后，曲琪玉与战友们根据毛主席上午休息，下午和晚上工作、读书、写作的习惯，合理安排自己的作息时间，轮流为毛主席站岗。

曲老说,在毛主席身边工作,他学到了很多知识,懂得了很多做人的道理。毛主席曾经跟他讲,做事情贵在坚持。"日日行不怕千万里,常常做不怕千万事。"毛主席亲自指挥并走完了两万五千里长征,他对于"坚持"最有发言权。

新中国成立后,国家形势发生了变化,给安保工作提出了新的要求。可能有人会问,和平时期国家领导人的安全保卫工作,是不是不像战争年代那么重要了?在曲琪玉刚刚担任警卫处处长的时候,也曾有过这样的想法。他觉得,解放后全社会总体上是安定、稳定的,老百姓个个"一颗红心向着党"。因此,安保队伍在确保自身工作任务顺利完成的情况下,有一些放松警惕。但毛主席对安全工作非常重视。他从枪林弹雨中走来,非常清楚安保工作的重要性。他告诫安保人员,保卫工作很重要,不可大意,要从小事做起。他亲眼目睹过没有配备警卫人员的军事指挥官遭遇不测。这样的非战斗减员,对于我党干部队伍和力量是巨大的损失,对于队伍士气也是巨大的打击。

此后发生的一件事,让曲琪玉对安保工作的重要性有了更为深刻的理解和认识。

一次,一位警卫人员在检查自己随身携带的武器的时候,发现自己把枪和子弹弄掉了。最后,还有一颗子弹始终找不到。这颗子弹丢到哪里去了呢?没想到,竟然丢在了毛主席的座位上。

那天,毛主席在座位上,感觉屁股底下似乎有什么东西,于是伸手去摸。这一摸不要紧,居然摸出了一颗子弹!毛主席拿着子弹问身边的人:"这颗子弹是谁的?"当查到丢失子弹的警卫员的时候,毛主席很严肃地问他:"子弹为什么掉了,你掉了子弹还能打仗吗？"这位警卫员满脸羞愧，连连向毛主席道歉。毛主席并没有过多批评这位小战士，只是让他下次注意，不要犯这种低级错误。

曲老回忆说，毛主席对警卫人员非常有耐心，悉心指导帮助他们的工作。包括曲琪玉在内，这些警卫人员非常年轻，几乎和毛主席的孩子在同一个年龄段。毛主席知道这些孩子们从事警卫工作尽心尽力，在一些问题上出现了纰漏也在所难免。

毛主席对大家讲："过去的安保工作比现在简单，通常是任务明确、决心大，一心一意做好保卫安全。现在（指解放后）是'明枪易躲，暗箭难防'，其风险更大了。"曲老对毛主席的这段话，理解非常深刻。他说，毛主席总是从各种情况的变化中找到工作的规律和重点。新中国成立前，我党处在暗处，敌人在明处。新中国成立后，在国内看似风平浪静的大环境下，其实暗流涌动。我党在明处，"敌特"势力在暗处。他们一直在暗地里策划着威胁党和国家领导人的生命安全的勾当。所以对党中央和党的领袖的安保工作丝毫松懈不得。

曲琪玉在毛主席身边工作了15年。他说，这15年过得很快，即便付出再多都值得。毛主席在北京时，曲琪玉的工作任务相对"轻松"一些。而执行随毛主席离开北京外出任务时，曲琪玉每一秒钟都不敢懈怠，"就连睡觉的时候子弹都是上膛的状态"。曲老回忆道，在特殊时期，即便在北京，白天执勤要随身配枪。睡觉的时候也不能关门，怕挡住了重要声音，手枪放在睡觉的枕头下，子弹依然是上膛状态，打开保险就可以连发。

曲琪玉和他的战友们做警卫工作最难处理的是与群众之间的关系。曲老回忆说，有的中央领导在视察途中，经常和当地负责同志谈话，接触很多群众。出于对领导人的安全考虑，曲琪玉曾建议一位领导同志尽量少接触群众，因为群众的人员构成较为复杂，局面控制比较难。这位领导回答说：做保卫工作不要害怕群众，心里有数就没必要害怕；心里没数，怕也没用。毛主席得知此事后，也严肃地对曲琪玉说，一定要记住，保卫工作必须走群众路线。要相信群众、依靠群众，群众是一切工作的基础。

自那以后，曲琪玉严格践行群众路线基本方针。每次毛主席与群众见面，他总要提前把功课做足，认真了解参与活动的群众的情况。他心里非常清楚，毛主席的每一次视察，接触群众都是该活动中最关键的一环。群众的生活情况是毛主席最为关心的事情。毛主席跟曲琪玉讲："知己知彼，对敌人如此，对群众也是如此。我们一定要了解群众的需求。将群众拒之门外，就无法了解群众的真实情况。"

"与群众接触不需要子弹随时上膛，而是需要一个认真的态度，和一颗真诚的心。"曲老说，毛主席每到一个地方，他都会安排警卫员身着便衣，到最基层去看一看、走一走。深入到乡间农田、市井阡陌，了解最真实的情况。与当地百姓多接触，了解人民的诉求，记录人民最真实的声音，并把这些内容如实汇报。

勤俭持家的毛主席

毛主席艰苦朴素的工作、生活作风，给曲老留下深刻印象。

曲老说，毛主席去浙江，经常在自己的专列上办公、住宿。为了保证毛主席的安全和接送方便，浙江省公安厅与铁路部门在杭州笕桥机场附近，利用机场铁路专线引出一条岔道，并设置了专用站台。

1958年的一天，毛主席来到杭州，浙江省委第一书记江华携同省委班子已在车站等候他。毛主席说："杭州是我的第二故乡，到杭州就像到了家，以后就不要再搞接送了，好不好？"

　　"主席到杭州来，哪有不接的道理。"一位同志说。

　　毛主席笑着说："在延安时，有一次我到马列学院作报告，张启龙、范文澜派邓力群、安平生、马洪、韩世福到杨家岭来接我。路上大家碰到了，我说，哦，四个人，轿子呢？你们不是抬轿子来接我呀？我对他们说，那是官僚的作风，我们共产党人不信也不搞那一套。"毛主席继续说："以后，来不迎，走不送，大家自由，好吗？"

　　从此，"不接不送，不叫不到"成了浙江省委不成文的规定。在之后的日子里，毛主席曾经30多次到杭州，省委领导同志再没有迎送。每次，毛主席一到杭州，警卫人员给省委挂电话报个到；走时给省委打声招呼、收拾好行装就走了。

　　曲老回忆说，1953年毛主席在杭州期间，有一天上午，一位身边的同志拿着一双长筒袜说："这是毛主席的袜子，袜底破了，请找人补一下。"这件事对当时的曲琪玉触动很大。伟大领袖毛主席竟然也穿有补丁的袜子，真有些不可思议。这位同志说："毛主席穿的睡衣、盖的毛巾被，破了都让我们去补一补再用。只要毛主席用的东西，都要经过毛主席批准才能去买。"后来，曲琪玉来到北京，来到毛主席身边，更是被毛主席勤俭持家的精神感动。和毛主席在一起的日子，曲琪玉耳濡目染，亲身感受到伟人的风采和非凡的气质，令他永生难忘。

　　曲老说，在中南海工作这十几年，团队里始终充满着团结、紧张、严肃、活泼的氛围，现在想起来还是回味无穷。曲老还记得一件趣事。

1965年底，曲琪玉随毛主席到上海视察工作。毛主席在行车途中，对他和理发师周福明的名字颇感兴趣，他形象地取他的姓"曲"字，取周福明的"明"字，认真地说："道路是曲折的，前途是光明的。"毛主席在谈笑中，给身边工作人员上了一堂生动的哲学课。这鞭策着曲琪玉在今后的工作、学习和生活中，每当遇到问题和坎坷的时候，总是以此名言激励自己。

从警卫员、警卫科副科长、科长做到警卫处处长，曲琪玉光荣地成长为中央警卫局警卫处第四任处长。他不无自豪地说，第一任警卫处处长是汪东兴，是毛主席转战陕北时期的警卫处长，曾长期担任中央警卫局局长、中央办公厅主任，还当过党中央副主席；第二任警卫处处长是陕北时期的老红军李书环；第三任警卫处处长是在抗日战争初期入伍的老八路毛颂河；他是第四任，也是抗战中期入伍的小八路。

说起在毛主席身边那段经历，曲老总是心潮激荡。在那十几年中，他耳濡目染，受到了毛主席的极大影响。从仰慕毛主席到走近毛主席，血与火、苦与乐的革命生涯，无疑是曲琪玉一生最宝贵的时光。从胶东农村一个普通农民的孩子，成长为一名光荣的革命军人、毛主席的警卫战士，让曲琪玉感到无比骄傲和自豪。曲老说，是中南海的熏陶，让他学到了书本上学不到的知识。毛主席严于律己、平易近人的领袖风范，是他一生学习和崇敬的楷模。毛主席充满革命的浪漫主义、现实主义的不朽著作和诗篇，是他取之不尽、用之不竭的思想源泉。

早已进入耄耋之年的曲老不住一次地深情地说，是战无不胜的毛泽东思想影响、成就了他的一生。如今，每一次毛主席身边

1966年10月1日，毛主席、周总理等在天安门城楼上。曲琪玉（前右一）等工作人员在现场服务

工作人员聚会时，他都会欣然参加。2023年12月26日，是毛主席诞辰130周年，曲老表示，有机会他还要再唱上一段，以表达他对毛主席他老人家深深的怀念、崇敬之情。

在毛主席身边学习毛主席

访毛主席警卫战士王明富

> 王明富，男，汉族，1931年2月出生，江苏丹阳人。1950年3月报考华东军政大学，正式入伍。1955年3月，被选调到中央警卫团干部大队一中队任战士、分队长，后历任中央警卫团保卫科、组织科干事，中队指导员，干部大队副政委，解放军305医院政委等职。长期在毛泽东身边工作。

在北京中南海东侧的南长街上，有一家古色古香的小酒店，它就是20世纪90年代开张，30多年来成为许多毛主席亲属和身边工作人员，以及各方贤达宾客经常相聚的"泽园酒家"。

这家小酒店是由毛主席警卫、后来担任中国国际航空公司北京凤凰航空实业公司总经理的孙振发发起，邀请毛主席警卫、8341部队干部队指导员、解放军305医院首任政委王明富，以及毛主席的厨师韩阿福、程汝明等人共同筹划、参与创建的。每当毛主席诞辰日或逝世纪念日、国家重大节假日、重要会议如党代会等节点时，他们都会相聚在这里，乘兴而至，互诉衷肠。这家小酒店先后接待了李敏、孔令华、李讷、王景清、刘思齐、邵华、毛新宇、刘滨、毛小青、孔东梅、孔继宁、曹全夫、曹耘山、曹立亚、陈运奇、王海容等毛主席亲属，以及汪东兴、张耀祠、叶子龙、曲琪玉、张玉凤等多人。他们在一起回忆往事，缅怀伟人，心潮激荡。

王明富1931年2月出生，江苏丹阳人。1950年3月报考华东军政大学，正式入伍，毕业后到常州军分区、镇江公安大队等连队任文化教员，后来又到南京公安总队保卫科工作。1955年3月，被选调到中央警卫团干部大队一中队。王明富在毛主席身边工作较长时间，受到的教育和影响很大，在泽园酒家聚会时，他经常发表讲话，或议论、或赋诗，谈感想、谈经历。

为出版本书，我们请他讲讲自己在毛主席身边工作和学习的往事。

毛主席为我们讲的第一课

王明富深情地回忆起毛主席为警卫战士们讲述为人民服务第一课的情景。

那是1955年5月14日下午4时，刚调到中央警卫团干部大队一中队工作不久的王明富和战友们突然接到通知，立即到丰泽园集合开会。大家都不多言，暗暗思忖着，一定有大事，否则不会这么急。每个人都兴冲冲地检查着自己的着装。这时有一位同志问道："现在哨位执勤的同志怎么办？"分队一队长说："团警卫科有人替换，分队的同志全去。"在听鸿楼前列队时，分队长又检查了每个人的着装，还帮王明富正了正帽子。部队驻地到丰泽园很近，只沿走廊拐几个弯就到了。大家列队后，电报大楼的钟声正敲5点。

不一会儿，毛主席从菊香书屋出来，卫士长李银桥跟在身后。只见他老人家的脸上露着和蔼可亲的笑容，缓步走向：颐年堂院子里的队列前，向大家招手致意。

这次接见，除一中队全体同志外，还有警卫局、警卫团的汪东兴、张耀祠、杨德中三位领导，李银桥和卫士组，以及局警卫处曲琪玉等十几位同志。新华社摄影记者侯波为大家照相留念。

毛主席站在队列前微笑着像拉家常一样，开始了近一个小时的讲话。

毛主席在大家面前沉思片刻说："讲什么呢？讲讲工作，讲讲工作方法。"毛主席循循善诱地问大家："今天我们走到一起工作的目的是为什么呢？"

会场上一片寂静，没有人回答。这时王明富鼓足勇气说："为共产主义！"

毛主席听了，点点头表示肯定，然后和蔼可亲地说："对，为共产主义，就是平时说的为人民服务。"

毛主席接着说："过去打日本，最早打皇帝，你们这里有没有打过皇帝的？一个也没有吧！我是皇帝的老百姓，光绪、宣统皇帝。现在宣统皇帝在东北学马列主义，是个战犯，吃了饭没事坐班房。他是3岁做皇帝，做了3年。我那时革命当过兵。程潜就是现在的国防委员会副主席，那时在湖南当师长，我当兵，不在一个师。那时革命叫打皇帝，以后就打军阀，军阀很多。有袁

1965年6月26日，毛主席重回韶山，路途中与老乡们亲切交谈。毛主席身后的是王明富

世凯这些人，后来就出了蒋介石。蒋介石我们和他一块办过事的，原先孙中山我们和他合作，推翻皇帝。推翻皇帝算来有44年啦，共产党34年啦。开头人很少，只有几十个人。那时志向很大，闹革命，革帝国主义、封建主义、官僚资本主义的命。34年前还没有共产主义，只有几十人的小组在各省。第一次党代表大会只有十二个代表，有董必武同志一个，我一个，还有两个，其他有（后来）当汉奸的，陈公博、周佛海。有的叛变了，有的死啦，陈公博是汪精卫的总理。此外还有个张国焘，这个人不好，现在香港帮助帝国主义。人都不一样，各走各的路。党的第一次代表大会

意义很大，以后1925年至1927年有5万多党员，北伐从广州伐到长江。这时蒋介石不干啦，叛变革命，这一打，打了22年。后来日本打进来了。国共又合作。开始时合作的，一方面打日本，一方面打国民党，一方面合作，一方面打，两只手，一个打日本，一个打蒋介石（比手势）。"

毛主席又说："在打日本中壮大了军队，土地革命时成了30万，后来办错了事，缩小到2万人，开始长征。路不好走，等于到美国，走地球的直径。抗战时发展到90万人。做革命工作，过去就叫反帝反封建，也叫为人民服务，现在叫革资本主义的命，革小农经济的命。过去也有总路线，过去的总路线就叫反帝反封建，反帝反封建为社会主义开了一条公路，把那些王八蛋赶走，然后才走社会主义。过去这个地方不能来，来的话就要脑袋。过去这地方有地下工作同志，北京市刘仁同志就是。过去这地方杀共产党，杀不完。中国有个好处就是人多，有6亿，全世界没哪个国家有这么多人。"

毛主席在谈到警卫工作时说："我们个人工作不同，有站哨，有做别的工作的，但都是为这个目的。你们都是做警卫工作，我现在想给你们加一样，不知同意不同意？（大家齐声答：同意。）就是调查工作，这个对我、对中央都有帮助。光站哨工作很单纯，和吃菜一样，不光吃青菜，吃点辣椒。三个任务：一个是保卫工作；一个是学习，学文化；加一项调查工作。一方面可以探家，一方面调查，以探家为名做调查工作。但是可不要说'我是给毛主席做警卫的，是毛主席派来的'。我们国务院就有一个人，回家以后召开干部会，说是总理派来的。他人还没回来，国务院就知道了。我们拟了个章程，对人要谦虚，对父母、对乡亲老百姓，要尊重家里边的人，要尊重老百姓，要尊重区乡干部，别摆架子。我向你们摆架子你们也不高兴，团长向你们摆架子你们也不高兴。谦虚才可以调查出东西。调查生产情况，生产的粮食、特产、花生、芝麻、烟叶，数也数不清。我的学问不高，小米、大麦等等，生产的情况怎么样，吃的够不够。现在叫穷的不少，有真的也有假的。粮食部有5个干部说，老婆都骗丈夫，存着两千斤粮食说没有粮食。赵虎城他姐夫向他诉苦说没有粮食，他在他家住了两天后，发现他有粮食。他说为什么哭穷呢？第一，叫穷叫惯了；第二，明年可以少卖粮；第三，人家都叫自己不叫也不好。不要相信那些都叫的是饿肚子了的，顶多百分之十是真叫，没粮食，其实很多是有粮的。"

毛主席接着说："我对那些发现存粮的同志说，现在抓住了不要骂，心里高兴，但不要提倡，也不要说这是毛主席讲的。但有的地方确实不够，卖过头粮牲口不够吃，也有把母猪杀了的，逃荒的也有，把牛杀了的也有。老牛不杀不行，老牛杀了又可以吃肉又可以买小牛，又可投资农业。河南省出牛，去年杀了60万头，但是还增加了百分之二十。别的省也有出牛的，我们这个地方代表6亿人口，乡村、城市，东西南北都有。6亿人口的代表非常重要，不要轻视自己，态度要好。你们团结好不好啊？要互相关照，不要打架，要打也不要打出了血，打掉了牙。为什么要团结呢？为了工业化，为了社会主义。"

毛主席最后说："要搞好中国工业化，万事俱备，东风就是社会主义的改造。等到你们72岁时做寿，十个五年计划要赶过美国，全国都可做寿。赶过美国是好事，目标很远大，可以达到。刚才讲了50多分钟，讲了几十年的历史。现在我们是有705万名党员的大党，青年团1000多万，解放军有三四百万，全国人口有6万万，在座的是6万万人的代表，尤其是你们青年，二十几岁，老头子也要点，你们团长是老头子。我也有点好处，有点经验，打拳走路不如你们。分工合作为了总的目标。团结起来，学习，调查，为把工作做好，要互相团结。很对你们不起，进北京5年多啦，今天是头一次和你们讲话。为人民服务，你们为人民服务，我也为人民服务。"

毛主席讲话结束后，全场响起热烈的掌声。

王明富回忆，当天晚上，同志们都沉浸在幸福和喜悦之中，回想着毛主席讲的每一句话。许多同志拿出笔记本，记录着能回忆起的讲话内容，回味着中国共产党成立以来艰苦曲折的革命历程，思考和领会着"为人民服务"这个宏大深奥的主题。王明富说："我们当时深感毛主席为警卫战士们规定的警卫、调查、学文化三大任务，是对我们的亲切关怀，深感自豪，感悟着毛主席说的'不要轻视自己，你们是六亿人民的代表'这句话的深刻内涵。"

喜爱学习的王明富，还养成了爱记日记的习惯。他想，自己作为毛主席身边的一名警卫战士，既光荣又责任重大，一定不能辜负党和人民的重托，不能辜负伟大领袖毛主席的期望。他在当天晚上的日记上写下了这么几句话："宝贵的教导，是我一生的行动指南，永远鞭策我前进，它像明灯一样照亮着我前进的广阔大道。"

王明富说："在以后的数十年中，我不断地深切理解着毛主席这次（令人）终生难忘的讲话，不断地实践着为人民服务这一崇高宗旨，在执行着毛主席为我们规定的警卫、调查、学文化的三大任务中，收获着胜利的成果。可以说，在毛主席的身边学习毛主席，是我终生的幸运。"

完成毛主席交给的光荣任务

王明富给我们回忆了毛主席交给他们警卫人员到基层进行调查研究任务的故事。

王老说:"调查研究是毛主席一贯的工作作风,没有调查就没有发言权,当然也不能做好革命工作,也不可能为人民服好务。在革命和建设过程中,毛主席一贯重视调查研究,他亲自做过很多调查,如中国社会各阶级的分析、湖南农民运动的考查报告等。"

20世纪50年代,党面临许多新情况新问题,所以毛主席指示从全国各地选调一些青年干部到中南海,除为毛主席担任警卫工作外,就是搞调查研究。

警卫战士搞调查,主要以探家的形式,深入农村、城市了解情况。一般一年两次,何时出发,听毛主席的安排,有同一时间全国统一下去的,也有分地区下去的,一般分区域下去较多,交通不便的乘飞机回家,调查回来后要求由本人写材料,不要别人代笔,然后听通知亲自向毛主席汇报。汇报的方式是毛主席亲自召集,一个省或一个大区集体汇报。汇报地点,有时在北京,有时在杭州、广州等地,其中以北京为多。

1956年5月前后,毛主席准备去南方考察,叫长江以南各省市的同志回家搞调查,有广东、广西、福建、云南、贵州、湖北、江苏等地的十多个同志。这次调查主要是开展了合作化后,各地的农业生产、粮食定量等情况,要求5月5日左右到广州集合。

因为限定时间紧,警卫处的同志都坐飞机回家。探家的同志,按规定时间到广州后,毛主席在开完中南局书记会议后,马上找到福建、江苏、湖北等地调研的同志去汇报。当时已是晚上9点左右,汇报时毛主席口问手写,湖北的饶和生主要讲了干部作风和口粮问题,当饶和生汇报到农村口粮少,只有300斤不够吃时,毛主席微笑着问他:"你说要多少才够吃?"饶和生带着很浓的湖北口音大声说:"总要400多斤,加点瓜、菜、豆才够吃!"表情有些激动。毛主席笑着说:"你倒挺能为农民说话的。"饶和生不好意思地低下了头,不知刚才说得对不对。毛主席看出了他的心思,带着鼓励的口吻说:"这是对的,下去调查应该反映群众意见,应该说实际情况。"这次汇报持续了两个小时。

除定期派同志们回家乡调查外,毛主席还经常要求警卫人员向家里写信,了解情况及时向他反映。

1957年12月29日,王明富在游泳池值班。晚饭后,王明富代卫士给毛主席送去一杯果汁,因不常见,毛主席随即叫王明富坐下,亲切地问:"最近家里来信没有?有什么好消息告诉我?"

王明富说:"有好消息,家里来信说生产情绪特别高,百分之九十的农户入了初级社。"

毛主席说:"好!好!"接着微笑着问:"想不想回去看看?"

这倒把王明富问住了,他如实说:"还没有想过。"

毛主席接着用商量的口气说:"准备叫你们回去看看好吗?"

王明富说:"好!"

这次从家乡回来后,警卫战士向毛主席作汇报。汇报开始前,由队长韩庆余带领大家向毛主席敬礼,然后将汇报的材料呈交毛主席,并逐一介绍参与汇报同志的籍贯姓名。毛主席热情地同大家握手,请大家坐下。卫士同志准备好茶水,毛主席看名单逐个问话。

"你叫李金来?"

"是!"李金来起身回答。

"你们队长,打不打你?"毛主席半开玩笑似地问。

"不打。"李金来轻松地回答。

"你会不会游泳啊?"毛主席提了一个难题。

"不会。"李金来有点不好意思。

"你们都要学会游泳,跟我出去,我淹着了好把我拉起来。"毛主席风趣地微笑着望着大家。同志们都明白这是毛主席开玩笑,他的游泳技术,就是常年跟在他身边的年轻游泳健将也赶不上。不过在毛主席身边负责警卫工作不会游泳是一大缺陷,后来大家在训练中都达到了规定的要求。

在另一次听取湖南、湖北籍战士的汇报时,毛主席首先问大家:"你们认识我吗?"

"认得!认得!"饶和生高兴地回答。毛主席也笑了。

"谁是我的老乡?"

"我是湖南的。"高碧岑回答。

"我是湖北的。"饶和生向主席报告。

"湖北也是我的老乡。"毛主席亲切地看着饶和生。

"你多大岁数?"

"24岁。"

毛主席又问身旁的另一位湖北籍战士管楚良:"回家找到对象没有?"

"没有。"管楚良笑着回答。

"那么多姑娘,找不到?"毛主席似乎不相信。

轻松愉快的交谈，领袖和战士的情感交流，使初次见面时的紧张拘谨很快消失了。

曾文同志是经常随毛主席游泳的，毛主席称他为小广东。毛主席在看他的调查报告时称赞道："你调查得好。"毛主席又问："你会耕田吗？"

"会，还会打铁。"曾文答道。

"重工业人才。"毛主席半赞扬半玩笑地说。

"参加合作社，有没有时间干自己家里的活？"毛主席又问。

"有，一个星期抽一天干自己的活。"曾文回答。

"这样好。"毛主席感到很欣慰。

在汇报中，当湖南的高碧岑汇报到合作社主任带头卖过头粮，家中现在没有粮吃，身上瘦得没劲干活时，毛主席听后很受感动，他关切地说："有这样的好同志，再回去时，你代我看看他，改变了没有，或者写信问问他。"

毛主席在看完材料后说："写得不错，有分析，有例证，以后两个月写一次信，内容了解有没有吃的，生产情况，合作社情况，每年写四五封，回信拿来我看，那我就消息灵通了。"

在同一次汇报中，毛主席在看到管楚良写的材料，有一个乡干部贪污了400元钱时，毛主席说："不要让他吃大了肚子，叫他吐一点出来。"

在看到材料中"狭小"写成了"陕小"时，毛主席当即用铅笔改了过来。

为了更全面地了解情况，毛主席在听取汇报过程中，当即指示增调一些地区的同志到干部队来。当湖北的饶和生汇报完后，毛主席提议："下次到蕲春县跑一跑，我们要到处调查，还可到河北调查，是我们的地方就要调查，一年你们写两本材料，十年写二十本。"

毛主席又指示："从鄂南、鄂北各选一名调北京。"经过各地的补充选调，中队队员由八十多人增加到一百二十余人。

1956年7月22日，广东、广西籍的战士向毛主席汇报，广西的凌理德、蓝保华参加了汇报。

"你会耕田吗？"毛主席边看凌理德的材料边问他。

"会，这次回家和老百姓一起干了9天活。"凌理德回答。

"用这个办法好，和他们打成一片。"毛主席用赞扬地口吻说，接着又问，"有没有叫苦的？"

"中农在三定后有叫苦的。"凌理德回答。

"这是他们对付我们的办法。"毛主席说。

毛主席看到凌理德的材料中，反映农民生活困难，吃"黄狗藤"时，毛主席表情很沉重："以后捎一些给我看看。"

毛主席看完材料后又以商量的口吻问凌理德："你能不能到钦县（今钦州市）看看？"

"可以。"

"有没有亲戚？"

"有。"

毛主席对韩队长说："下次给他15天，在家住10天，在钦县住5天。"

毛主席在看完凌理德材料后，又看蓝保华同志的材料，称赞蓝保华："思想不坏，有政治头脑。"

"瑶族为什么不成立自治区？"毛主席以讨论的口气问蓝保华。

蓝保华很有见地地回答："农民反映，地方政府解释，以前可以，现在宪法规定是不可以。"接着蓝保华又说："现在有的农民向政府贷款，说是生产，实际是闹自治。"

在汇报过程中，有几次汇报时间较长，毛主席就留大家一起吃饭，有一次汇报到晚上7点多钟，毛主席喊道："李银桥，快拿饭，饿死人了！"这时江青、李讷也过来了，江青叫李讷给叔叔们敬个礼，李讷一一向每个给毛主席汇报的同志鞠了一个躬。毛主席怕大家吃不饱，往大家碗里夹菜。

在汇报过程中，毛主席始终关心同志们的学习和提高，当了解到平时军训时间多、文化学习时间少时说："要多学一些文化科学知识，不能让你们当一辈子兵，（指队长说）他们出去后要干点事，学一些地理、历史、数学、物理、化学，三五年中学毕业。"接着又说："一年回两次家，这是重要的政治任务，你们是我的学生，看你们一年进一步，每次回来向我报告一次。"

在执行毛主席交给的调查研究的任务中，王明富经历了数次回乡调查。第一次是以探亲名义进行调查研究。

那是1955年8月，王明富和其他警卫战士随毛主席从杭州回北京。团领导告诉警卫人员："毛主席叫你们回家看看，了解当前农村情况，回北京后向他汇报。"那次，王明富随专列到江苏常州站下车。当时已是深夜，王明富是唯一下车的乘客，引起了站台上保卫人员的注意，出站时遇到一番盘问："你是从哪里来的？"

王明富回答："是从刚到站的火车上下来的！"

他们感到奇怪，又问："那个车上怎么有乘客？"

王明富向他们解释："我老家就在丹阳，领导叫我顺便回家看看。"

他们听了这话，马上就客气起来，说："现在很晚了，请你到市委招待所休息吧！"

王明富谢了他们的好意，自己找了一家旅馆住下。第二天到家，在家呆了10天左右。当时丹阳县（今丹阳市）童永乡农业合作化运动还只是刚组织起来的初级社，入社人数只占总人数的百分之四十，怕入社吃亏是普遍现象。农民对上一年统购粮食意见很大，但对当时规定的"三定"，即定口粮、定统购、定饲料粮的办法很拥护，认为三定了，人心才能定，不怕政府把粮食都买走了，调动了农民的积极性，农村掀起了生产高潮。同时也反映了新建的初级社骨干力量弱、股金投不出、新式农具少等问题。王明富感到他的第一次调研，由于没有经验，问题反映得不深刻。

1956年1月6日，王明富回到家乡进行第二次调查，也是10天时间，走了三个乡，还有一个初级社，共访问了乡区干部40多人。这时正处在农业合作化的高潮，王明富调查的丹阳县新桥区入社农户总数已达百分之六十，其中进入高级社的社员约占入社总数的百分之七十。这一年麦子长势好，农民都高兴地说："毛主席福气好，搞合作化第一年，麦子就这样好。"

在这次调查中，王明富在他所写的材料中共反映了6个方面的问题，如：乡干部说话不算数，开始说带青苗入社可以自己收麦子，可是后来又不准农民自己收了，社员很不满意；目前新入社的社员最不放心的是能分到多少口粮，够不够吃，劳动力弱、人口多的社员，担心会饿死；平时生产中只顾抢工分，不顾工作质量；区乡干部工作重点是发展高级社，放松了对初级社的领导；等等。

这次调查的材料送给毛主席看时，上面提到的一些重要内容，毛主席都画了红道。因为毛主席工作很忙，有时一次数十份材料，他看不过来，也不能找所有的同志亲自听汇报，有时就委托中南海西楼农研室的同志代阅后，向毛主席写综合报告。毛主席看完警卫人员的调查报告后，有的还批给其他中央领导看，有的批给该省领导看。如1956年7月，河南的4个同志向毛主席汇报后，毛主席收批汇报的材料，就批给了当时河南省政府主席吴芝圃阅。

这样有组织的调研工作，从1955年一直进行到1959年。但毛主席身边工作人员深入农村蹲点、三同（即同吃、同住、同劳动）、参加农村社教，直至三支两军等活动，一直都没有停止过。

王明富说，这样的调查研究只是一个方面，更重要的是，毛主席还通过党、政、军和新闻系统等各种渠道了解各方面的情况，特别是他亲自到祖国各地视察调查研究，长城内外、大江南北、城市农村都有他的足迹。毛主席每年有大半年的时间在各地视察、调研。

1956年初夏，毛主席乘专列到郑州后，在火车上同王任重同志谈话时问道："我想到长江游泳，听说长江里有什么小虫子，可是真的？"

当时在座的一位同志说："是真的，叫血吸虫。1954年防洪后，患血吸虫病的人增多了。"这位同志还说了个具体数字。后来毛主席到了杭州等地，都同有关同志商讨如何防治血吸虫病的问题。在当年下半年中央发的《农业十七条》文件中，就有一条在若干年内消灭血吸虫病的任务。

1958年7月1日，毛主席读了《人民日报》关于江西省余江县（今鹰潭市余江区）消灭了血吸虫病的报道，非常高兴，一夜没有睡觉，写下了著名诗篇《送瘟神》。

王明富深有感触地说，毛主席总是喜人民之所喜，忧人民之所忧，时刻把人民的利益放在心上，把为人民谋利益为己任，辛勤地操劳着。在毛主席亲自交给的调查研究任务中，警卫人员不只是及时为毛主席、党中央提供了当时农村三大改造中的一些实际情况，而且自己还接受到教育，掌握了如何深入实际调查研究、密切联系群众的工作方法。后来他们在部队、机关等工作中，都较自觉地养成了深入实际调查研究的习惯。一切从实际出发，实事求是，这已成了这些同志自觉遵守的开展各项工作必须遵循的基本工作方法。

跟随毛主席回故乡

王明富给我们讲述了他当年跟随毛主席回他老人家故乡韶山的往事。

1959年6月25日下午，毛主席从武汉经长沙乘汽车经过较长时间的颠簸，回到故乡韶山。这里地处湖南省湘潭市，是一个丘陵地区，蜿蜒的山岗此起彼落，韶山就坐落在这翠绿的群山环抱之中。

到韶山已近傍晚，毛主席住在他故居对面南山坡上一幢新建的房子里。也许是毛主席回故乡来得突然，保密工作做得也好，当夜韶山显得十分平静，只有一些警卫服务人员在紧张忙碌着。32年前，毛主席就是从这里告别父老乡亲，走向波澜壮阔的革命征途。如今返归故里了，当夜韶山的夜空星星眨着喜悦的眼睛，显得格外明亮，都在欢迎这位生长在韶山冲、平凡而又伟大的骄子——毛主席。

也许是对故园 32 年往事的回忆，对父母、亲人的怀念，对风雨坎坷中奋斗数十年的追思，回韶山的当晚，毛主席的住所，灯光明亮，老人家似乎沉浸在 32 年峥嵘岁月的思绪中，写下了著名的诗篇《七律·到韶山》：

别梦依稀咒逝川，故园三十二年前。
红旗卷起农奴戟，黑手高悬霸主鞭。
为有牺牲多壮志，敢教日月换新天。
喜看稻菽千重浪，遍地英雄下夕烟。

第二天清晨，天刚放亮，许多人还在睡梦之中，毛主席没有通知任何人，仅有当时值班的一名警卫人员随行，他迈着轻快的步伐，踩着没膝深的杂草，在仅有一条人行小道的山梁上顺路向西走。不一会儿，其他的警卫和随行人员也都追了上来，跟在毛主席的后面。毛主席没有说话，只是默默地在前面走着，谁也不知道毛主席要去什么地方。王明富身边一位公安厅的同志悄声说："这是去毛主席父母亲墓地的路。"果然走了不多远，毛主席在一个由黄土新修过的不太高的坟墓前肃然停住，在坟前默念片刻，向左右环视着，似乎寻找什么。可是我们昨天傍晚才到韶山，早上又走得匆忙，也不知道毛主席一清早就去谒拜父母的陵墓，事前也没有什么准备。就在这时，沈同处长将一个临时用松枝做的"花圈"递给毛主席，他很满意地接在手中，献在坟前，然后深深地鞠了三个躬，肃立在墓前默默地沉思着。此时此刻，他似乎在追思往日父母教养之恩，忏悔年少时忙于学业的追求不能侍奉左右。数分钟后，他怀着依恋之情，小声说了几句话，当时王明富没有听清楚毛主席说了些什么，后来才得知他说的是："前人辛苦，后人幸福，下次再来看你们。"当天晚上，他在和罗瑞卿交谈时说："我们共产党人不信迷信，但生我者父母，教我者师长，不能忘。"

告别墓地下山后，在一位毛氏宗亲的引导下，来到毛主席故居。这时在故居的场地上聚集了很多乡亲，毛主席高兴地向大家招手致意，乡亲们争先向前和毛主席握手。

屋内基本上保持着原有模样：原来的土墙还是土墙，不过修整后加高了一些。毛主席首先瞻仰了父母亲的住室，仔细地看着室内的陈设，随后又进了毛泽民、毛泽覃等人的住房。当走进养牛的小屋时，带领参观的同志指着墙上挂着的一个铁牛鼻子说："毛主席从小就爱劳动，七八岁就帮家里放牛，这是当年保留下来的原物。"毛主席贴近看了看铁牛鼻子，笑着对大家说："靠不住，你们别相信，这个东西不知道是从哪个山上捡来的。"说得大家都开怀大笑起来。出了家门，有一棵枇杷树，当地陪同人员说："这是毛主席少年时种的。"开始毛主席说记不清了，后来又说："有可能。"从故居出来后，到门前同热情看望的乡亲合影留念。

离开故居，毛主席在村干部的陪同下，取道去韶山学校，看望老师和同学。

告别了韶山学校，毛主席回到住所，此时已是上午 10 点时分了。昨日旅行的疲劳、通宵的不眠之夜、清晨的忙碌后，毛主席该休息了。

下午 5 点多钟，毛主席在随行人员的陪同下，到韶山水库游泳，因交通不便，下车后要走一二里路才能到达水库。在步行中，毛主席见到了许多乡亲，他们随毛主席同行，边走边谈。有一位五六十岁的妇女，据说他丈夫叫毛福轩，是毛主席在韶山最早介绍入党的一个，后来被国民党杀害了。今天见到毛主席，想起往事，倍加感伤，两手拉着毛主席的衣袖，一边走一边哭诉着往事，十分悲痛。毛主席心里也很难过，深情地劝说着这位烈士的妻子，以沉痛的语气连说："革命胜利了嘛！革命胜利了嘛！革命胜利了嘛！"语气一声比一声高亢，心情一次比一次沉痛，在场的韶山乡亲和随行人员，无不为这悲壮的情景所感动。

是啊，为了中国革命的胜利，毛主席一家献出了六位亲人的生命。同样，为了中国革命，韶山人民和全国人民也献出无数亲人的生命，"为有牺牲多壮志，敢教日月换新天"毛主席《七律·到韶山》里的这两句诗，正是对中国革命中无数英烈百年奋战英勇献身的悲壮历史的最好写照，也是对革命先烈在天之灵的最好慰藉，王明富说："在以后的数十年历程中，每当读到这篇悲壮的诗稿时，毛主席在韶山那种凄切悲壮的情景就浮现在我的眼前。"

在去游泳及回来的路上，毛主席同乡亲，王任重、周小舟两位书记的谈话重点转向了稻秧密植。当时曾有"密植就是越密越好"的说法，毛主席说："我是中间派，主张不密不稀。"谈到增产时，有些老乡说："这几年虽有些增长，但是付出太大，成本太高。"毛主席深感老乡所说的情况很实在，深有所感地说："这样看来是得不偿失了。"毛主席的心里总是像一团火，无论他走到哪里，都在探索着国家的富强，人民的幸福道路，无论这个道路多么曲折艰难。

在游泳回来的路上，毛主席走进一个院子，寻访一位叫李大嫂的人，可院内已没有人知道她的去向了。毛主席显出几分惆怅与怀念，感慨地对随行的同志说："32年前，我就是从李大嫂那间住房后窗跳出逃走的，从那以后就再也没回来过。"毛主席寻访故人不遇，怏怏地回到住所。

晚上，中央警卫局沈同处长告诉王明富和其他警卫人员："到了毛主席的故乡了，晚上主席要请客，包括韶山烈士的亲属和后代，以及从北京来的警卫、秘书、医务等服务人员，都在邀请之列。"说到这儿，王明富说："平时我们总觉得自己和毛主席是一家人，今天怎么成了客人了？"但不由多思，就匆匆地以客人身份去赴宴了。警卫战士们到达时，毛主席邀请的宗亲乡邻已是高朋满座。客人到齐后，毛主席举着杯，十分亲切地到每个桌前同客人碰杯，以示对客人诚挚的欢迎。虽然席间没有更多的祝酒、欢迎等客套话，但大家都沉浸在喜悦和幸福之中，当晚吃了什么饭菜，都记不得了，但毛主席热情举杯同自己碰杯的情景，却永远留在了王明富的心中。

27日下午1时，毛主席告别韶山，临行前接见了全村和从其他村赶来送行的乡亲们，并同他们合影留念。汽车离开韶山时，毛主席提出，他要步行与坐车相结合离开家乡，即在一小时中坐车50分钟，步行10分钟，以示对生身之地的留恋。可是他途中几次下车，有时一直步行了几十分钟还不肯上车。在步行中，许多行人好像在做梦似的，突然狂喜地发现是毛主席在和自己握手谈话。有的行人，从毛主席身边走过时，开始没有认出来，别人告诉他，前面走的是毛主席，复又惊喜地跑回来，向毛主席问好。还是小朋友们和年轻人眼尖，他们很快就认出人群中的毛主席。

"是毛主席！"一个小朋友惊喜地喊道。

"我不是毛主席！不过有点像他。"毛主席顽皮地回答道。

"你就是毛主席！"其中一个十一二岁的小学生肯定地说。小朋友们即刻跑着向四周传送喜讯："我们看到毛主席了！我们看到毛主席了！毛主席就在前面！"

接着一群群的社员从田野路旁拥上前来，伴随着毛主席边走边谈家常。毛主席问旁边的一个小学生："今年几岁了，上学没有？"

"十三岁，六年级。"

毛主席又问乡亲们："这里的稻子好不好？是今年好，还是去年好？"

"今年稻子长得好。种得早，肥料多。"

毛主席满意地点点头。就这样，毛主席走了很长一段路后，亲切地对大家说："我要走了，下次再来看你们。"

"我们也要到北京看望毛主席。"一个聪明的小学生依依不舍地说。

毛主席停下脚步准备乘车，路旁的群众纷纷围上前来，同毛主席握手。一个中年妇女抱着一个三四岁的孩子钻进人群，激动地对孩子说："快看看毛主席。"这时另一位青年妇女，抱着一个不满周岁的孩子，挤到毛主席身边，把孩子的小手递给毛主席，说："快，跟毛主席握握手。"毛主席微笑着亲切地握着宝宝的手，久久没有松开。领袖和人民依依不舍，那场面真是鱼水情深，令人非常激动。

汽车发动了，毛主席告别了韶山，告别了沿途的乡亲，驶向远方。60多年过去了，韶山之行中，一幅幅人民群众真诚热爱领袖毛主席，毛主席同人民休戚与共、水乳交融的情景，仍清晰地印在王明富的脑海里。

毛主席登庐山

王明富回忆起毛主席参加庐山会议的往事。

1959年6月27日下午,毛主席结束在故乡韶山的行程后,坐汽车经宁乡于傍晚到达长沙,旋即在橘子洲头下水,畅游湘江。6月28日下午,毛主席乘专列离开长沙,29日凌晨1时到达武昌。在武昌作一天的短暂停留后,于6月30日下午,乘"江峡"轮离开武昌。同行的还有刘少奇、周恩来、朱德、林伯渠等中央领导同志,到九江时已是7月1日凌晨。

毛主席等中央领导同志连夜上山。晴朗的庐山晚空闪耀着明亮的星辰,一辆辆闪着灯光的小轿车盘旋在弯弯曲曲的公路上,和夜空中的星辰交相辉映。

清晨,领导同志一行的车队到达庐山,毛主席住180号别墅"美庐"。这座住所是当年蒋介石住过的楼房。毛主席身边的工作人员,住在美庐北侧不远处的一座小楼中,秘书、医务人员住在楼上,警卫人员住在楼下。

到庐山后,王明富和战友们都被这里的美景所陶醉,感到庐山确实是个好地方,山下山上真是两个世界。在山下专列上吃一顿饭出一身大汗,晚上热得睡不着觉,而山上则清凉宜人,白天穿一件衬衣凉爽舒适。在食堂用餐时,清风伴着白云飘拂而过,令人心旷神怡,也让人胃口大开。晚上潺潺流水之声伴随着人们盖着棉被安然入睡。

庐山会议开始时,名曰"神仙会"。在会前较长的时间内,从1958年11月2日起,开过郑州会议,着重"纠左";1958年11

月 27 日武昌会议，批判"共产风"，解决"浮夸风"问题；1959年 3 月上海会议，解决了指标问题。每次重大会议前，都进行了认真的调查研究，揭露出"大跃进""大炼钢铁""人民公社化运动"中的高指标、浮夸风、一平二调共产风、瞎指挥等等问题，开展认真的批评与自我批评，毛主席还多次作了自我批评。大家还认真学习了马克思主义政治经济学理论，针对存在的问题，制定出解决这些问题的具体措施。在上述会议的基础上，准备召开庐山会议。会议开始时共提出 19 个问题：

一、读书。高干读《政治经济学教科书》。县级干部另读《好人好事》《坏人坏事》和"党的政策"三本书。

二、形势。好转没有？何时好转？

三、今年的任务。

四、明年的任务。

五、四年的任务。

六、宣传问题。

七、综合平衡问题。

八、群众路线问题。

九、建设和加强工企业的各项管理制度和提高工业产品质量问题。

十、体制问题。即人权、工权、商权、财权问题。

十一、协作区关系问题。

十二、公共食堂办好问题。

十三、学会过日子。

十四、三定政策问题。

十五、恢复农村初级市场问题。

十六、使农村生产小队成为半基本核算单位问题。

十七、农村的基层组织领导作用问题。

十八、团结问题。

十九、国际问题。

会议的流程是先分后合，先讨论19个问题，然后用三天开扩大会，通过会议文件。

上述19个问题，是经过长期调查研究、反复讨论后总结出来的问题，需要在会上研究解决办法并做出决定，然后在全国推行。可以想象，如果这次会议开好了，对以后各项建设工作，定会起到重要的推动作用。

因有上述筹划，庐山会议初期比较轻松，白天除了开会外，还可以游山观景，晚上有时可以看看戏。

会议的前半月，警卫人员随毛主席在庐山水库游过几次泳。毛主席每次都轻松愉快、谈笑风生，或侧泳快速前进，吹着水珠嬉戏；或仰泳轻松自如，静静躺在水面，仰望着辽阔的蓝天，一双脚半截露在水面；或潜泳翻滚，如蛟龙戏水，鱼跃龙门，酣畅痛快，展示着伟人挥斥方遒、豪迈奔放的气概。李讷也像小大人一样，伴随在毛主席身边。她游得很好，毛主席有时高兴地猛一下把李讷的头按到水里，李讷趁势一个猛子扎进深水里，快速地露出水面后，潇洒地甩着男孩子似的头发。这时毛主席在水里翻过身，又一次把李讷的头按下水。真是难得的放松，享受天伦之乐啊！

7月6日下午，毛主席高兴地游了仙人洞、花径两个景点。这是一个晴朗的日子，蓝天上时而飘着几朵白云，这在"云从窗中过，雾罩百丈峰"的庐山是不多见的。

在导游带领下，王明富和战友们随毛主席先到庐山仙人洞。进入仙人洞月圆形大门后,毛主席在"纵览飞云处"的上方,举目眺望着蓝天下的田园、湖泊,以及云雾掩护下的险峻奇峰,若有所思地停留片刻后,走进仙人洞。此处相传为吕洞宾修仙的地方。洞中有"滴泉",不时滴着晶莹的水珠。据说到此游览的人都要饮一杯"玉液",以消百病。毛主席听导游这么一说,也要尝一杯。

随行的护士长吴旭君却上前劝阻:"主席,这个水怕不卫生。"

"别人尝过没有?"毛主席笑着问导游。

"尝过。"导游如实回答。

"别人能尝,我也能尝!"毛主席说着举杯一饮而尽。

经竹林小道到访仙亭,随后离开仙人洞乘车去花径。花径据说是唐代著名诗人白居易赋诗之处,他那首脍炙人口的"人间四月芳菲尽,山寺桃花始盛开。长恨春归无觅处,不知转入此中来"的名诗就创作于此。虽然花径内有许多奇花异草、秀丽的盆景、玲珑的假山,但是,也许是游览的时间长了,毛主席和随行人员都有些倦意,参观显得匆匆忙忙。出了花径,已是下午三四点钟,随行的还有康生、陈伯达等人。大家准备登车回所休息,李银桥安排毛主席坐在第二辆车上,汽车已经发动。可排在前面的那辆车怎么也发动不起来,急得司机直冒汗。

毛主席问明原因后说:"看来要推一推了。"说着便下了车,径直走向第一辆车,随行的同志也随毛主席走向前一辆车的后方。毛主席身体向前倾斜着,使劲同大家一起推汽车,司机踩着油门发动,可推了一段路后,汽车还是没有发动起来。

这时毛主席给司机出主意:"向后倒一倒行不行?"

按毛主席的建议,司机开始倒车。毛主席和同志们一起走到车的头部,使劲地推着汽车往后倒,这时突然发出一阵轰鸣声,汽车发动起来了。这时大家都松了一口气，忘了刚才汽车出现故障时的烦恼，默默地随毛主席登车返回。

时隔几十年，王明富想起这件小事，竟久久难以忘怀。他说："这事至今仍然浮现在我眼前。如若不是亲身经历，怕是难以相信。我们这些服务、警卫在毛主席身边的工作人员，目睹过他老人家在窑洞中、油灯下发出封封电文，指挥着百万雄师驰骋于万水千山之中，取得一个个决战胜利；我们也亲身感受过他老人家出现在党和国家重大而庄严的场合时，那激动热烈的欢呼声和无数敬仰的目光；我们也无数次陪同他老人家度过一个个不眠之夜，看他做出震惊中外的重大决策。可眼前的他却像一个普通的老人，同他的司机和随行人员一起，使劲推着熄火的小轿车。我们身边的毛主席，似乎仍然是当年穿着蓝色长衫拿着雨伞走向安源的他，是脚踏草鞋跋涉在罗霄山脉的他，是身着补丁中山装与延安老乡叙家常的他。他从平凡走向伟大，他是亿万人民的伟大领袖，但他又是个普通的劳动者，他的心与人民紧紧相连。"

毛主席身边的警卫人员，来自全国各地，虽然对会议具体情况知道得不很具体，但是从首长的谈话中，知道会议的主要内容是和这一年开展的"大跃进""人民公社""大炼钢铁""公社食堂"等国家大事有关。他们每年都有两次回家探亲做调查研究的任务。他们亲眼看到，人们期盼着很快建设成幸福美满的社会主义新中国。虽然有崇高的理想和强烈的工作热情，但是这是一个前无古人的新生事物，从党中央、毛主席到基层的干部群众，都缺少实践经验，只是凭理想、凭热情就轰轰烈烈干起来了，因而也就出了不少乱子，庐山会议就是为了解决这些问题召开的。王明富在1959年7月26日的日记中曾这样写道："庐山会议从小组会到现在已经 20 多天了，大组会也开过多次。从会议活动看，这次会议时间长，小组活动多。大会只开过几次，个别交换意见比较多，这给人的印象是，发扬民主充分，似乎是这次会议的特点。从谈话中，文件中我们片片断断地了解一些情况，会议的中心问题还是人民公社等问题，这里有以往的教训，今后的方针、政策的规定。这次会议，对我国在'大跃进'一年以后，定会有新的发展规划和安排。一年来我国在工业，如钢铁、煤炭运输、文化教育等方面有迅速的发展，其速度是惊人的，但是不能轻视的是对形势过于乐观，'人民公社'的建立准备不足，'大炼钢铁'中浪费人力物力，缺乏统一缜密的领导，理想主义、主观主义、命令主义，造成了目前全国粮食空前紧张、副食品缺乏的局面，党和政府在人民群众中的威信受到损失，叫骂之声不断，这是一定程度上的失败。这是首长们个别交谈中都是承认的。毛主席说：'人民公社搞得快了点。'柯庆施说：'过去我们对情况的估计过于乐观了。'不错，这确是两个主要问题。"

可是，王明富在写这篇日记的时候，他们这些警卫人员并不知道在此次庐山会议期间，7 月 14 日彭德怀给毛主席写"万言书"的情况，7 月 22 日张闻天在小组会上 3 个小时发言的情况，以及会上在彭德怀、张闻天发言后大家对"大跃进""人民公社"等重大问题的看法发生严重分歧的情况。

1959 年 8 月 2 日下午 5 时，党的八届八中全会召开，王明富参加了会场的执勤，并作了简单的会议记录："党的八届八中全会 5 时 20 分在庐山人民剧场（院）开幕了，毛主席首先在开幕时讲话。开头几句是说：'近来有些人说没有自由，看来很有意见，对党的总路线发生怀疑，特别是去年刮了一阵共产主义风后……'"

当时，因为王明富要帮助摄影的同志掌闪光灯，精力不集中，听在耳朵里的话只是一鳞片爪。但是他觉得，从上山后的活动看来，这次全体会议本来是不准备召开的，起初开的是政治局扩大会议，各省的省委第一书记都参加了。会议结束时，才决定开全体会议的。看来是在会议过程中党内高层对1958年以来"大跃进"的看法出现了严重分歧，很有必要通过会议统一思想和认识。但后来庐山会议的结果是人们没有想到的。八届八中会议公报，更让王明富震惊了。

王明富在八届八中会议闭幕这一天的日记中写道："1959年8月16日，星期日。今天下午一时，八届八中全会在庐山人民剧场（院）闭幕了。会上作了一个重大决定，通过关于以彭德怀为首的黄克诚、张闻天、周小舟等同志右倾反党集团的决议。会上由杨尚昆读了决议的全文。主要内容是：彭德怀等同志公开的（地）有组织、有计划，疯狂向党的总路线、人民公社，以及毛主席进攻。在历次党内斗争中，他都有些错误行动。骄横军阀残余，在朝鲜犯了大国沙文主义错误。但他因为（在）反帝反封建的革命过程中是积极的，也有一定的贡献。对社会主义革命也有一些模糊的认识。党本着批评团结的方针，在党内中央政治局委员还是保留，国防部长就不当了，同时撤销黄克诚中央书记处书记的职务。"

会上，毛主席讲了话，他追述了党过去历史上犯的错误，一直讲到高饶事件。他说，这些错误原因是多方面的，主要是他们不能历史地看问题，经验主义。他说，我们这次会议收获很大，党更加团结了，党的理论水平比以往更高了。他说，牛经过三年训练都能改正错误，难道人的错误不能改变？希望犯错误的人努力改正。希望别的同志不要和彭德怀断绝来往，医生不能因病人病重而不救治。

在这次闭幕会上，王明富记得有三个人讲了话。一是杨尚昆，他宣读会议公报和有关会议决议；二是彭德怀作了检讨，只记得其中有一句"我的错误由来已久"；三是毛主席讲话。最后全会一致通过会议决议。会场气氛严肃凝重，时间不长就散会了。

这次会议的结果对人们来说太突然了。上庐山后初期的轻松自如的"神仙会"的欢快愉悦、游山戏水、亲密友好的场景都一扫而空了，似乎每个人的心中都沉甸甸的。

王明富说："我有一些问题一直想不通。会议开始时去游花径等景点时，我们遇见了彭老总，大家都穿着便衣，我们向他问好，他热情地同我们握手，还开玩笑说："你们今天都成老百姓了。'彭老总住在中南海来福堂，我们可以经常见到他。有时彭老总还到我们分队来听党小组会，怎么一下就犯这么大的错误。还有周小舟，原先我们只知道他是湖南省委第一书记，不知道他当过毛主席的秘书，毛主席到湖南到韶山，他都寸步不离地随行在主席的身边。毛主席回韶山的第二天早晨为父母上坟，回故居前，毛主席在访问老邻居毛霞生的时候，坐在门前的场地旁与毛霞生交谈时，场地边沿有一堆乱草着烟，阵阵小风把烟尘吹到主席脸上，周小舟紧靠着毛主席身边，关切地说：'主席这边烟大，挪挪位子吧！'毛主席笑着向身旁的毛霞生说：'我们不怕烟是吧？'老乡点点头。毛主席转过头来望着周小舟，亲切地看了他一眼，这给我留下了深刻的印象。怎么周小舟居然成了反党集团的成员了？还有黄克诚，庐山会议期间，我在执勤的时候，几次看到黄克诚去见毛主席，每次谈的时间都比较长。黄克诚穿着一身半旧的浅灰色中山服，浓密稍有些灰白的头发，有一次还带着一脸倦容去见毛主席。当时我想，毛主席一定有重要事情和这位总长商谈，今后定会担当重任。可今天他怎么也成了彭德怀反党集团的成员了？"

在以后的几十年里，王明富心中的这个谜团并没有因为时光的流逝而解开。党的十一届三中全会以后，有些人不适当地指责毛主席，甚至出现了一股企图全面否定毛主席伟大历史功绩的逆流，就在这时，党中央转发了黄克诚维护毛泽东同志和毛泽东思想历史地位的重要文章。这篇文章王明富不知道看了多少遍，越看越加深了对这位老革命家的敬重。但心中的谜团至今仍然没有解开。

庐山会议结束以后，王明富所在的警卫分队的战士们随毛主席来到杭州，在汪庄住了一个晚上，第二天就接到中央警卫局通知，要求他们12位同志回北京，说有重要的文化学习任务，于是，王明富他们就回到北京了。

伟大的人格高悬天际

访毛主席警卫战士孟进鸿

孟进鸿，男，汉族，出生于1935年，山西省长治市潞城区辛安泉镇曹庄村人。1951年初中毕业后参军，不久便被分配在中央警卫师。从1952年至1982年，孟进鸿在中央警卫团、中央警卫局工作。1982年5月之后，孟进鸿被调到中国人民解放军政治学院、国防大学工作，任国防大学某系主任，少将军衔。

孟进鸿在毛主席身边工作多年，养成了艰苦朴素、谦虚谨慎的良好作风，忠诚于党、忠诚于人民的优良品质，严守机密、严守纪律的坚定理念。每当忆起在毛主席身边工作的点点滴滴，他就情不自禁地心生一种自豪感。他说："我讲述的虽然是些平凡的小事，但它都是我亲身经历的，这些小事体现了毛主席的崇高风范和伟大人格。"

第一次见到毛主席

孟进鸿深情地回忆,第一次见到毛主席是 1952 年。

1951 年 7 月,孟进鸿初中毕业后,响应党中央青年学生要参军、参干、参加抗美援朝的号召,考入了罗瑞卿任校长兼政委的中国人民解放军公安部队军政干部学校。学习半年多以后,校里传达毛主席关于部队正规化先要学文化的指示,开展文化大练兵运动。1952 年 3 月,孟进鸿从军校提前毕业,被分配到了中央公安警卫师。5 月,师里分配他到一团二营五连当文化教员,幸运地走进了中南海。

五连驻在中南海中海东岸的万善殿东侧,距北海大桥也就百米左右。在对干部战士进行文化摸底、编制教学计划的活动中,有几个班长问孟进鸿是否见过毛主席,他说没有。孟进鸿问班长们是否见过毛主席,多数都说见过。机枪班长王振玉问孟进鸿想不想见,孟进鸿说想见,做梦都想。王振玉说:"毛主席有时会坐船到万善殿这边来散步,晚饭后你可到那里转转,如果运气好,兴许就能遇到。不过,有个规矩,见到毛主席只能站到那里目接目送,不能往主席身边凑,更不能主动开口和主席说话。"孟进鸿道:"要是真的见到了毛主席,怕吓得也不敢动一步了。"

孟进鸿至今还记得,他听了王班长的话后,到一墙之隔的万善殿看了多次。它的右后侧是千圣殿,二营营部就驻在这里。院内古柏参天,还有两棵高大的银杏树,战士们秋后有时去打白果。院门南侧有一条东西向的通道,西通海边,有个小码头,垂柳依依,景致秀丽。海中有一亭子曰"水云榭",亭内碣石刻有乾隆手书的"太液秋风"四个大字,此乃"燕京八景"之一。因建在水上,没有船上不去。

6月初的一天晚饭后,天气闷热,不上哨的扫盲班战士三三两两地在连部周围寻找僻静的地方学习识字。孟进鸿转到万善殿门外的通道上,见有几个战士或坐在石阶上,或倚在大树下学习。当走到战士李久正身边时,忽然有个战士悄悄走过来,轻声对他说:"教员,你往西看,毛主席来了。"他猛然抬头,惊喜地看到了毛主席。主席身材高大魁梧,着一件白衬衣,一条灰布裤子,脚穿黑色布鞋,笑容满面地由西往东走过来。身后还跟着几个人,后来才知道他们是卫士李银桥、摄影师侯波等。

毛主席走过来,在李久正面前停下,问他在看什么。李久正把识字本递给主席看,回答说:"我在学识字。"

主席接过识字本,翻开一页,指着一个"马"字问他:"这个字念什么?"

李久正用注音字母拼着念:"mǎ(摸啊)马。"

毛主席风趣地用他那浓重的湖南口音也"mǎ(摸啊)马"地读了一遍,然后问:"有老师教吗?"

李久正指了指孟进鸿:"他就是我们的教员。"

于是,毛主席微笑着朝孟进鸿问道:"你多大了?叫什么名字啊?"

孟进鸿胆怯地说:"我今年17岁,叫孟进鸿。"

毛主席"哦"了一声,说:"那你是孟老夫子的老乡啊,上过什么学?"

孟进鸿知道孔子、孟子的家乡在山东,于是回答:"我不是孟子的老乡,我的家乡在山西。上过中学。"

伟大的人格高悬天际——访毛主席警卫战士孟进鸿

孟进鸿和毛主席合影

毛主席说："那么你是阎老西的部下了。"

阎老西就是大军阀、山西的土皇帝阎锡山。孟进鸿不知道该怎么回答，一时语塞。主席也可能觉得孟进鸿小小年纪不会是阎锡山的部下，就改了话题问："在哪里上的学？"

孟进鸿说："长治。"

毛主席说："长治古称上党，有鱼有肉，是个好地方。"

毛主席又说："你的学生年纪比你这先生还大，教得了他们吗？"

孟进鸿比较自信地说："还行，他们学文化都很努力。"

毛主席微笑地点了点头，随手把识字本还给李久正，缓步向东走去了。孟进鸿和几个战士目送毛主席走出通道东口，向南拐了以后，围拢在一起高兴地说："见到毛主席太幸福了。"有个战士还对孟进鸿说："孟教员，你真幸运，才来个把月就见到了主席，我都来一年多这次才见到。"

大家走开后，孟进鸿快步走到通道西门外码头上，看了看主席坐的小船，那是个极普通的小船。

见到毛主席后，孟进鸿心里别提多高兴了。晚上躺在床上，翻来覆去，怎么也睡不着。想到一个山沟里出来的农家孩子居然能上学读书、参军参干到军校学习、留在北京警卫部队工作，而且进了中南海，见到了毛主席，感到很幸运，同时也很自豪。他那一刻真想写信告他的父母和老师，一同来分享喜悦。但是部队纪律规定，这是不允许的。与此同时他脑子里突然冒出一个梦想：要是能调到保卫毛主席那个连队，就有机会经常见到毛主席，那该多好啊！

身边工作人员要守规矩

1961年6月，在中央警卫局办公室做秘书工作的孟进鸿接到通知，让他跟随张耀祠同志工作。张耀祠当时是中央警卫局常务副局长兼中央警卫团团长，主要负责毛主席的警卫、服务工作。跟着张耀祠，就能经常见到毛主席了，孟进鸿听到这个工作安排很高兴。

孟进鸿回忆，1961年10月初，他刚忙完国庆天安门大型庆典活动的工作总结，张耀祠把他叫去，告诉他说："毛主席最近准备到外地视察，你随我一起去。这是你第一次执行这样的任务，情况不了解，我先给你介绍一下情况，然后，你起草一个临时支部计划。"

听到要他跟随毛主席外出工作时，孟进鸿顿时热血沸腾。这是组织的最大信任，也是他由来已久的心愿。张耀祠说，随主席外出的工作人员，有秘书、警卫、医生、护士、生活管理员和大师傅（厨师）等。根据工作需要，还会增加一些人员，如机要译电、照相、拍电影的同志等。为加强领导，保证主席视察工作的顺利，需要成立一个临时党支部。张耀祠还介绍了毛主席以往外出视察工作的一些情况，特别强调了对身边工作人员的要求。张耀祠说，年前，汪部长（指汪东兴）按照主席指示，对主席身边工作人员进行了一次思想作风整顿（俗称小整风），对部分工作人员作了调整。毛主席对身边工作人员要求十分严格，绝不允许身边工作人员借他的名义搞不正之风。张耀祠要求，定个支部计划，就是以党支部名义立几条规矩，画个红线，对大家有个约束，让大家知道该做什么，不该做什么。

孟进鸿很快草拟了个支部计划，经张耀祠定稿后确定下来。孟进鸿记得其中有这样几条：一是要保密。毛主席外出的一言一行都要保密，不准向任何人讲，不准在外地打电话和投递信件，不准和所到地方的亲朋好友联系，不经批准不能随便离开住所。二是要团结，讲友谊。工作人员要互相支持、配合，共同做好工作，对专列上的其他同志，如地方接待、警卫部门的人员，要尊重他们，谦虚谨慎，商量办事，说话和蔼，平等待人。三是不要搞特殊。不准伸手向地方要东西，不准接受地方部门和人员赠送的礼品。买东西一定要付钱，吃饭要按规定交钱、交粮票，不要

1969年9月，毛主席视察途经天津，左一为孟进鸿，左二为张玉凤

占便宜。四是生活用品自己带。生活用品，包括毛巾、香皂、肥皂、牙刷、牙膏、剃须刀、擦脸油、茶叶、香烟、皮鞋油等等，都必须自带，不许用招待所的。五是抓紧时间学习。学政治、学时事、学文化，以自学为主，适时组织讨论，提高思想认识，提高政策观念，同时要结合工作，增强技术技能和办事能力。

从1961年11月起至1976年9月毛主席逝世，孟进鸿曾几十次跟随主席外出执行警卫任务。许多细节都记不清了，但唯独党支部定的这几条规矩，他至今记得清清楚楚。

毛主席外巡时的衣食住行

孟进鸿回忆，毛主席生前经常离京到外地视察。在毛主席外出比较频繁的十几年里，他有幸跟随毛主席外出做些警卫和服务方面的工作，亲眼目睹了毛主席在衣食住行方面的一些情况。

孟进鸿说，1970年秋天，他随毛主席到上海，张耀祠交给他一包主席穿过的旧袜子，说都是脚后跟破了，设法找原厂子给补一补。他打开包袱数了数，竟有36双之多。不禁"啊"了一声，惊奇地说了一句："怎么攒了这么多呀！"后来孟进鸿分析，主席的睡衣破了，面积比较大，补一块，穿起来对舒适度影响不大，所以身边人员动手补补就行。这袜子后跟破了，就不大好补，即使补上一块，穿起来也会不舒服，由于补袜子这种事身边工作人员做不了，所以就攒了很多双。后来孟进鸿通过上海市委接待处找到了生产这种袜子的上海织袜厂，很快就帮助给织补好了。当然，这都是付了钱的。

对于这些生活小事，人们可能不大理解，认为毛主席是党和国家最高领袖，难道一双袜子还穿不起吗？还需要外出带铺盖、补衣服、补袜子吗？可毛主席不这么看，他说："艰苦奋斗是我们的光荣传统，生活水平提高了，钱也比过去多了点，但不能忘本，时时刻刻都要勤俭节约，不要浪费。"

毛主席配有专职厨师，离京外出，都带着大师傅，不管是住地方招待所，还是住在专列上，都由大师傅为他做饭。没有见过地方领导人请他吃饭，他也不请地方领导人吃饭。偶尔和地方领导人谈工作过了吃饭时间，他会让有关人员告诉大师傅加个菜，一起吃，自己掏腰包，不要公家补贴一分钱。大师傅做饭，有时需要买些蔬菜、肉类，则由生活管理员开单子，地方同志买回后，由管理员见发票交费收菜。

　　1970年9月上旬，中共九届二中全会结束后，毛主席坐专列离开庐山，经南昌、长沙、武汉、郑州回北京。途经石家庄时，专列停在支线上，主席要找时任河北省委第一书记李雪峰谈话。当时，李雪峰不在石家庄，下乡去了。主席就在专列上等他。省委秘书长王金山带了几个人，在支线附近搞接待工作。汪东兴、张耀祠两位领导要孟进鸿车上车下负责联络工作。王金山提出，当地生产一种梨叫雪花梨，梨汁多，很好吃，要送一些给毛主席，也给车上的人员送一些。孟进鸿报告给汪东兴，汪东兴说："告诉他们，毛主席早就讲过，不准接受地方同志送的礼品。"他又说："你找吴连登（主席的生活管理员）去看看，尝尝，如果合主席口味，就买一点给主席吃。"孟进鸿和吴连登到那里看了看，尝过后，吴连登说梨的味道不错，可给主席买50斤。王秘书长他们一听，说："才50斤呀？太少了。还有汪主任、张副主任和你们那儿怎么办？"孟进鸿回去向汪、张报告后，汪东兴说："就给主席买50斤吧。我和张主任各买20斤，其他人员每人买10斤，按市价付钱。"在向地方同志交买梨钱时，他们说："没有听说过，送几个梨给主席吃还要你们掏钱。"孟进鸿说："不是我们掏钱，是主席自己掏钱。主席指示我们不要接收礼品，买东西一定要给钱，不能占公家便宜，不能占老百姓便宜，不要忘了'不拿群众一针一线'的纪律。"

　　毛主席外巡，坐飞机很少，基本上都是坐专列。他所到省市，都不要当地领导人去车站迎接，离开时也不要他们送行。在有的省市，他下车住招待所，休息好了，就请地方领导到他的住地谈工作。谈完就让他们忙他们的工作去，不要陪同。有的时候，则住在车上，把专列停在支线，找地方领导交谈。之所以这么做，是为了减轻地方接待工作的负担，也能减少对铁路运行的影响。很多时候，毛主席会把专列到达的时间控制在晚上，夜深人静之时，既保密、安全，又避免扰民。离开某地时，毛主席会提前告诉随行人员，了解铁路运行情况，避开特快和快车，尽量安排在夜间行动，以免影响群众的乘车和生产、生活。

孟进鸿回忆，记得1974年9月30日晚上，正在武汉的毛主席把张耀祠叫去，说："今天晚上我们去长沙，你抓紧准备。"张耀祠回到住所，立即告知有关同志做好出发准备，并亲自给专运列车负责人打电话，了解铁路运行情况，选择最佳开车时间。结果，专列于10月1日凌晨离开武汉，次日早上6点多抵达长沙。这一次，毛主席是"夜行军"，夕食武昌鱼，晨饮长沙水，两头都避免了扰民。

毛主席离京外出视察工作，有时走京沪线——天津、济南、南京到上海、杭州；有时走京广线——石家庄、郑州到武汉、长沙，中间以浙赣线连接，到南昌。但若走京沪线出京，必定从京广线回京，反之也一样，不走回头路。1965年11月12日，毛主席离京，经天津南下到南京、上海、杭州。1966年7月16日，在武汉长江游泳以后，7月18日经石家庄回京，历时8个月零7天。孟进鸿说，这是主席在外地时间最长的一次。

为了安全、保密，毛主席在某地开过会，特别是会见外宾之后，常常要换个地方。如在杭州开会，毛主席会让负责人坐飞机先到上海，然后再坐临时专列到杭州。

外宾送的礼品统统交公

孟进鸿记得,大约在1970年初的一个夏日里,张耀祠把他叫过去,拿着一块手表对他说:"这是主席用的一块进口老表,时间长了,走得不准。主席说他夜里工作,它(指手表)却睡觉,请人修一修。"张耀祠说:"这件事交给你,找个技术好的表店修一修。"

孟进鸿接过手表看了看,说:"这表太老了,表盘都发黄了,为何不给主席换块新的呢?外宾送给主席的礼品中就有表啊!"张耀祠说:"我曾给主席说过,想给他换块外宾送的表,可主席就是不同意,说他还是用这块表。"还说,这块表见证着一段历史。1945年8月,毛主席从延安到重庆同国民党蒋介石谈判时,郭沫若见主席没戴手表,就把自己的手表摘下来,送给了主席。后来,毛主席戴着这块表回到延安,转战西北,指挥三大战役,由西柏坡进了北京,二十多年了修过多次,再修修还能用。孟进鸿当即表示,马上就去办。毛主席对这块"友谊"表有感情,十分珍惜,一直用到临终。现在这块表作为展品,被陈列在毛主席纪念堂二楼毛泽东革命业绩纪念室。

到哪里去修这块表呢?孟进鸿自己的手表在前门、西单表店都修过。但这次是给毛主席修表,张耀祠又明确交代,要找个技术好的表店。时值"文化大革命"期间,社会上比较乱,孟进鸿不敢随便找家表店,于是他给时任北京市委负责人黄作珍的秘书师家林打电话,请他们帮忙选择一家表店,但要保密。不多久,师家林回电话给孟进鸿,说:"王府井亨得利表店修得好,已经和表店的负责人说好,你穿着军装去,说是 8341 部队的老孟就行了。"孟进鸿骑自行车赶到王府井亨得利表店,负责人热情接待了他。工作人员接过表,叫来一位年岁比较大的师傅,要他负责修理。这位师傅接过手表,看了看,说这是块瑞士产的欧米茄手表,看来戴的时间可不短了。他说修修看。表店负责人给孟进鸿开了个修表单,让他留下电话,说修好后打电话给他。三天后,孟进鸿接到电话,让去亨得利取表。那位师傅说,观察了两个昼夜(表店夜里有值班的师傅),原因是表太老了,发条疲软,走走停停,这次换了根新发条,可以正常走了。他交了修理费,一再向表店负责人和修表师傅表示了感谢。

取了表,孟进鸿径直赶到毛主席住的地方——中南海游泳池,把表送给常年在那里值班的张耀祠,并向他汇报了情况。张耀祠说方便时,就把表转交给主席,回头让他过来取那块借给主席暂用的礼品表。次日,孟进鸿又来到游泳池,张耀祠说:"主席讲了:'表修好了,把礼品表交回去,外宾送的礼品统统要交公,不能留下一件东西。'主席还说过:'外宾送礼品不是送给我个人的,是送给国家的,送给中国人民的。你们若在这个位置上,人家也会送给你们嘛。'"

外宾送的这些礼品是怎么管理的呢?孟进鸿 1961 年 6 月到中央警卫局办公室工作后,就参与了礼品的接收保管工作。他说,根据毛主席的指示,中央办公厅制定了严格的礼品管理制度,实行双人管理负责制,设有礼品库,对礼品进行详细的登记、编号,进行必要的安全检查,向接收礼品的中央领导同志报送打印的礼品报告单,不便保存的礼品及时报告领导等。有的领导人有时想把某件礼品取回来看看,就由其身边的工作人员写个借条来取,还回来时再把借条拿走或撕毁。收礼的领导人对某件礼品有批示的，则按照首长的意见办理。那时，住在中南海的中央领导同志的礼品统统归中央警卫局管理，包括毛主席、周总理、刘少奇主席、朱德委员长，邓小平总书记、董必武副主席、陈毅和李先念副总理等。"文化大革命"期间，主要是毛主席和周总理的礼品，礼品种类较多较杂，有银器、铜器、漆器、陶瓷、雕刻、壁毯、小地毯、刀剑、象牙及其制品、手表、皮革制品、服饰、半导体收音机、书画、烟、水果等，以手工艺品为多。多数礼品宜于长期保管，有的则不能保管或不便存放。

孟进鸿回忆，记得非洲有个国家总统送给毛主席的礼品是铀矿石，虽然装在一个特制的铁皮箱子里，但放在中南海是绝对不行的。他们及时报告了张耀祠，送到军队的防化部门处理。越南胡志明主席曾赠送过一个大榴莲给毛主席。那时他们还不认得这种水果，不像现在知道它是"水果之王"，只闻着它臭，不知道怎么吃。礼品保管单送上几天了，也不见回话，只好报告领导说坏了，扔掉了。"文化大革命"期间，还收到过非洲国家的外宾送给毛主席的礼品——芒果，毛主席让分别送给了"工宣队"和身边的大师傅、警卫战士品尝。孟进鸿所在的办公室，在1971年7月13日也有幸得到毛主席送给的一份芒果。当时，张耀祠告诉他："秘书给主席念了你们的礼品报告单，主席说让他们管礼品的同志也尝尝吧！"这在当时，是何等的光荣啊！孟进鸿和同事们异常地高兴、激动。于是，请毛主席的专职摄影师给拍了照，这张照片至今他还珍藏着。

党的十一届三中全会后，根据上级指示，孟进鸿和同事们将外宾送给毛主席、周总理等中央领导的礼品交给了国家文物局。

不仅毛主席、周总理等中央领导的礼品统统交公了，就连他们身边工作人员和警卫、服务人员因工作关系接收的小礼品，也一律交公了。

情意绵绵忆春秋

访毛主席警卫战士孙振发

　　孙振发，男，汉族，1939年出生，山东聊城人。1957年底入伍至济南军区68军203师炮团。1961年，选调进入中央警卫团，1962年至1976年在中南海担负保卫毛主席的工作。1985年，转业到中国国际航空公司工作，1999年退休。

　　在位于故宫西华门外的"泽园酒家"，我们拜访了84岁高龄的孙振发。泽园酒家是由孙振发发起，中国国际航空公司北京凤凰航空实业公司投资，邀请毛泽东的其他警卫人员共同筹划创建的。

　　在门前，身着黑色制服，胸前佩戴党徽，头发梳理得一丝不乱的孙振发，面带微笑迎候着我们。

　　"在毛主席身边工作的15年，是我人生中一段最不同寻常的经历。他老人家逝世已经47年了，但很多往事好像就发生在昨天，丝毫不觉得久远。愈近老年，愈经常回首往事，我就愈加怀念他老人家。"

回忆的闸门一旦打开，那难忘的 15 个春秋仿佛就在眼前……

印刻在生命中的三个"第一次"

孙振发 1939 年出生，祖籍山东聊城，1957 年底入伍到济南军区 68 军 203 师炮团。1961 年，中央警卫团要增加一个干部大队，从全军选调一批优秀的官兵到北京，孙振发就是这批选调人员中的一员。

孙振发来到北京，被分配到中央警卫局干部大队四中队一分队，刚开始是在陈云家里做警卫。1962 年 3 月，从四中队一分队调到一中队一分队，就来到了丰泽园，为毛主席站岗。1962 年 4 月，一中队组建一个外出分队，即二分队，负责毛主席外出期间的警卫工作，他又从一分队调到二分队。

孙振发说："我们在北京或到外地，随毛主席出行时都是穿便衣，款式就是蓝裤子、蓝褂子（冬天是蓝棉裤、蓝棉袄）。外出都是配长短两支枪。"

毛主席在北京的活动一般是在下午起床后，第一站是从丰泽园到游泳池，在游泳池办完公到人民大会堂，晚上八九点到钓鱼台，在钓鱼台活动、办公到晚上 12 点或凌晨 1 点回丰泽园休息。

孙振发说，自 1962 年后，毛主席外出就不带很多人，包括汪东兴、张耀祠、秘书、卫士长、医生，加上我们不到 20 人。我们警卫人员随毛主席到外地，主要任务就是警卫毛主席专列。专列停到支线后，负责毛主席乘坐车厢的警卫。到住地后，负责毛主席住处的门前楼后警卫。毛主席外出视察或者开会，我们负责近距离的警卫。

后来，孙振发从二分队调到十一分队，任副分队长、分队长。十一分队负责毛主席外出时前卫车的警卫，及毛主席下车到住地后专列的警卫任务。

1972年2月，中南海服务处（以前叫中南海服务科）老科长周少林（老红军）要退休了，就把孙振发调去做指导员（副科长），后改任副处长。

中南海服务处的工作，主要负责毛主席、周总理及中央领导在中南海召开各种大小会议的服务工作。怀仁堂、西楼，还有国务院小礼堂、国务院会议厅、紫光阁、游泳池、丰泽园……这些地方的服务工作，都由服务处负责。服务内容包括：物品的更新和布置、清洁卫生、会议用餐，给首长放电影。服务处有服务组、放映组、后勤组、餐饮组等。

前前后后，孙振发在中南海工作了25年。除了"五一""七一""十一"等重要节日在天安门正常的警卫及服务工作，孙振发还亲身经历了党和国家历史上的几起重大事件，包括毛主席在天安门城楼八次接见红卫兵、武汉"7·20"事件、林彪事件，以及周总理和毛主席去世、粉碎"四人帮"等，他都经历了。

孙振发说："一晃几十年过去了，许多事情都记不太不清楚了，但三个"第一次"却始终牢牢印刻在我的记忆里。"

第一次见到毛主席。那是1962年3月底的一天，孙振发在丰泽园后门站岗，这里是毛主席坐车出入的地方。那天正好是开第二届全国人大第三次会议的日子，当天刮着大风，把中南海中海的水都冲到了岸边。下午5点半左右，听到毛主席汽车的喇叭声，孙振发知道是毛主席回来了，他把大门打开，不一会儿，毛主席穿着灰色大衣，戴着帽子向门口走来。孙振发马上立正站好，毛主席微笑着站在他面前，上下打量了他好长时间，而后摆摆手就进去了。这是孙振发第一次近距离见到毛主席，他的心情非常紧张。

第一次跟随毛主席外出。那是1962年5月1日，孙振发和战友们是晚上11点半左右出发，坐上拉行李的卡车去火车站乘坐专列。由于当天正好是五一国际劳动节，路过天安门时，看到还有很多年轻人在广场上跳舞唱歌。孙振发与马全发是一个分队的，因为是第一次上毛主席的专列，已经是老同志的马全发就给他介绍了一些情况和注意事项。专列过了济南就下雨，天气特别冷。到无锡后，毛主席下车住在太湖边上的"蠡园1号"。

第一次跟毛主席握手。1963年6月初，毛主席外出到武汉住在东湖宾馆。那天早晨，孙振发正在宾馆的后花园站哨，5点半左右，毛主席由机要局的李原慧陪同出来散步。当走到孙振发跟前时，毛主席便问："你是从北京来的，还是当地的？"孙振发报告说："是从北京来的。"毛主席又问："你叫什么名字？""我叫孙振法。"毛主席和孙振发握了握手，说："你这个名字好，要振发起来。"孙振发的名字原来是法律的"法"，从此以后，他就改为振发起来的"发"了。

读万卷书，行万里路

有人说，毛主席是绝无仅有的天才。毛主席坚决不同意这种说法。那么，毛主席的水平为什么这么高？

"我们在他老人家身边工作最有感受和体会：一是毛主席读万卷书'求智'，二是毛主席行万里路'求实'。"这就是孙振发给出的答案。

孙振发又补充道:"毛主席在百忙中一有空儿就读书,他说:'读书至死方休。'事实证明,毛主席完全做到了。

"毛主席每次外出视察,都要带五六个大木箱子,里面装的都是书,我们两个人抬一只箱子还觉得重。

"那是两个木头箱子,粗糙笨重。二尺高,三尺长,一尺多宽,刷了清漆。这是专门出差用的,里面装满书。《辞海》《楚辞》等书是每次必带。其余唐诗宋词、古典小说及哲学书籍根据毛主席的盼咐选择。毛主席在生活中是不受拘束的,书房和卧室中,这里那里都堆满书报。看似杂乱无章,他却能够随心所欲地找到自己要看的东西。如果你想按照一般美观的标准搞点条理化,归置整齐,那就糟了。他会因为找不到要看的书而烦躁恼火,甚至发脾气。

"'我的书不许你们动,放在哪里就在哪里。'他这样提醒我们,特别是在打扫卫生的时候。"

要去外地了。上火车前,毛泽东将手那么一划:"把这些都带走。"那手势须在老卫士帮助下才能理解。"这些"不但包括了桌案上的几堆书报文件,而且包含了沙发扶手上和茶几上几本像是随意扔着的书。

书报装箱后,放吉普车上先走。提前两小时左右送到专列主车厢内,按照在家时的样子,将书报、文件重新摆放在书桌上,丢在沙发扶手或茶几上。原来放在床上的书现在也仍放在床上。总之,一切照旧。

毛泽东登车后,擦一把脸即开始看书、办公。他需要的书轻而易举就能在"老地方"找到。

伟人风范永留心间

毛主席既是一个伟人，也是一个常人。他亲切随和，平易近人。孙振发回忆的几件事，令人肃然起敬、难以忘怀。

孙振发说："有一次，专列停在江西响堂支线。本来毛主席应该从我站哨的门口下车，转一圈儿回来仍要从这儿上车。但毛主席却从工作人员出入的门口上了车。经过我站哨的门口时，见我还在那儿站着，就笑着说：'对不起喽，我不从你那儿走喽，我从后面上来喽，让你久等了。'"听了毛主席表示歉意的话，孙振发非常激动。

孙振发还特别提及一件"以小见大"的轶事："我们随毛主席外出，如果有时间就参加一些文体活动。那是1966年在武汉，当地负责安全保卫的公安局同志邀请我们一起打篮球。第一场，我们打不过人家输了，就把专列上的检测师傅"借"来，他们个头高，球打得好。有天下午4点，第二场篮球比赛开始了，刚巧毛主席出来散步，就坐下来看打球。地方同志第一场赢了，第二场就有点让着我们，加上我们的实力又加强了，就把人家打败了。但毛主席看了以后说：'你们今天打球不对劲儿呀，你们要尊重地方同志呀，不要有傲气。'"

毛主席的教导语重心长，孙振发和战友们铭记在心，在后来的长期工作中，他们从不以毛主席身边人自居，始终保持谦虚谨慎的作风，严格要求自己。

毛主席的清廉俭朴、严格自律，也深深地教育着孙振发和他的战友们。

1963年5月底至6月初，毛主席在武汉。有一天，护士长吴旭君与汪东兴、湖北省公安厅的同志在一起吃饭，她向汪东兴汇报说："天气热了，我想为主席添置一床毛巾被。"

汪东兴问："还有多少布票？"吴旭君回答："一丈三尺。"汪东兴问："够不够？"吴旭君说："还差3尺。"

这时，在一旁的省公安厅领导说："这个没有问题，我们来解决。"汪东兴严肃地说："不行。主席有严格的规定，不能让地方同志办私事，不许揩地方一点一滴油。"他又交代吴旭君："这件事等回到北京后再办吧。"就这样，为毛主席添置毛巾被这件事在武汉期间没有办成。

毛主席找旧拖鞋的故事，也是在武汉期间发生的。

孙振发说："我们二分队的王保东最清楚这件事情。"王保东原名叫王德修，毛主席听了他的名字，就开玩笑说："德国修正主义，原来你还是老牌修正主义啊！"后来，王德修就改名为王保东。

那次到武汉，毛主席下专列后住东湖宾馆。毛主席外出从来不用地方的公物，而是自带一大帆布袋生活用品。被褥是一色白漂布，荞麦皮枕头，两套衬衣衬裤，一双大头棕色皮鞋，一双圆口黑布鞋，一双皮拖鞋，两条毛巾，分工不明确，擦脸擦澡擦脚随便用。要带点烟和茶，带双乌木筷子或毛竹筷子。带的牙具中，没有牙膏只有牙粉。从不使用香皂，只偶尔用用肥皂。

王保东他们打前站，发现毛主席穿的皮拖鞋实在太破了，就没有带下车来。毛主席到宾馆后要换鞋，就问："我的那双拖鞋呢？""还在车上，没有拿下来。""你们去给我拿来，我只穿我自己的拖鞋。"毛主席不高兴地说。其实，东湖宾馆都备有新拖鞋，但毛主席就是不愿意用。王保东只好立即回到专列上，把毛主席穿的这双旧拖鞋取了回来。

孙振发还谈到一件事，也是在武汉。

1971年8、9月份，毛主席巡视南方来到武汉，孙振发随专列执行任务。按照警卫局的规定，随毛主席外出在专列上就餐，伙食标准每天8毛钱，到地方单位用餐每天4毛钱，还要求不能剩饭菜。有一天，孙振发他们到地方单位吃工作餐，和往常一样，把饭菜吃得光光的，服务员以为他们没有吃饱，就加了一个菜，在座的省军区首长还让上了一个西瓜。孙振发说："伙食里不含水果呀！"看着切好的西瓜，大家谁也不敢吃，还马上报告了汪东兴。汪东兴来到现场，十分严肃地对地方领导说："不能加菜，也不能加水果。毛主席说了，如果我们吃了一个西瓜，农民社员就会送1000个西瓜，送公社、乡、县、地区、省、中央，那农民就负担不起。"毛主席总是想得远、看得远，不能吃就是不能吃。地方领导说："西瓜都切了，不吃也是浪费呀！"汪东兴说："多少钱？马上结清钱款，下不为例。"

孙振发他们当场把加的菜和西瓜钱款都结付了，切好的西瓜，就端到宿舍里让大家吃掉。这件事，对孙振发和战友们的教育非常深刻。

毛主席专列神秘地转大圈儿

1967年，"夺权"活动在全国范围内迅速展开，全国陷入"打倒一切、全面内战"的混乱、破坏和倒退之中。1967年6月，武汉地区产生了"百万雄师"与"工人总部"两派势力，形势相当严峻。7月14日，时任国务院副总理兼公安部部长谢富治和中央文革小组成员王力奉中央之命,以"中央代表团"成员名义抵达武汉。他们违反周恩来的指示到处活动,在宣讲中央关于解决武汉问题的方针时,发表明确支持某一派造反组织的言论,遭到被压制的另一派组织"百万雄师"的强烈反对。7月20日起,武汉三镇数十万军民连续几天举行声讨谢富治、王力的示威游行,"百万雄师"冲进了东湖宾馆,强行控制了王力。而当时人们并不知道毛泽东此时正住在东湖宾馆。最终,酿成了震惊全国的"7·20事件"。林彪、江青等人借此断定武汉地区发生了"反革命暴乱",把攻击矛头直接指向武汉军区负责同志等军地领导人,并对参与事件的干部群众进行迫害。7月22日,中央文革小组组织数万人在北京西郊机场欢迎谢富治、王力回到北京。粉碎"四人帮"后,1978年11月,经中央批准,对"7·20事件"中遭受迫害的干部群众及家属进行了平反昭雪。

孙振发回忆说,1967年7月14日,他们随毛主席的专列外出到武汉。那次本来没有安排孙振发外出,当天他正和指导员王明富等在招待所参加战友王保东的婚礼。婚礼还没有开始,忽然来电话要他们马上回单位,告知有紧急任务。回到警卫局才得知,这次毛主席外出,中央办公厅要求增加警卫力量,人员增至50人。

于是他们全部穿上军装,上专列后坐在餐车车厢待命。孙振发记得,专列在当天晚上12点到武汉,那天天气非常热。

到了武汉,就听说有两派红卫兵组织,一个是"百万雄师",有120多万人,另一派是"工人总部",是少数派。毛主席住地东湖宾馆负责警卫的公安人员有不少人也参加了"百万雄师"的大游行活动,情况异常严峻。7月20号周恩来总理紧急飞到武汉处理这一事件。为确保毛主席的绝对安全,周总理安排毛主席马上离开武汉，坐飞机紧急飞往上海。

那次，孙振发负责毛主席专列的警卫工作，不知道这几天外面发生的事情。7月21号凌晨1点多，被造反派打伤又放出来的王力来到专列上，他上车后要住周总理的车厢，孙振发知道周总理还在武汉，便急忙阻拦："不行，不能住在总理的车厢。"后来，王力住到了汪东兴的车厢。第二天上午，孙振发护送王力坐面包车到机场，周总理派人把王力接上飞机返回北京。

周总理离开武汉时，孙振发向他请示："主席的专列怎么办？"周总理说："回北京后会打电话的，你们听我调动。"

就这样，毛主席、周总理先后离开武汉，孙振发他们与专列一起留在那儿，住在温度高达50摄氏度的列车上，没有空调，晚上睡觉只穿个短裤，用毛巾不停地擦汗，浑身上下都是痱子。直到下了一场大雨，气温才降下来。

后来，周总理打来电话，要求将毛主席的专列开往上海。

专列到达上海后，孙振发报告了张耀祠副局长。很快得到毛主席指示，要求专列继续往前开，专列就向北一直开到徐州，再掉头向西开到郑州，到了郑州又转向南开回到武汉。就这样，专列转了一大圈儿回到武汉。虽然毛主席并不在车上，但沿途通知地方负责同志，说毛主席在专列上但不接见。

回武汉待了几天，毛主席又命专列开往上海。在上海呆了一个多月时间，直到9月中旬，毛主席才又乘坐专列从上海经杭州、南昌、长沙回到武汉。

孙振发他们作为警卫人员，只是忠实地执行命令，对毛主席为什么这样频繁调动专列，虚虚实实、走走停停的动机并不了解，也不敢妄加揣测，但他们知道武汉七二〇事件前后，局势错综复杂，枪声不断，毛主席采取这样的不寻常措施，定有道理。在执行这次警卫专列任务中，孙振发切实感受到了毛主席"胜似闲庭信步"的战略家风采。

最后一次跟随毛主席外出

1970年8月，在庐山召开的中共九届二中全会上，林彪一伙向党中央、毛主席发动突然袭击，企图以和平方式实现抢班夺权的目的，但未能得逞。

会后，在林彪的指挥下，林立果纠集一批帮派骨干分子，组成所谓"联合舰队"，制定了武装政变计划，即所谓《"571工程"纪要》，积极进行武装政变的准备。

毛主席对林彪反革命集团的阴谋有所察觉，认为有必要向各地负责人打招呼。1971年8月14日，毛主席从北京启程开始巡视南方，同沿途各地党政军负责人谈话。

这是孙振发最后一次跟随毛主席外出。在九一三事件发生前，毛主席的这次离京外出巡视和提前回京，对于粉碎林彪反革命集团的阴谋，具有十分重要的意义。

孙振发缓缓的话语、清晰的回忆，把我们带入到惊心动魄的九一三事件前夜。

孙振发说，这次随毛主席外出，一开始就不寻常。开始是说上北戴河，后来说走京沪线。专运处将专列来回调了几次，最后决定走京广线。

8月14日下午，毛主席从北京乘专列直达武汉。孙振发他们感觉到，这次专列有些特别，原先一般情况下到什么地方，要提前通知地方公安部队布哨。这次通知的是专列上午 10 点通过安阳，而实际上通过安阳是 9 点 40 分。这是过去从来没有过的事情，为什么？当时他们不知道。

专列到武汉后，毛主席住在东湖宾馆。因为这次他们去了 100 人，人多没地方住，就在大礼堂打地铺，因为是夏天，住起来也比较简单。

毛主席在这儿待了十来天，每天都是找人谈话。毛主席离开武汉时，孙振发他们打前站，先上武昌火车站。

当时毛主席的车走在大街上，走着走着，毛主席忽然要求停车，问："刘丰（时任武汉军区政委）在前面还是在后面？"一中队副队长兼毛主席卫士商来宝同志回答："在后面。"毛主席的车刚停了两三分钟，街上的人就都围上来了，商来宝一看不对劲儿，就对毛主席说："刘丰的车现在在前面。"毛主席说："追！"于是毛主席的车就猛追到火车站。

毛主席下了车，叫刘丰上专列谈话。毛主席与他谈话很简单，只有十多分钟，还把《国际歌》的歌词给了他，让他带回去唱。刘丰从车上下来后，我们的专列就开走了。

8 月 27 日下午毛主席的专列到长沙，之后，先后找华国锋、卜占亚、刘兴元、丁盛、韦国清等人谈话。

在长沙时，毛主席叫张玉凤、周福明、吴旭君等身边工作人员同与会的一起唱《三大纪律八项注意》，毛主席边唱边讲"要一切行动听指挥"。

毛主席专列在长沙停了 3 天后开往南昌。到南昌已是晚上 11 点，当即找许世友、韩先楚、程世清等人谈话。第二天上午，毛主席还要找韩先楚和许世友谈话，但是找不着许世友，他打猎去了，到10点多才来。

毛主席专列下午开往杭州。途中，张耀祠向孙振发他们传达了毛主席这几次（即在武汉、长沙、南昌）与地方党政军负责同志的谈话精神，这时他们才知道毛主席讲"要警惕他们搞天才论"，知道了斗争的严重性，知道了毛主席这次外出是"吹风"，提前给地方负责同志打招呼的。

9月3日深夜零点，毛主席的专列到达杭州。杭州的天气特别热，已经好长时间没有下雨，干旱非常严重。

在杭州，毛主席找三个人谈了话，一个是空五军政委陈励耘，一个是浙江省委书记南萍及熊应堂。以往毛主席来杭州的安全保卫工作是省公安厅厅长王芳负责，这次却全部是空军的人员，包括服务员、招待员也全部换了。

这次专列停在了空军支线上。张耀祠的秘书孟进鸿和警卫科长丁钧向专列上的工作人员传达了毛主席与地方负责同志的谈话精神。

回来吃饭时，孟秘书向孙振发他们讲了空军领导知道他们保卫的是毛主席专列非常高兴，表示听毛主席的话，不再闹派性，要团结，要联合，要保卫好毛主席。

9月8日，不知道毛主席听到了什么情况，当即决定专列离开杭州，转移地点。9日凌晨，汪东兴扮成毛主席坐上主席的专车，张耀祠同孙振发等部分警卫乘几辆车护卫着"毛主席"离开杭州宾馆去火车站。"毛主席"从专列前门上去，后门下来，专列马上启动向南，停留在靠近绍兴的一条火车专线上。

9月10日下午4点左右，孙振发他们再次接到临时通知，立即上车，随即毛主席的专列离开杭州，当天晚上10点到达上海，专列停在虹桥机场支线上。毛主席到上海后，当晚接见王洪文、马天水、王维国（空四军政委）。

9月11日，吃过早饭准备出发，毛主席又要见许世友，当时许世友已回到南京。孙振发他们纳闷，毛主席在南昌时已经与他谈过话，怎么又要谈？由于天气原因，许世友乘坐直升机过来，将近11点才到达，毛主席又与许世友、王洪文谈话。当时王维国也来了，但由于名单上没有他，孙振发他们没让他上车。谈话到12点左右结束，他们下车后，专列马上启动。

毛主席专列出了上海开往郊区时，孙振发看到了一个特殊情况，两边全部换成部队警戒，50米一个，端着枪，人朝外。

后来得知，安排铁路沿线由南京军区部队把守，保护毛主席的安全，是南京军区司令员许世友临时安排的。

毛主席专列在南京停了15分钟，许世友乘直升机已先回到南京，他在车站等候并目送专列离开。本来专列到蚌埠毛主席要休息，但是没有停，到徐州也没有停。大概深夜零点多到济南，临时通知济南军区司令员杨得志上车谈话，可是杨得志去曲阜了，不在济南，只有一个姓王的政委在，毛主席没有叫他上专列。之后，毛主席命令专列直开北京，到德州后停的时间比较长。张耀祠、孟进鸿带着红机子（电话机）到车站给中南海打电话，因为当时中南海游泳池毛主席住处在修缮，要通知留守人员赶快布置搞好卫生。

9月12日下午1点钟，毛主席的专列到达丰台。那天天气也特别闷热，毛主席找李德生、吴德、吴忠、纪登奎来车上谈话，一直谈到3点左右结束。专列于下午4点左右到达北京站，之后毛主席回到中南海。

"从杭州出发到回北京，我们基本上没有休息，特别感觉困，当天晚上吃完晚饭很快就睡了。到当天（9月12日）晚上11点左右，正在迷迷糊糊中，毛主席的卫士商来宝把我叫醒，要我立即派两个哨兵注意观察空中，有什么情况及时报告，还要我安排好几个人及担架，随时准备把毛主席转移到防空洞。'是要打仗了？'我问商来宝。他说：'我也不清楚。'我感到事态严重，一边派人通知外出人员立即归队，一边通知全体同志全副武装紧急集合，进入战备状态，在食堂待命。"

晚上11点30分左右，汪东兴来了，周总理也来了，我们才知道发生了大事。

过后才知道，林彪一伙在得知毛主席南巡讲话内容后十分惊恐，企图将毛主席暗杀在南巡的路上，但被毛主席敏锐地察觉，毛主席迅速改变了原定行程计划，秘密乘坐专列回到北京。林彪一伙见他们谋害毛主席的计划全部落空，反革命政变阴谋败露，遂于次日（9月13日）凌晨，强行乘飞机仓皇叛国外逃，结果在蒙古国境内温都尔汗（后更名为成吉思汗）机毁人亡。

毛主席一直工作到最后一息

毛主席的病情是1976年6月开始加重的。中央决定组成医疗专家组，服务处负责安排医疗专家组的食宿，当时孙振发担任服务处副处长，亲历了那些悲痛欲绝的日日夜夜。

据孙振发回忆，开始他们在中南海小礼堂附近的中南海门诊部接待医疗专家组。6月底，他们在游泳池专门建起了伙房做饭，负责中央首长的接待服务。

毛主席病重期间，华国锋、王洪文、张春桥、汪东兴4个人轮流值班，服务处两个处长24小时值勤。

7月28日凌晨，唐山发生强烈地震。第二天早晨，工作人员就把毛主席转移到游泳池南边的"202"平房里，这栋平房是1975年辽宁海城发生地震后盖的。中央首长及医疗专家组也转移到这里。

在"202"的一个多月里，毛主席的病情已非常严重，但即使这样，他老人家还在关心唐山地震的灾情，经常询问抢险救灾的情况。逝世前一天，周福明还让木工组做了一个木架（因为是毛主席说他要看书）。9月8日下午4点，警卫员马全发还在抄大字号的简报，准备送给毛主席看。

然而，9月8日晚上，毛主席再次病危。守护人员马上向汪东兴报告。汪东兴立即给华国锋打了电话，当时华国锋正在人民大会堂宴请来访的巴基斯坦总理，接到电话后提前结束晚宴，8点半赶回中南海，马上通知在京的中央政治局委员及政治局候补委员到"202"待命，分两次进房间看望毛主席，第一次是9点30分，第二次是11点。第一次出来的不少同志抹鼻子抽泣，第二次多数同志是哭着出来的。

孙振发是9日零点时分随首长进去的，他看到毛主席躺在床上戴着呼吸机，已处于完全昏迷的状态，华国锋、王洪文、汪东兴、张春桥等站在床的一边。很快，江青在毛主席的床头看到毛主席病危休克，她大声喊道："大夫，救救主席！"大夫采取了一切措施进行了紧急抢救，但仍然无力回天。

1976年9月9日零点10分，毛主席的心脏停止了跳动。

大夫哭着报告汪东兴："是否把呼吸机停了？"汪东兴报告华国锋，华国锋表示同意。华国锋说："马上开会。"汪东兴让孙振发把大厅布置好，在场的中央领导都到齐了，立刻开会研究如何发布毛主席逝世的讣告等事项。会议从凌晨1点，一直开到早晨7点左右结束，决定下午3点向全党全军全国各族人民和全世界广播毛主席逝世的讣告。

毛主席病重时人已经很瘦，医护人员把毛主席的遗容作了整理；理发师周福明为毛主席理了最后一次发，并给他精心刮了胡子，擦了脸。在场的孙振发悲痛欲绝，他感到自己整个人被掏空了，流不出泪来，有一种精神快要崩溃了的感觉……

毛泽东是近代以来中国最伟大的爱国者和民族英雄，是领导中国人民彻底改变自己命运和国家面貌的一代伟人。他的丰功伟绩、伟大思想和崇高风范，值得中华民族和中国人民千秋万代地缅怀、学习和崇敬。

毛主席的清廉人生

访毛主席警卫战士贲兰武

> 贲兰武，男，汉族，1947年出生于河北秦皇岛。1964年参军，1965年调入中央警卫团干部大队一中队。1970年，贲兰武任新华社摄影部新闻制片车间副主任，1974年就读于北京电影学院，1976年在新华社摄影部任编辑，1980年调到新华社河北分社任摄影部主任、主任记者。

2023年年初，为写作本书，我们采访了曾经担任过毛主席的警卫，已逾古稀之年的贲兰武。

谈起在毛主席身边工作的日子，贲兰武十分感慨，他说："我很幸运，我生命中的一段岁月能和这样一位世纪巨人交集，并在他身边工作，实在是莫大的荣耀与幸福。"

不爱奢华爱读书

1968年8月末,毛主席不住丰泽园了。从丰泽园搬到游泳池后,毛主席再也没回过他居住了17年的丰泽园。

贾兰武说,1949年4月,毛主席入住丰泽园。丰泽园位于中海和南海之间,由四重院落组成,自东向西分别为花园、菊香书屋、丰泽园、静谷。

花园虽叫花园,但花园里没有一株花,毛主席身边工作人员在花坛里种了蔬菜、花生、棉花。1964年,工作人员还在花园里为毛主席新建了一座防空洞,尽管里面配备了简易的生活、办公设施,但毛主席一次也没有进去过。据说丰泽园始建之初,为阻挡北风并没有建北门,后来为出入方便,分别在丰泽园和花园北面各开一座门。毛主席出入丰泽园常走花园北门。

花园西临菊香书屋。这是一坐四合院建筑,形式上和北京民居四合院差不多,只是大一些。北正房正中额檐下悬挂一匾额,上书"紫云轩",落款是康熙御笔。这里是毛主席的居所,毛主席的家。毛主席居住北正房东房,东西厢房则是毛主席的书房。南正房则是毛主席办公、开会、接见外宾的地方。毛主席常在院中散步,偶尔,他会在柏树下与其他中央领导开会、议事。

菊香书屋西边是整个建筑群的主建筑——丰泽园。其中的颐年堂,毛主席常在此接见外宾、开会。20世纪五六十年代,国家很多大政方针都决策于此。在颐年堂北边是含合堂,毛主席有时在此办公或看电影。

在丰泽园西边是静谷。从颐年堂回廊西侧开一小门,从小门向西是贯穿静谷院落的长廊。毛主席常从这里来到静谷散步。静谷的主建筑是春耦斋，这是一座清代古建筑，"文化大革命"前每逢周三、周六晚上，这里都举办舞会，毛主席和其他中央领导同志常来参加舞会。

在花园东边是勤政殿，解放后改为中央公务场所，20世纪五六十年代很多重要会议都在这里举行。在勤政殿与花园之间开有小门，毛主席常从这里走到勤政殿开会、会见外宾。

游泳池坐落于中海西岸，南北长约200多米，东西呈楔形，北端宽约80米，南端宽约30米。一个南北向露天游泳池坐落于院子中心，它的建筑年代不详，据说民国就有。往南就是毛主席后来居住的"游泳池"。

这座游泳池和人们常见的游泳池一模一样，南北走向，正门在北，进门是不大的过厅，过厅里面是一座标准的室内游泳池，两边是淋浴间。游泳池南端是一个过厅，过厅南是一个近100平方米的休息厅，休息厅东西两侧是更衣室。毛主席入住后进行了改造，更衣室成了他的卧室，休息厅成了会客厅，淋浴间成了毛主席的书房和工作人员的宿舍。毛主席就是在这里度过了他的晚年，还在这里会见了尼克松、田中角荣等众多外国元首、政要。

1964年，毛主席到南方巡视，预计要半年时间。管理部门决定对毛主席居住的菊香书屋、春耦斋进行落架重修，对颐年堂进行内装修。

菊香书屋和春耦斋重修后具备放空调功能，尤其是春耦斋，装修得金碧辉煌，耗资巨大。毛主席从南方回来后到静谷散步，一眼看到近乎奢华的春耦斋问："春耦斋怎么这么漂亮啊？"身边工作人员告诉他："是您不在家时重修的。"毛主席又问："这得花多少钱啊？"当听说耗资特别巨大后，毛主席非常气愤，极其不满地说："我们建人民大会堂才花了六个亿，建这么个小东西，就花了这么多钱！"说完面露怒色，转身回家，叫人把国务院机关事务管理局负责人叫了过来。毛主席严厉地只说了两句话："你是有意腐蚀党的干部，你走吧！"

贲兰武回忆说，给毛主席搬家，从毛主席的警卫中队临时调了40个人。用什么车搬运呢？使用的是警卫中队食堂里的一辆买菜用的平板三轮车、锅炉房推煤用的两轮小铁车和一个独轮车。

毛主席的家很简单，两床褥子、三床棉被、三床毛巾被、三件睡衣，两件风衣和一个不大的小皮箱。每床被褥上和睡衣上都有补丁，其中一条毛巾被和一件睡衣上的补丁几乎数不清。那个小皮箱旧得早已没有原来的面貌了。这就是毛主席的全部家当，一平板三轮车一卷就走了。可是，贲兰武至今还记得，毛主席的家40个警卫人员整整搬了7天，这是因为毛主席的书实在太多了。

说是搬家，其实是搬书。

贲兰武原来一直以为毛主席家有八万多本书。他有一个战友，曾长期在丰泽园值班，主要负责丰泽园的管理工作。他和毛远新曾专门清理登记过毛主席的藏书。他告诉贲兰武，毛主席有96473册书。

贲兰武说，当时搬家时，游泳池实在放不下那么多书，只好把一万册左右的书，暂时存放在静谷院内叫"桂秀轩"的房子里面。

然而，尽管有这么多书，依然不能满足毛主席的读书欲望。他经常让身边工作人员到北京图书馆借书。毛主席写出书目，每次借六七本，十来本。有时，北京图书馆也没有他要看的书，毛主席让身边工作人员到北京的几位大文豪家去借，如郭沫若、章士钊、钱锤书等。章士钊是毛主席的故交，一位书痴，爱书如命，家里藏书很多。每次从他那里借来的书，他总是急急地催讨，三天两头打电话说："毛主席借我的书看完了吗？看完了赶紧还给我。"毛主席身边工作人员觉得好笑，有时会和他开玩笑："毛主席非常喜欢你那本书，他要留下，不还给你了。"这老先生一听急了："那可不行啊，那本书是善本，全中国就那一本，一定要还给我。"

毛主席的个人生活非常清贫，他的精神世界却丰富得无限广阔。

毛主席酷爱学习，嗜书如命，只要有空就看书。走进毛主席在游泳池的房间，近百平方米的客厅内，由十几个布艺沙发围成大半个圆，沙发上、扶手上、茶几上、地毯上到处都是书；餐桌上、卫生间马桶旁的小木凳上都叠摞着书；两米宽的木板床上，高高地叠摞着厚厚的书，占去了床面的一大半，像是在床上砌的半截墙。毛主席吃饭看书，解手也看书。

贲兰武回忆说，警卫团有规定，在整理毛主席房间时，什么都可以动，唯独书不能动。一次，一位队领导带着贲兰武到毛主席的房间打扫卫生，首先映入眼帘的是凌乱不堪的书。贲兰武想整理一下，队领导连忙说："可别动他的书，不然主席找不到书，他会着急的。"贲兰武看到很多书的封面上，均有用红铅笔画的小圆圈，便问这位领导是怎么回事。领导说："毛主席看书有一个习惯，书看完一遍后就在封面上用红铅笔画一个小圆圈。"贲兰武仔细观察发现，很多书的封面上均有小圆圈，有的六七个，有的十几个，甚至有的二十几个。在《资治通鉴》《容斋随笔》《资本论》等著作上，都画了几十个圈。这位领导告诉他说："《二十四史》毛主席看了六十多遍。"贲兰武补充说道："毛主席看的《二十四史》共有3200多卷，累计4000多万字。毛主席看书还有一个习惯,一边看一边批注。那书的眉肩上下,到处写满了批注。后来,经过各方面的努力,目前,有关方面已经出版了《毛泽东批注二十四史》。"

毛主席喜欢看新华社编发的《参考资料》。这是个内部发行资料,16开本,主要刊载国际动态。上午一本,下午一本。毛主席常常一字不落地看完。"文化大革命"时期,毛主席经常让警卫人员到街上搜集红卫兵油印的小报。每一次警卫人员回来,都会给毛主席送来一大堆小报。他也会一张张地翻看。

毛主席到外地巡视、工作,每次都要带上几十个大木箱,其中五个箱子装的是被褥、行李、生活用品等,其余的箱子里装的全是书和文件。《二十四史》是必带的书。

清贫如洗过紧日子

毛主席艰苦朴素的工作生活作风早已妇孺皆知。他不是作秀,更不是做给别人看,是人民领袖的本色使然。他曾和警卫人员说过:我们这么大的国家,不缺我毛泽东的。但是如果我吃了、拿了,那么省长、部长就可以拿,县长、村长也可以拿,那样的话,我们的国家就没办法治理好。

在全国解放前夕,毛主席在七届二中全会上告诫全党:夺取全国胜利这只是万里长征走完了第一步,以后的路更长、更艰苦。1949年3月23日,毛主席离开西柏坡时,曾经意味深长地说:"我们这是进京赶考。"尽管已是胜利在望,可是,毛主席思虑得更远,他首先想的是"不做李自成"。毛主席是这样想的,也是这样说的,更是这样做的。

贲兰武说:"在毛主席那里,我所见到的毛主席最奢华的物品就是那两套中山装。除此之外,毛主席几乎'一贫如洗',没有一件能拿得出手的物品。"贲兰武在毛主席身边工作六年,没见过他添置过一床被褥,一件内衣、外衣,一双拖鞋,一条毛巾被,一件睡衣。那套中山装他还舍不得穿,只在接见外宾、开大会、会见群众时穿。在家里从没见过毛主席穿中山装。给毛主席添置任何物品,一定要经他同意,否则,买回来他也不用。他会说:"谁买的谁用,我不用。"他用的毛巾旧了、发硬,警卫提示毛主席换一条。他说:"硬了怕什么,一沾水不就软了吗!"毛巾被破了洞,警卫让他换。毛主席说:"你们给我找块你们用过的旧毛巾给我补一补,不是还可以用吗!"于是,警卫人员养成了一个习惯,谁用过的旧毛巾都不扔,都留着给毛主席补睡衣、补毛巾被用。毛主席的一件睡衣上有73块补丁,补丁摞补丁。毛主席习惯盖毛巾被,其中一条毛巾被不知是何年代买的,上面依稀可见"上海大华纺织(或针织)"的字样。警卫请上海公安厅帮忙查一下这个厂的情况。回复说,那个针织厂解放前就垮掉了。这条毛巾被上几乎没了绒毛,像医院里的纱布一样。毛主席睡觉不小心,竟把毛巾被踹了个洞,脚都被踹出来了。警卫说:"主席,这毛巾被太旧了,太破了,还是换条新的吧!"毛主席风趣地说:"这不怪毛巾被,这是脚丫子要闹革命,这谁管得了啊!"

后来,经过软磨硬泡,反复做毛主席的工作,他终于同意买一条新毛巾被。听说毛主席同意要买新毛巾被,又怕毛主席反悔,周福明赶紧骑上自行车直奔西单商场。他不大一会儿就回来了。毛主席问:"买了吗?"周福明说:"没买。"毛主席问:"怎么没买呀?"周福明说:"我忘了带针织票了。"毛主席似乎不大清楚针织票是怎么回事。毛主席说:"还要什么票啊!看来那不是咱们用的东西,还是别买了。"就这样,这条毛巾被最终还是没有换成。一直到毛主席去世,这条旧毛巾他老人家还在用。

毛主席恋旧,他用的东西再旧也舍不得丢弃。毛主席喜欢用拐杖,散步时总要拄个拐杖。说是拐杖,其实就是一根挺长挺破旧已劈裂的竹竿。到了主席晚年,竹拐杖用旧了,每拄一下都会发出刺耳的响声,不小心还会扎手。即使这样,毛主席还是舍不得丢掉。每次外出,除了带上36个木箱子,还从不忘记带上那根破竹竿,既不方便,也不雅观。

1969年,毛主席住在武汉东湖梅岭宾馆。那里有一大片毛竹林。一日闲暇,贲兰武从厨房借了一把剔骨刀在竹林里寻觅,一定要给毛主席找一根称心美观的"手杖"。可是,竹子大多碗口粗,很难找到合适的。转了很长时间,他最后终于找到一棵粗细适中的竹子。贲兰武把它截成一米多长,打磨光滑后送给毛主席。毛主席看了很喜欢,从那之后,再也听不到毛主席散步时竹竿发出的刺耳的劈裂声。这根竹手杖,陪伴他老人家走完了他人生最后历程。

毛主席在三年困难时期,有一段时间不吃肉、不喝茶。还说:"勒紧裤带还债。"那时,身边工作人员发现毛主席的身体已浮肿,劝毛主席吃一点肉,但毛主席就是不吃。警卫战士们从中南海里捞的一些小青虾,当是毛主席最好的补品了。炊事员程汝明看着毛主席浮肿的身体非常揪心,在给毛主席烙饼时悄悄加了些猪油。前两次,毛主席没发现,后来毛主席发现了,便叫人找来程师傅说:"程师傅,我不吃肉的事你知道吗?""知道啊!""知道你为什么在饼里加猪油?你敢骗我毛泽东!"程师傅流着眼泪说:"主席，您浮肿了，营养不良，我有责任啊！"毛主席打断程师傅的话说："我说了不吃就是不吃，以后不准再加猪油。"后来，工作人员决定向周总理汇报，请总理说服毛主席吃一点肉。周总理果真有办法。总理对毛主席说："主席呀，我是不是起草一份文件，让全国人民都不吃肉，因为毛主席已经带头了。"打那以后，毛主席才开始吃一点荤菜。

毛主席身边只有十来个工作人员。为了节约人力资源，能调走的他给调走了。进北京后，毛主席身边曾先后有三个卫士：李银桥、田云玉、王荫清。毛主席先把田云玉调出，后来又把李银桥调出，毛主席身边只有一个卫士王荫清。1968年，毛主席让王荫清去"支左"。也就是说，1968年后，毛主席身边再没有一个专职卫士。他身边原来有两个服务员：赵红安和孙美玉。毛主席先把赵红安调出。1968年毛主席把唯一的服务员孙美玉也调出去了。

贲兰武回忆说，1969年5月，毛主席到武汉入住东湖梅岭宾馆。毛主席身边没有服务员，警卫人员很忙，从武汉军区司令部临时借调战士小王为毛主席做服务工作。毛主席入住的第二天，小王来上班。在给毛主席房间搞卫生时，她在床下发现了一双破烂兮兮的皮拖鞋，以为这双鞋是以前的客人丢弃的，于是，便拿出来想扔到垃圾箱去。正巧被贲兰武碰到了。小王说："不知谁丢弃了一双破拖鞋，我想把它扔了。"贲兰武急忙说："可不能扔，这是毛主席的拖鞋。"小王看着那双透了底、掉了帮的破拖鞋说："你开玩笑，毛主席能穿这样破的拖鞋吗？"经过贲兰武一再解释，小王才半信半疑地把那双破拖鞋拿了回去。

为节省开销，毛主席经常叫身边工作人员给他采野菜吃。中南海没什么野菜，小时候，贲兰武在家采过野菜，认识啥野菜能吃。贲兰武说，中南海有不少马苋菜，也叫马齿苋，他每次都给毛主席采一把。有一次，毛主席让贲兰武去采野菜，还特别叮嘱说："多采一些，今天家里有客人。"1967年夏，毛主席到上海视察。那年华东大旱，一个月滴雨未下，蔬菜供应有些紧张。毛主席对警卫人员说："我们住在上海，给人家的供应带来了负担，咱们还是吃些野菜吧。"于是，警卫们一有空就到地里采野菜。毛主席和警卫一样，每餐必上一个野菜。

毛主席喜欢吸烟。他吸烟用的火柴是市面上卖的，由北京火柴厂出的普通火柴。毛主席很珍惜火柴盒，划火时总使用一个磷面。一盒火柴用完了，火柴盒还完好无损。他把用过的火柴盒精心地搜集起来，等积攒多了，让警卫人员把火柴盒送回火柴厂。还说，告诉师傅们，在另一面刷上磷还能用。其实，那时一盒火柴才两分钱。

后来，毛主席似乎还嫌两分一盒的火柴太贵。他问警卫："还有比这再便宜的火柴吗？"不知谁嘴快，说："有啊，火柴厂卖的没有包装的零火柴，五分钱一斤。"毛主席一听高兴地说："快买点来。"于是，警卫到火柴厂买些零火柴，再要几张刷了磷的纸板。

谁能想象，毛主席为省几分钱竟用的是零火柴点烟。

永远和人民心连心

毛主席的家里非常俭朴，他全身心地投入工作，几乎没有时间和家人在一起享受天伦之乐。1966年，毛主席的小女儿李讷大学毕业后，毛主席让她到中央办公厅江西五七干校劳动锻炼。后来，毛主席似乎觉得还不够深入，让她到江西农村去，直接住在老百姓家里，和农民同吃同住同劳动。

1968年初，贲兰武在毛主席家里碰到了李讷。她上身穿着一件50年代的军棉袄，下身穿着一条厚得有些离谱的棉裤。贲兰武说："李讷，你这棉裤太厚了。"她打趣说："什么太后，这是丫鬟，这是房东老大娘给我做的。她说：'北京太冷。'所以就做得厚呗！"1969年党的九大前夕，毛主席在审查代表名单时发现有李讷的名字，便一笔划掉，还说，她还是个娃娃。后来，这个代表名额给了毛主席警卫中队的战士耿文喜。

毛主席对亲人怀有极深的感情，但是他把这种爱深深地藏在了心底。毛主席去世10多年后的1990年，工作人员在清理他的遗物时，发现了一个不起眼的小皮箱。事后经专家考证，当年大革命时期，毛主席和杨开慧就是提着这个小皮箱，奔波于韶山、长沙、上海等地从事革命活动。这也是毛主席留存的他和杨开慧一起共用过的唯一物品。从井冈山到赣南闽西，从漫漫长征险途到革命圣地延安，从转战陕北到进驻西柏坡，直到进入北京城，这个小皮箱子一直跟随着毛主席转战南北。可是，当大家这个打开这个皮箱子时，在场所有的人都惊呆了。那里面放的竟然是毛岸英烈士的遗物：一顶布棉帽、两件旧衬衣、一双旧袜子和一条旧毛巾。而且叠放得整整齐齐，一看就知道是精心收藏的。毛主席身边工作人员谁也不知道毛主席是什么时间、用什么办法把毛岸英的这些遗物搜集起来保存至今的。只知道他有一个小皮箱，可谁也不知道里面装的是什么。毛岸英1950年牺牲在朝鲜战场，到毛主席去世已是26年。在这26年里，谁能知道这位具有博大胸襟的父亲，是如何度过睹物思人的漫漫长夜的；谁能知道每到夜深人静，这位父亲会看着那个小皮箱，抚摸着里面的件件遗物而落泪。毛主席是把丧子之痛藏在心里，藏在这个小小的皮箱中。

贾兰武说："据我所知，毛主席没给自己的子女留下任何遗产，没有留下一间房，没有留下一分钱。留下的只有满门忠烈、高风亮节的家风和毛泽东思想这一宝贵的精神财富。他时刻想到的是人民，想到的是中国千千万万的老百姓。"

然而，毛主席和广大人民群众在一起的机会并不多。对毛主席而言，这几乎是一种奢望。因为，严格的警卫制度限制了毛主席的自由。但是，只要有机会，毛主席就会到人民中间去。为了他老人家的安全，警卫战士想方设法尽可能少让毛主席接近群众。为此，他们经常接受毛主席的批评。毛主席经常批评他们害怕群众。

那是1966年夏初，毛主席叫来汪东兴，在没通知任何警卫人员的情况下，悄悄乘车出了新华门，西行至府右街北行到中南海西门。当时，西门外似乎有什么活动，集聚了很多群众。毛主席走下汽车，立刻融入到群众之中，并和大家握手攀谈。他还抱起身边的小孩亲亲，拿起鼓槌敲敲。刹那间，"毛主席万岁"的欢呼声响起，结果惊动了西门里的机动中队，他们立刻冲出来，把毛主席护送回了中南海。

1968年秋天的一个晚上，约8点左右，毛主席乘车去人民大会堂，出中南海东门走南长街穿长安街。当时，长安街上有群众在游行，车开得很慢。毛主席撩开车窗帘，向外面的群众招手。长安街上灯火辉煌，群众一眼认出了毛主席。顿时，长安街上响起了"毛主席万岁"的欢呼声，车子被死死地围在中间动弹不得。这时，毛主席打开车门走了下去，这可急坏了警卫人员。后卫车上的警卫急忙跳出车子，但由于群众太多，把毛主席紧紧地围在了中间，水泄不通，无法靠近毛主席。无奈之下，警卫几乎从人群的头上，爬到了毛主席身边。为了保证毛主席的安全，警卫大声高喊，要求近处的群众挽起手向后靠，以便给毛主席让出一条小道。在警卫的大力指挥下，最终才挤出了一点空间，成功地把毛主席扶上了车。人们争先恐后想见毛主席，想跟毛主席握手，造成现场非常混乱拥挤，以致一位警卫竟把手枪挤丢了。立即报告了有关部门。好在后来卫戍区找到了那把枪，还说在清理现场时，光收拾现场遗落的鞋子就装了半卡车。

1969年5月30日，毛主席到南方视察，途经安阳。本没有停车计划，不知何原因，列车停在了安阳车站。当时，贲兰武在九、十车厢连接处执勤，毛主席坐在第十节车厢。贲兰武向车下瞭望。突然，他看见毛主席和下一节车厢执勤的同志正走在站台上。贲兰武赶紧打开车门，迅速跳下火车，一个箭步冲到了毛主席身旁。之后，毛主席从第十节车厢径直走向站台中间。那时，安阳站候车室不大，毛主席走到候车室前面时，举起手向里面招手，被里面候车的旅客看到了，候车室里顿时一片欢腾，"毛主席万岁"的欢呼声响彻车站。瞬间，候车室的门窗全被撞开，群众蜂拥而至冲到站台。他们中，有拎包的，有抱小孩的，有挑扁担的，有扛行李的，把毛主席和警卫人员团团围住。毛主席微笑着握着每一只伸过来的手，和群众聊了起来。贲兰武机敏地观察着每一张面孔，生怕发生意外，急得如热锅上的蚂蚁，而毛主席却说笑得非常开心。

深爱每一名警卫战士

贲兰武说，毛主席有一个特点，在大人物面前他不小，在小人物面前他不大,哪怕一个小孩子,在毛主席面前也是平等的。毛主席质朴率真,绝不会矫揉造作、高高在上、盛气凌人。

听老同志讲,1959年赫鲁晓夫访华,毛主席在游泳池接见了他。谈着谈着,毛主席说:"别谈了,咱们游泳去吧。"赫鲁晓夫说:"我不会游泳。"毛主席说:"不会就看呗!你等着,我去换裤衩。"毛主席质朴率真,给赫鲁晓夫留下了深刻的印象。

1965年,毛主席在游泳池接见李宗仁,同样是会谈进行了一半,毛主席说要游泳,让李宗仁在边上看。李宗仁夸赞毛主席:"您真有气魄。"毛主席说:"没有气魄怎么能打败你们国民党!"说完,两个人开怀大笑起来。

毛主席还曾和身边的警卫人员说:"你们都是好同志,就是文化低些。你们要办一个文化学校学习文化,人有了文化就会变得聪明。你们可以半天执勤训练,半天学习文化,我来当你们的校长。"于是,中央警卫团办起了文化学校,从大学中招募毕业生给警卫们上课。分初中班和高中班,学习的是北京市初、高中课本。毛主席还为大家批改作业,对警卫要求很严。如果警卫跟他到外地,他会问警卫带课本了吗。由于毛主席的关怀和战士们的努力,后来,有不少警卫考入了大学。

贾兰武回忆说,有一天凌晨2点,毛主席在外面要回中南海,值班员通知睡觉的同志马上出发,可是只有5个人,少了一个。这时,车已开过来了,大家站在车旁等了很长时间,也没有等来。这时,毛主席索性返回房间里等。又过了好一会儿,那个战士跑来说是上厕所去了。正巧,毛主席这时也从房间出来。陈长江队长当着毛主席的面严厉批评那位警卫,还说回去要收拾他。毛主席听了后严肃地说:"长江,你不能批评他,年轻人好睡觉,算什么毛病啊！"后来，那位警卫也没有受到处分。

在中南海，经常有外宾来访时，或湖南家乡人有时给毛主席送水果特产，毛主席一个也不吃，全部送给身边的工作人员。无论毛主席听说哪位同志家里有困难，他总是让秘书给困难同志家寄去几百块钱。1968年，中队的一架葡萄长得很好，其中一串竟有7.3斤重，像一个小枕头那么粗，足有七八寸长。大家舍不得吃，给毛主席送了去。当洗好的葡萄端给毛主席时，他随手揪了两粒放在嘴里说："这么甜，哪里买的？"工作人员说："是一中队种的。"毛主席说："中南海还能长这么好的葡萄？"他继续说："不过，不劳动者不得食，我不能吃，还是送给一中队的同志们吃吧。"

毛主席说话诙谐幽默，经常和大家开玩笑。有位同志原名叫王德修，主席说："你是德国老牌修正主义啊！"见到他幽默地喊他"老修"。王德修找到汪东兴委屈地说："我改名。"汪东兴说："你好好的改啥名字啊？"王德修说："主席总叫我老修，不好听。"汪东兴说："主席是和你开玩笑。你要是真改的话，你保卫毛主席，就叫王保东吧！""好，就叫王保东。"王保东见到毛主席说："主席呀，以后别叫我老修了，我改名字了，叫王保东。"主席说："啊！你要保卫东方啊！"有一位同志叫李金台，毛主席说："你要进台啊，等台湾解放了，你去当省长。"护士长叫吴旭君，主席说："你看咱的护士长，不愧是护士长，就是讲卫生，连名字都无细菌。"有一位同志叫陈向义，大个子，大家都叫他陈大个儿。有一次毛主席见到他说："大个子，他们让我当国家主席，我干不了，你比我高，你来当国家主席呗！"说得大家哈哈大笑。

永远把人民装在心里

访毛主席警卫战士李耿成

> 李耿成，男，汉族，1951年2月生，河北平山人，1969年9月加入中国共产党。17岁参军到中共中央警卫团（8341部队）一中队，在中南海为毛主席站岗，1971年转业到毛主席的专列上工作。1983年，担任中华全国总工会领导同志专职秘书。退休前任工人日报社纪委书记。

2023年3月，我们在李耿成退休前的单位——工人日报社采访了他。

李耿成说："见到毛主席是我从小的梦想。因为我奶奶戎冠秀先后13次受到毛主席的亲切接见，我希望能像我奶奶一样，也能见到毛主席。没想到天大的好事还真让我赶上了，我17岁那年参军到中南海，担任了毛主席的警卫，早早就实现了儿时的梦想，真感到无比的幸运。"

终于见到毛主席

李耿成出生在一个具有红色传统的家庭。小的时候，奶奶戎冠秀就常给他和村里的人讲见到毛主席的动人情景，全村人都感到很幸福，李耿成耳濡目染，非常羡慕奶奶。从那时起，他做梦都想在长大后能去北京天安门见毛主席。1968年，17岁的李耿成通过了严格的政审和体检，成为一名光荣的警卫战士，来到中南海为毛主席站岗。

说起毛主席的故事，李耿成滔滔不绝，幸福的往事仿佛像是发生在昨天。

到中南海不久的一天，正在站岗执勤的李耿成偶遇毛主席。毛主席慈眉善目，慈祥地问他："小同志，你是哪里人啊？参军几年了？"李耿成立即挺直身体，恭恭敬敬地回答："报告主席，我是河北平山人，参军3年了！"毛主席点点头，又低声地说道："啊，是平山老乡啊……"接着，李耿成无比自豪地补充了一句："是的，我奶奶是戎冠秀！"毛主席一听这个名字，好像想起了什么，他微笑着看着李耿成说道："戎冠秀，我认得……"

李耿成的奶奶戎冠秀是著名的拥军模范，她的事迹得到了毛主席的充分肯定和赞扬，毛主席曾13次接见过她。

1948年，中共中央驻扎在晋察冀边区，毛主席经常听到人们谈论戎冠秀的故事。毛主席便问晋察冀军区司令员聂荣臻，戎冠秀是什么人，聂荣臻非常熟悉戎冠秀的情况，他马上回答说："她是我们这里的支前模范，大家都喊她'戎妈妈'。"毛主席又详细询问了一些关于戎冠秀的情况，聂荣臻如数家珍。1949年9月21

日，戎冠秀作为支前模范代表走进了中南海怀仁堂，和宋庆龄、张治中、梅兰芳等作为特邀代表，光荣地出席了中国人民政治协商会议第一届全体会议。1949年10月1日举行开国大典时，戎冠秀在天安门城楼上见证了新中国成立这一历史性时刻。

李耿成说，在庆祝新中国成立的盛大国宴上，毛主席在宴会现场一边走一边问工作人员："支前模范代表们来了吗？"随后工作人员领着他来到了戎冠秀等人的身边。毛主席被代表们簇拥在中间，他握住戎冠秀的双手亲切地问道："这位同志，你叫什么名字？"戎冠秀没有料到毛主席竟然会和自己说话，紧张地用河北方言回答："俺叫戎冠秀。"毛主席一听这个名字，高兴地连连点头，说道："你的名字我记得，只是从未见过真人呀！你是人民子弟兵的母亲，对革命作出了很大的贡献！"

毛主席的话像一股暖流霎时涌进戎冠秀的心头，她激动得热泪盈眶。

奶奶不断提起的这段经历，在童年李耿成的心里种下了"我也要见毛主席"的种子，没想到如今这个梦想变为了现实。

亲人般的毛主席

毛主席十分关心警卫战士，把身边的工作人员当作自己的家人。毛主席在警卫战士们的心里永远是一位德高望重、和蔼可亲的亲人。

毛主席他老人家尽管日理万机，工作非常繁忙，但一见到身边的警卫战士总是问寒问暖。问大家多长时间洗一次澡，身上有没有虱子，吃得好不好，睡得怎么样。

毛主席时时处处想到警卫战士。他经常说，警卫战士年纪轻，正是长身体的时候，很需要营养。他经常叫身边的工作人员把好吃的送到警卫战士的宿舍里来。有一次，他还派人把金日成主席送他的大苹果，北京针织总厂干部职工送的芒果、葵花籽等送到宿舍来，让警卫战士们分享。只要有好吃的，毛主席都会说："送给一中队的同志。"

李耿成记得，1969年国庆节期间，毛主席请部分国庆观礼的代表住进了中南海。李耿成所在的一中队负责接待辽宁省的代表。他们把最好的宿舍让给了代表们住，并抽调警卫战士负责接待。代表们被巨大的幸福包围着，一位鞍钢老劳模流着眼泪激动地说："我13岁就在鞍钢给日本鬼子打零工，受尽欺压。我做梦也想不到，这辈子能进中南海，住在伟大领袖毛主席的身边。"但毛主席得知代表们的激动心情后却说："请工人代表住进中南海是我提议的，不值得大惊小怪！"

毛主席非常风趣幽默，他喜欢和身边的人开玩笑，调节氛围。常常把紧张、刻板的问题简单化、趣味化，令人忍俊不禁。有一次，毛主席见到区队长耿文喜，问他："你叫什么名字啊？""我叫耿文喜。""是哪个耿啊？""一个耳朵加一个火。""那你不怕火烧你的耳朵吗？"引得大家哈哈大笑。

毛主席的幽默超凡脱俗。有一次跳舞，毛主席的鞋垫总不跟脚，时而从脚后跟露出半截，而这时的毛主席并没发现，他身边的工作人员发现了，马上提醒他。毛主席知道后乐了起来，风趣地说道："鞋垫被踩在脚下受压迫，哪里有压迫哪里就有反抗，现在它开始造反啦！"一句话，化尴尬为神奇，把身边的人全都逗乐了。

让李耿成记忆更深刻的，是他的战友给他说的一件事。

1960年左右，毛主席的大女儿李敏把她的大学同学赵佗州带到中南海帮她种蓖麻。赵佗州从小在山西农村长大，是把种地的好手。赵佗州打趣地问李敏："种那玩意儿干啥？！"李敏说："我们家每人每月只有三两油，油不够吃。"赵佗州心里想：主席家还缺油？！

说着说着，赵佗州和李敏一起高兴地种上了蓖麻。之后，李敏留住赵佗州吃晚饭。赵佗州心想，中南海的晚饭肯定是一顿"超级大餐"，于是，他答应留了下来。当警卫员给他们端上三菜一汤、连一块肉片都没有的饭菜时，赵佗州很意外。过了一会儿，警卫员又端上来一个盘子，里面有四个碟子，这是毛主席的晚饭，赵佗州靠近一看，那碟红红的菜肴，并非传说中毛主席爱吃的红烧肉，而是一碟小辣椒。

三年困难时期，毛主席就是这样和全国人民风雨同舟，一起共度了那段艰难的岁月。

名誉校长毛主席

李耿成说，中央警卫团历史悠久，其前身最早可以追溯到井冈山时期红四军警卫连。早在1928年5月，井冈山会师不久，毛主席在井冈山组建了军部特务连，以此保证军部和首长的安全。此后，这支红军部队随着毛主席下井冈山，开辟中央革命根据地，走过艰苦卓绝的两万五千里长征。后来，在延安时期，这支部队改编为八路军特务团（中央警备团），再后来发展成为中央警卫师。

新中国成立之初，国内不仅有国民党军残余和众多的土匪，还隐藏着大量的特务和外国间谍，这使得中央领导的生命安全受到巨大威胁。这时，中央警卫局根据毛主席的提议，从中央警卫师选拔出了各方面条件都非常优秀的干部和战士，组建了中央警卫团。多年来，这支部队的番号多次变动，1964年前后更改为8341，60年代末更改为3747，1975年更改为57001，不久又改回8341。1976年毛主席逝世后，代号更改成57003，2000年10月更改为61889。

安全大于一切，保护毛主席、党中央是警卫员最重要、最光荣的使命。因此，对于警卫员的选拔非常严格，要求必须具备忠诚的品格、坚定的政治信仰和过硬的军事素质。在发展初期，8341部队的士兵都是从各部队精挑细选出来的；部队各级干部，也是经过严格考核才任命的。由于职责特殊，对官兵各个方面都有着严格的要求。特别是保密工作，更是重中之重。

作为人民军队的缔造者，毛主席对这支距离最近、每天朝夕相处的部队给予了格外的关心和爱护。他高度重视这支部队的文化素养。

有一次，毛主席在接见警卫战士时，曾经微笑着对他们说："你们都是好同志，就是文化低了点儿。"为了提高他们的文化素养，从工作需要，也为他们的前途着想，毛主席要求有关部门开办文化学校，并由他亲自批准，选调老师，制定详细的教学计划，还亲自担任名誉校长。那时，李耿成所在的一中队配备了专职文化教员、教材和教室，有部署、有计划、有安排地开设了语文、数学、政治、历史、物理、地理等6门功课，对他们进行初中阶段全方位的文化培训。为了考察这些战士是否真正学习到了知识，毛主席还亲自对他们进行提问和考试。

在闲暇的时候，毛主席还到一中队和大家交流学习，检查大家的作业完成情况，并经常与身边的战士沟通交流，指导和关心他们的学习、工作和生活。在毛主席无微不至的关心爱护下，警卫战士学习文化知识的积极性很高，通过几年的不断学习，每个战士的文化知识水平都有了很大提高，绝大部分人学完了初中课程，不但掌握了科学文化知识，而且还有不少人因为成绩优异，得以进入大学、党校和军事院校继续深造，也有的留在警卫部队提升为干部。

几十年来，无论是思想、工作还是生活，李耿成都受到了毛主席的极大影响。他党性原则强，工作积极努力，对人对事谦虚谨慎，多次被评为优秀党务工作者，先后荣获"第四届榜样春晚最美人物""第十届榜样大会形象大使"称号，被国家教委、中直机关和国家机关联合评为"先进工作者"，被中华全国总工会机关评为"优秀党员""优秀党务工作者"，先后受到胡耀邦、胡锦涛、习近平等党和国家领导人的亲切接见。

退休以后，李耿成积极参与红色文化公益慈善活动，先后来到北京、江西、陕西、河北、内蒙古等地的学校、党政机关、街道和厂矿企业开展宣讲活动，仅"不忘初心，牢记使命"宣讲就进行了40多场。他还被聘为"新媒体诚信联盟"轮值副主席，发挥着资深主流媒体人的余热。

在结束采访之前，李耿成一再深情地表示，毛主席说"人民，只有人民，才是创造世界历史的动力"。他老人家的这句话给我的启发最深。在毛主席的题词和书法作品里，最多的两个字就是"人民"：人民日报、人民公安、人民邮电、人民铁路……最有影响力、最能反映他思想品格和初心的题词是"为人民服务"。毛主席领导中国人民站了起来，翻身做了主人，让人民当家做主行使权力，人民成为时代的主人翁。历史是人民写的，人民永远铭记毛主席的丰功伟绩。

永远把人民装在心里 访毛主席警卫战士李耿成

一点一滴总关情

访毛主席理发师周福明

> 周福明,男,汉族,1935年2月生,江苏扬州邗江县人。1958年加入中国共产党。1959年毛主席视察杭州,由组织选派第一次为毛主席理发。1962年正式调入中南海,担任毛主席专职理发师。毛主席逝世后,周福明在中央办公厅警卫局专职从事毛主席故居管理事务,直到1995年办理退休手续。

毛主席的理发师周福明于2022年4月离世,在他逝世前不久,我们采访了这位毛主席身边的最后一位贴身卫士。

第一次为毛主席理发

周福明说他第一次见到毛主席,是1959年12月26日。这天正好是毛主席的生日,他到浙江视察,住在杭州。

像普通人一样，生日那天，毛主席要理发。可是很不巧，他的专职理发师钱水桃感冒了。按照规定，钱水桃不能给毛主席理发了。怎么办？负责毛主席保卫工作的有关人员紧急寻找理发师傅。浙江省公安厅科长王文和在众多的候选人中，选中了周福明。

自古以来，扬州"三把刀"（厨刀、修脚刀和理发刀）闻名于世。周福明很小的时候就在老家扬州学会了理发手艺，20岁左右到杭州工作。由于他很聪明，理发手艺好，为人和气，服务热情，曾荣获杭州市理发行业的"青年标兵"称号，出席过杭州市青年社会主义建设积极分子表彰大会。

王文和了解到这些初步情况后，决定亲自去见见这位小师傅。他叫上杭州市上城区委书记老赵一同前往，到达理发店的时候，周福明正在店里，他认识赵书记，一见赵书记来访赶紧站起身。老赵问："理一次发最多需要多长时间？"周福明说差不多半个小时吧。之后，他跟着赵书记来到店领导办公室。

一进办公室，王文和就开门见山地说："小周，现在杭州饭店有个外宾要理发，组织上决定你去，请你马上带上工具和我们走。"

周福明有些疑惑。给外宾理发没问题，但为什么要自己带理发工具，饭店里应该有理发室啊。不容多想，他迅速回到自己的工作室收拾了理发所需的工具。

周福明跟随王文和上了吉普车，不一会儿就来到了延龄路13号浙江省公安厅接待五处。周福明以为那位外宾在这里等他，可他不但没有见到外宾，还增加了一些随行人员。一行人来到了省委招待处汪庄宾馆。那是毛主席住宿的地方。

突然，他面前宾馆的门打开了，走出来两位陌生人。后来才知道，年长的是浙江省公安厅厅长王芳，年轻的是王芳的秘书。

王芳厅长问："你理一次发要多长时间？"

"大约40分钟。"

王芳说："20分钟，最多半个小时行不行？"

"首长，没问题，够了！"

于是，周福明找出工具，细致地为王芳理了发。理完后周福明问王芳理得行不行？王芳说："行！"

给王芳厅长理完发后，又进来了三个人，两个男同志，一位女同志，都请周福明给他们理发。而这些人在理发时都问了同样的问题："理发多久了？""给领导理发紧张吗？"问得周福明丈二和尚——摸不着头脑。

很快，周福明给他们三位理完了发。这些领导一起"体验"，一是看周福明的技术是否过关，二是看他给领导理发时紧张不紧张。之后，周福明被安排在宾馆休息，直到晚上10点多钟，有人通知他说："小周，收拾一下工具，有新任务。"于是，周福明便跟着那个人来到了西湖"南屏晚钟"附近的游泳馆。

车子到了游泳馆，他一下车就看到一个非常熟悉的人，此人正是刚刚理了发的领导中的一位。只见他开门见山地说："你好！我是毛主席的卫士长李银桥，今天接你来是想请你给毛主席理发。"

给毛主席理发？李银桥的声音虽然很小，可是对周福明来说，却像是惊雷在耳边炸响。在周福明的记忆里，毛主席住在北京，想起毛主席总是和天安门联系在一起，怎么会在杭州呢？

周福明疑惑、震惊，同时又有着说不出来的激动。李银桥接着说道："给毛主席理发，最主要的是要快，尽量快。"

周福明点点头。看出周福明有些紧张，李银桥安慰道："不要紧张，该怎么理就怎么理。"

周福明与毛主席
合影

　　一路上,周福明想到马上要见到毛主席了,内心满是抑制不住的激动。

　　周福明几乎是机械地跟着李银桥卫士长进入房间。一进房间,他一眼就看到毛主席在灯光下,手里还拿着一本书。毛主席看到他后,微笑着朝他走来。周福明压抑着激动的心情。主席看到他这副模样笑了笑说:"你就是要给我理发的周师傅?"

周福明点头:"是,您叫我小周就好。"

"不,是师傅嘛!师傅就是师傅,古人云:三人行必有我师嘛。"

打过招呼后,警卫员封耀松从屏风后面搬来了一把椅子,示意毛主席坐下。而周福明木讷地站在那里,神情一直紧张,他在想,眼前的这位可是只在电影上、画像上见到过的毛主席啊!毛主席虽然看着书,但他瞥见了周福明额头上冒出密密麻麻的冷汗,便放下手中的书低声地问道:"你叫什么名字?"

"周福明。"

"多大岁数?"

"24岁。"

"结婚了没有?家里还有什么人?"

"我年初刚结婚,家里还有父亲、母亲,爱人同我父母生活在一起。"

紧接着毛主席又开始询问他老家的事情,慢慢地,周福明心中的紧张感渐渐地缓解了。他按部就班地理发、修面,做得一丝不苟。实际上他这次为毛主席理发只用了25分钟。

周福明说,那时他是单位里的技术骨干、优秀共产党员,政治和手艺两条都合格,符合挑选能够临时为毛主席理发的人的条件。

理发后,毛主席要游泳。毛主席问周福明:"你会不会游泳?"周福明回答说:"会,会点狗爬。"毛主席说:"那就去爬爬看。"于是,毛主席的卫士帮周福明找了一条裤衩。毛主席、卫士、周福明三人一起,游了几十分钟。

临离开时,周福明向毛主席说:"再见!"

毛主席说:"不是再见,是还要见呢。"

因为毛主席的行踪对外需要保密，周福明不得离开，便在汪庄住了下来。后来，他还为主席理过一两次发。

一个月后，毛主席再次来到杭州开会，又通知周福明给他理发。这一次，毛主席提出了一个让周福明大为吃惊的想法。

毛主席说："小周啊，我想带你去北京，你看行不行？"

周福明自然是一百个乐意，他连忙点头。可是毛主席笑着对他说："你不要着急。"说完笑道："小周，不能光你愿意，还要回去和家里人商量一下，他们都愿意才行呢。"

周福明说："主席，不用商量，家里我做主。"

毛主席立刻批评他："妇女能顶半边天，哪能你说定就定了。"

说完，主席向他提出了三点要求：第一，回去问问店里领导同不同意；第二，和妻子及父母商量一下；第三，去了北京就不能随便回杭州了。能否做到？

周福明立刻回答："听主席的。"

理发结束后，周福明立即请示了省公安厅的领导，领导知道后没有半分钟犹豫就答复说："只要主席需要，什么时候走都可以。"

周福明回忆说，杭州会议结束后的第二天是3月5日。这一天，毛主席要动身回北京了。之前几天，组织上已经决定把他调到中央警卫局工作。

1960年3月5日，周福明随毛主席的专列来到了北京，来到毛主席的身边工作。

作为党和国家最高领导人，毛主席的发型维护很重要。周福明说，毛主席右边的头发比较多，很容易剪得不对称，发质坚硬，打理不好就会显得凌乱。以前的理发师都是把两边下面的头发理光，只留下上面薄薄的一层。那样并不美观。他为毛主席的发型进行了重新设计，将两鬓的头发留得长一些，让两鬓的头发变得整齐、服帖、均匀，尤其头发底边的一圈不能留太短。为此，周福明为毛主席精心设计了一款背头式发型，庄重、大气、气宇轩昂。这个形象一经问世，就在全国人民心里留下了非常深刻、美好的印象。

周福明说，毛主席当时一周要剪两次头，但他不喜欢使用吹风机吹头发。周福明就想了个办法，用热毛巾湿敷来固定发型。别的理发师为毛主席理发时双手颤抖，手心冒汗，让主席也跟着紧张，而周福明性格沉稳，也不紧张，所以毛主席对周福明的理发技艺和服务非常满意。毛主席工作非常繁忙，经常在理发时看书。为了不影响他老人家看书，周福明练就了一手过硬的理发技术。毛主席有时候被书本中的内容逗得前俯后仰，有时也会出现抓耳挠腮的情况，但周福明依然能做到不受影响继续给毛主席理发，对此主席十分满意。每次给毛主席理发、修面时，毛主席都放松自如，还经常幽默地说："你办你的公，我办我的公，我们互不干扰。"

仅一次简单的理发，毛主席对周福明留下了很好的印象。本来，周福明以为这次巧合让自己有机会见到伟人，他已经非常满足了。但他万万没想到，这次机会竟让他能够来到毛主席身边工作，并与他老人家在未来的日子里结下了无法割舍的深情。

毛主席的贴身卫士

来到中南海后，周福明的工作十分简单，每月给毛主席理两次发。但考虑到理发不是一个经常性的工作，毛主席决定让周福明参与生活管理方面的工作。

1961年的一天，周福明正为毛主席理发，毛主席一边看书一边和他聊天。毛主席说："小周啊，你这样下去可不行，你还年轻，趁此机会就应该多做些事情，还能够锻炼自己。你无事时，就跟着卫士长值班吧。"周福明自然是满心欢喜。

根据毛主席的指示安排，起初，周福明并没有参与警卫员的轮岗值班，而是帮助值班的卫士搞卫生、为毛主席开饭等，只做一些简单的工作。1962年，中央决定中直机关精兵简政，毛主席率先垂范，调离了陪伴在自己身边工作多年的六个卫士和秘书，最后只留下张景芳一人。这年夏天，周福明随毛主席到北戴河视察，在理发时，毛主席吩咐周福明说："小周，你今天就参加值班，晚上陪我一起吃饭。"

从这时起，周福明正式成为毛主席卫士中的一员。

1963年，因工作需要，张景芳也被调离，毛主席身边的卫士就只剩下周福明一人。

做了毛主席的贴身卫士后，周福明亲眼见证了毛主席的工作、生活细节，更加深刻地感受到毛主席的伟大与崇高。

周福明说，在毛主席身边的工作人员都在心里记着一句话："主席身边无小事"。作为毛主席的卫士，周福明调整了自己的作息时间，开始按照毛主席白天睡觉、夜间工作的规律生活。为了不影响他老人家的工作，他每天都提前做好主席办公前的一切准备工作。

来到毛主席身边工作，其中有一项是周福明必须从头学习的技能——给毛主席洗澡、搓澡，这几乎是毛主席身边每个工作人员的必备技能。

周福明说，毛主席整天除了睡觉都在办公，出去活动的时间很少，所以搓澡对于毛主席来说不只是为了清洁，更是一种放松的方式。尽管周福明生长在扬州，扬州很多人有"三把刀"的特长，但周福明除了精于理发之外，对洗澡、搓澡却一窍不通。于是，他利用业余时间拜专业人士为师，积极学习搓澡技艺。他还虚心请教其他工作人员毛主席在洗澡时使用的水温、搓澡时需要的力道，很快掌握了搓澡的力度和要领。周福明说，对主席身上每个部位搓澡的力度都不相同，他先用热毛巾敷一会儿，再用干毛巾搓，相当于给主席做了一遍全身推拿。毛主席对周福明的搓澡技艺很是赞赏。

随着年纪的增长，毛主席出现了和其他老人一样的毛病，尤其是睡眠质量开始变差。为了能让主席休息好，周福明还学习了按摩技艺。每当毛主席难以入眠的时候，他就为毛主席进行简单的按摩。尤其是在他老人家晚年行动不便时，周福明经常给他擦身、按摩。

周福明聪明、勤快，做事干脆利索。他针对毛主席在工作和生活上的不便创造性地开展工作，深得毛主席的信任。

毛主席喜爱抽烟，有时因烟受潮很不好抽。对此，周福明想了一个好办法。他请人帮着做了一个小木盒子，找到电工在盒子里装上两个灯泡，将发潮的烟放进去，再通上电，不到五分钟便驱走了潮气。毛主席十分高兴地说："这么多年，都没有人给我想这个事，你一下就给我解决了！"毛主席风趣地说："咱们俩分不开哩！"

周福明发现毛主席吃饭时总坐在一张又矮又小的藤桌前面，既不舒适，又不方便，便想为毛主席重新做一个比较合适的餐桌。

他对毛主席说:"主席,我帮您设计一个新的饭桌吧!这个桌子太小了!"

毛主席看看他说:"你会设计吗?"

周福明拍拍胸脯:"可以让我试试。"

周福明兴冲冲地让毛主席坐下,说是要量一下尺寸。但是他突然发现自己并没有带卷尺,于是灵机一动,拿起旁边的一本书就开始比画,量了个大概。回到值班室以后,他仔细研究了毛主席的用餐习惯,设计将饭桌的高度抬高了几公分。大功告成后,毛主席在这张新的餐桌上就餐十分满意。

后来,毛主席习惯性地喜欢坐在床沿吃饭,由于床位很高,毛主席吃饭时双脚悬在空中很不舒服,为此,周福明专门为毛主席设计制作了一条踏脚板,毛主席吃饭时双脚就可以踩在木板上了,这不仅解决了毛主席吃饭时双脚悬空的问题,毛主席在闲暇时,还可以在踏脚板上跺跺脚,运动运动腿脚。

身为毛主席的贴身卫士,周福明处处为毛主席的健康和安全着想。

毛主席年龄大了,睡觉前要靠吃安眠药助眠。1963年的一天,他服过药正在吃饭时,一块鸡骨头卡在了他的上颌。此时,安眠药的效力已经发作——毛主席已开始犯困。他自己用筷子往外拨拉卡住的骨头,但一直没拨拉下来。周福明见状连忙说:"主席,您把嘴张开,我看一看。"主席张开嘴,只见一根鸡骨头正卡在喉咙上,周福明连忙伸手,小心翼翼地将骨头取了出来。此时,周福明已被吓得出了一身冷汗。第二天吃饭的时候周福明说:"主席,我和您商量一件事。"

主席问:"你有什么事和我商量?"

周福明说:"昨天晚上吃饭的时候,有一根骨头卡到您喉咙里了。"

"有这回事吗?"主席显然已经忘了。

"我在您面前不敢说假话,这根骨头是我给您拿出来的。咱们商量一下,以后晚上咱们不吃带骨头的东西了,行不行?"周福明说。主席一笑同意了。

新中国成立后,毛主席曾经回故乡韶山两次,第一次是1959年,第二次是1966年6月。

周福明说,1966年6月,毛主席去南方视察工作,先后到过杭州、武汉、上海等地。毛主席在这些地方住的次数较多,时间也比较长。在上海,毛主席住过西郊宾馆、锦江饭店。这一次回韶山,毛主席住在滴水洞。由于条件简陋,毛主席的住处还没有室内空调。由于天气特别炎热,毛主席住的房间内的温度还是很高。周福明说,在那个年代,要马上弄一个有冷气的房间根本不可能。

他和地方同志商量,想出了一个好办法。他们找来一个大木桶、澡盆,并放入大块冰。再将电风扇置放在容器的后面,对准毛主席坐的方向吹,从而降低毛主席周边空气的温度。

那几天,湘潭当地的制冰单位一车一车地将冰块运送到宾馆。由于冰块放的时间长了,会融化成冰水,水多了会溢出容器,弄湿房间里的地毯。于是,大家就把塑料布垫在下面,既为毛主席住的房间降了温,又防止了冰水弄湿地毯。

这一次毛主席回故乡韶山,一共住了11天。

伟人的风范

周福明说，毛主席的办公习惯与其他人不一样，晚上通宵办公，天亮才睡觉，一天睡觉六七个小时，有时只睡两三个小时。这样，毛主席一天只吃两顿饭。通常一般人吃早饭的时间，在毛主席那儿则是吃"晚饭"。

毛主席一天吃两顿饭的饮食习惯很早就形成了。他是湖南人，湖南人在农忙干重活时才吃三顿饭，农闲时只吃两顿。毛主席风趣地说："我是闲人，闲人就吃两顿饭，不能吃三顿饭。"多少年来，作为毛主席身边的工作人员，周福明十分了解毛主席的性格，想改变一下毛主席一天吃两顿饭的习惯很难。

毛主席对自己要求非常严格。比如，工作人员跟随毛主席到外地活动，每天有三角钱的伙食补助。毛主席也是外出人员之一，也应该享受这个待遇，但毛主席坚决不要。他老人家说："我有稿费，不需要国家再补贴。不够，在稿费里支一点就可以了。"后来，毛主席的稿费都上交国库了，去世时也没有留给自己的孩子。

周福明指着手里拿着的一张照片说，毛主席睡的床很特别，右边高左边低，两边床沿的水平线相差10公分。他进一步解释说，这是因为毛主席的床，右边一半是他老人家用来睡觉，而左边一半则堆满了书。由于书很沉，堆得又高，为了防止堆着的书倾倒了压着毛主席，工作人员就设计了这张特别的床，便于主席看书。周福明说，这张床的使用率很高。晚年，毛主席他老人家每天有20个小时左右的时间是在床上办公、吃饭和睡觉。

毛主席一生最喜爱看书。他乘坐专列外出视察随带的十几个大箱子的物品中，基本上都是书。这些物品的打包、装箱都由周福明负责。毛主席每一次外出，先列出需带物品的单子，由周福明去准备。准备好这些物品后，周福明还要对这些箱子进行编号，再允许搬运上专列。这些箱子的大小尺寸均是周福明根据专列过道的空间专门设计的，由中南海木工班制作。

周福明说，毛主席终生艰苦朴素。他老人家稍好一点的衣服，只有一件春秋季节穿的薄大衣、两套中山装，其他的衣服都有补丁。

在新中国成立初期，毛主席添置了一双皮拖鞋，一穿就是几十年。由于穿的时间过长，其鞋头的表层皮已破损，露出了里层的衬布，毛主席还是舍不得扔掉。为了修补它，周福明曾多次上街找补鞋匠，补了一次又一次，常因无法修补而遭鞋匠婉拒。

有一次，毛主席在武汉。那天中午，这双皮拖鞋又裂开了，周福明趁着毛主席午休，赶快上街寻找皮匠补鞋。他找了一个又一个修鞋摊，补鞋师傅一看鞋的表皮已经朽了，实在没法再补，都不愿意修。周福明心里非常焦急，他一再恳请师傅，哪怕多给工钱，但师傅就是不肯接收。无奈之下，周福明只好回到了住地。

无意间，周福明猛然发现毛主席的小车司机穿的皮鞋材质很软，适合补毛主席的破拖鞋。于是，他和司机商量，把他的皮鞋鞋面割下一小块，先用热水烫洗，再用熨斗熨平，然后一针一线地把它补到了毛主席拖鞋的破损面上，补得很平整。毛主席起床后，穿着新补过的皮拖鞋，低头细细看了几眼。周福明问："补得怎么样？"毛主席满意地说："补得不错。"

周福明说，毛主席还有一件白色泛黄的棉质睡衣，也是从20世纪50年代初开始穿。这件睡衣材质一般，样式普通。但毛主席从50年代初一直穿到1971年，春秋两季都穿它，这一穿就是20

年。到60年代初，这件睡衣已穿了10年，肘部、领部、袖口都有了破洞。

1963年初夏的一天，周福明来到中南海服务处取衣服，洗衣房的同志对他讲："给主席换件新的吧，你看这件睡衣，袖肘又破了，洗的时候从水里都不好往外提，弄不好就被拽破了。"周福明不止一次听过洗衣房的同志这样说，他也多次向主席提过，可主席总说："再穿一穿吧，过段时间再换。"

几天之后，周福明趁陪毛主席吃晚饭时又说："主席，这件睡衣今年该换换了吧？"

毛主席一边吃饭一边回答说："现在国家不是还很困难吗？我看再补一补就行了嘛！"

周福明小声嘀咕了一句："您是主席。"

"噢，我是主席，主席的睡衣就不能补一补了？你不是也穿着打补丁的衣服吗？"毛泽东不以为然。

"主席，您和我不一样。"周福明连忙解释。

"为什么不一样？就因为我是主席。难道我不也是人民中的一员吗？"毛泽东回答说。

于是，这件睡衣又被送到总后勤部被服厂刘奎元师傅那里。刘师傅是补衣服的高手。他找了同颜色的布料精心缝补，不仔细看竟看不出补丁来。毛主席很满意。

尽管越来越旧，毛泽东却总舍不得扔掉，后来又穿了近十年。直到1971年，这件睡衣已到了稍不留神就会裂破一个大口子的程度，实在无法再穿了，毛主席才同意更换。换下来后，工作人员数了一下，这件睡衣上的补丁竟达73个之多，以至几乎看不出本布的颜色了。

毛主席自己的生活如此俭朴，有时甚至到了苛刻的地步。但是，他对人民群众，对家乡困难的亲友，对身边工作人员，一旦他们的生活出现困难，他都热情相助，慷慨解囊。

有一次，周福明的儿子突发高烧，送到医院后被确诊为败血症。医生说这个病可以治疗，但要买进口的特效药，得花很多钱。周福明心急如焚，他请假时没有说孩子生病的事，只说家里有事要请一段时间假。主席工作繁忙，也没有多问就同意了。周福明一边在医院照顾儿子，一边四处借钱。但这笔医疗费在当时确实不是个小数，周福明想尽了办法也没能筹够。

毛主席见周福明迟迟未返，问清缘由后，马上从自己的稿费里拿出500元递给周福明，并说："这是给孩子治病的钱，你拿着，不用还了。"

周福明的眼眶一下子湿润了。

"如果不是毛主席给的这500元钱，我的儿子就没法活下来。"说起那段往事，周福明至今仍感慨不已。

后来有一段时间，周福明的身体出了点问题——转氨酶偏高，医生怀疑他得了肝炎。肝炎是一种传染性疾病，组织上担心周福明每天和主席一起工作，会传染给主席，决定让他回家调养。

周福明向毛主席辞行时，毛主席却说："有病治病，你也可以一边治病一边工作嘛。"他还幽默地说："他们不要你，我要你！"

周福明说："在中南海的17年，我是毛主席最信任的理发员，是他老人家晚年身边最亲近的工作人员之一。"

最后一次为毛主席理发

1970 年以后,毛主席的健康状况越来越差。

在毛主席最后的日子里,周福明始终陪伴在左右。每每看到毛主席稍微好转点就开始废寝忘食地工作,周福明心疼地直掉眼泪。

周福明说,晚年的时候,毛主席的心肺功能逐渐变差。1972 年 1 月,林彪事件之后不久,毛主席第一次出现了休克,抢救过来后,身体却越来越不好。在 70 年代之前,毛主席几乎不看电影、电视,哪怕休闲的时候,手上也总是捧着一本书在看。但 1972 年后,他看书的时间被迫减少,有时病痛难以忍受的时候,便让周福明给他放一部电影,通过这样的方式缓解病痛。

1974 年,毛主席的心肺功能大大受损,需要吸氧维持正常呼吸的次数越来越多。而每次觉察到毛主席气息变化异样、迅速为其插上氧气管的都是周福明和其他身边工作人员。身为贴身卫士,周福明不仅要照顾毛主席的生活,有时还要为患上白内障的他读书读报。

进入 1976 年,毛主席的身体每况愈下,有时吃饭都很困难,周福明一刻不离地守在他的身边。

周福明说,长时间工作,毛主席晚年活动的时间很少,导致肌肉萎缩,两腿不能伸直,站起来比较困难。但毛主席仍然以书为伴,总是保持乐观的态度和病魔抗争。

到了这年夏年,因为多病缠身,毛主席器官衰竭,呼吸极为困难,每天躺在病床上。病痛折磨着这个 83 岁高龄的老人,周福明看在眼里急在心头,他恨不得自己去替毛主席承受苦痛。

毛主席亲切接见钱学森、陈永贵等。毛主席身后为周福明

　　1976年7月28日，河北唐山发生了7.8级强烈地震，北京也出现了剧烈晃动。地震发生之后，从睡梦中惊醒的周福明连鞋都没来得及穿，就飞奔到毛主席身边。当时因为身体已很虚弱，毛主席睡得很沉。为避免有物件落下砸在毛主席身上，周福明和其他人迅速拉起一块大布，撑在毛主席床边的四角之上。第二天清晨，毛主席醒来后，周福明迅速叫其他人一起将毛主席小心转移至安全地方。那几天，周福明寸步不离地守在毛主席身边。此时病重的主席已经不能进食，经常处于昏迷状态。但只要一清醒过来就询问唐山地震灾害情况和受灾群众的安置问题。

　　到了9月，毛主席的病情进一步恶化，只能靠各种仪器维持生命体征。

9月8日，毛主席的生命已临近终点。最后时刻的他，手脚都插上了输液管，胸部安有心电监护导线，鼻子里插着鼻饲管，即便在这样极度痛苦的状态下，毛主席依然坚持看书、看文件多达11次，总时长2小时50分钟。

8日下午，他始终没有闭眼，用含糊不清的语调在说些什么。所有人的目光都齐刷刷落在周福明手中的纸笔上。

"主席，您要不写下来？"周福明扶着毛主席起身，毛主席艰难地写下了三条歪歪扭扭的横线，又拍了拍床沿。在场的所有人看不懂这是什么意思。周福明问毛主席："是三本武夫吗？"毛主席点了点头。原来，那几天日本正在举行首相选举，对华友好的三本武夫是参选首相的人选之一，毛主席大概是想知道他是否当选。老人家临终之际仍然关心着国际形势。

9月8日晚，毛主席和往常一样服用了安眠药，当晚8时30分，他的病情突然恶化，陷入昏迷状态，神志模糊，四肢肌肉无力，监视器显示他的心脑严重异常。医疗小组紧急对他进行抢救——人工呼吸、强心针等一切措施都用上了。9月9日0时10分，经抢救无效，毛主席静静地躺在床上，再也没有醒来。

"请让我最后为主席理一次发、修一次面可以吗？"

得知毛主席逝世消息的周福明瘫坐在地上哭泣着，他实在无法接受这个沉痛的事实。他满怀着悲痛的心情，向组织上提出了让自己再为毛主席最后理一次发的请求。

他一遍又一遍地擦拭着刮胡刀、梳子、推子、篦子。这些理发工具都是给毛主席用过的，每次用完之后，周福明都会细心地擦拭，然后再用酒精消毒，现在依然光亮可鉴。可是现在，敬爱的毛主席已经走了，看着这些理发工具，周福明痛不欲生，他不知疲惫地擦拭着这些工具，声泪俱下地请求领导，允许他最后一次为毛主席理发。他一边哭泣，一边心急如焚地等待中央领导的批准。

当天凌晨3点左右，在毛主席逝世3个小时后，周福明的请求终于得到了批准。

周福明得到应允之后，来到平躺在病榻上的毛主席遗体边，看到他老人家的遗容，他的内心愈发悲痛。在与疾病作斗争的这段时间内，老人家已经3个多月没有理发了。在病魔的折磨下，他老人家的头发变得参差不齐、十分凌乱。这期间医务人员用手术剪剪过一两次，甚至在病重的时候，只有秘书或者医生随便剪两下。

周福明拿着理发工具站在毛主席的遗体旁，看着安详地躺在床上的老人家，竟一时愣了神。在陪伴毛主席17年的时间里，周福明从未见过他好好地睡一觉。看了许久后，周福明好似在对毛主席说，又好似对自己说："主席，您安心睡吧，我决不会打扰您。"

他缓缓地走近毛主席遗体，虔诚地跪了下来，开始了他一生中难度最大的一次理发。

他轻轻地打开工具箱，看着眼前这些已经擦了一遍又一遍的刮胡刀、梳子、推子、篦子，周福明觉得眼前的工具更加亲切，仿佛这些工具就像是传递着他对毛主席感情的纽带，这让他难过到了极点。

从1960年到北京开始，他为毛主席理发17年，至少为毛主席理过1800多次头发。看着周围的环境，仿佛毛主席的音容笑貌尽在眼前。随着手里的推子在毛主席的头上轻轻移动，他的眼泪溢出了眼眶，眼前的一切都变得模糊不清。

此时，毛主席的遗体已开始僵硬，他手拿剪刀认真又小心翼翼地最后一次为毛主席修理鬓边的白发。他强忍着不让泪水流出来，生怕泪水模糊了自己的视线，操作不当而惊扰了熟睡中的毛主席。修完了鬓边的白发，他端来一盆热水，将热毛巾浸透、拧干后，轻轻地敷到毛主席的头发上，这么多年来，毛主席适应什么热度，周福明一清二楚。之后，他为毛主席轻轻地擦了脸，取出篦子，认真细致地梳理了他的头发，就像他老人家还活着的时候给他理发一样。一番修整之后，经热毛巾敷过的头发变整齐了，甚至仿佛变黑了，他老人家又恢复了伟人的形象。这时，周福明忽然觉得，眼前的毛主席似乎并没有远去，他老人家只是在睡梦中。

周福明满身是汗，眼前的一切都是那么模糊不清。他用手摸了一下眼睛，原来在不知不觉间，泪水还是夺眶而出。

做完这一切，在周福明起身时，身体的疲劳和内心的悲伤让这个25岁进中南海，此时已经41岁的男人站不起来了，最终还是在众人的搀扶下他才慢慢地缓了过来。

周福明终于为毛主席庄严地完成了最后一次理发任务。

根据领导指示，周福明还为毛主席换了新衣服，还是毛主席最喜欢的那件灰色中山装。

最后他被允许为主席扶柩守灵。

1976年9月11日上午，周福明同其他卫士一起抬着毛主席的遗体，迈着沉重的步伐，一步一步离开了中南海……

周福明跟着毛主席从杭州来到北京，一晃就是17年。17年来，他从第一次给主席理发，到最后一次给毛主席理发，从一个涉世不深的青年，到一个成熟、有见识的中年人，恍然间一辈子就过去了。他陪伴了毛主席17年。17年的情谊，让他对毛主席难舍难分；毛主席的去世，让他无法接受。每当想起陪伴多年的老人家已不在身旁，周福明的眼眶总是不自觉地红起来。他说："天天见物如见人啊！更加加深了我对毛主席的思念。"

毛主席逝世后，周福明并没有选择退伍回家，而是在警卫局办公室工作。退休之后，周福明又多次提出要去毛主席曾经居住的中南海丰泽园工作。由于经费紧张，相关部门没办法给周福明发报酬。周福明不在意报酬，他说："只要能帮毛主席守着家比什么都重要。"后来，他如愿以偿地当上了丰泽园的"管家"，一直担负着毛泽东故居的管理工作。

作为毛主席故居的管理员，他每天的任务就是去故居里面看一看，还是像之前一样，用心地打扫卫生，看着园内熟悉的环境，想着过去与毛主席相处的点点滴滴……对周福明来说，或许，这是他最幸福的事情。

这么多年来，毛主席早就和他如亲人一样。毛主席逝世之后，周福明再也没有为别人理过发。周福明说，只要拿起剪刀，他就会想起毛主席的音容笑貌，这令他伤心不已。毛主席一直活在他的心里，活在人民的心里。每逢毛主席忌日和诞辰，周福明总会佩戴着那枚珍贵的毛主席像章去毛主席纪念堂，献上花圈，瞻仰毛主席的遗容。离开时，他总要在心里向毛主席道别："主席，我下次再来看您。"

这样的仪式感，周福明整整坚持了46年。

过去的周福明，除了睡觉时间不在毛主席身边，其他时间都在为他老人家服务——给他递手巾、擦脸、倒茶、点烟……寸步没有离开过毛主席。能陪伴在毛主席这样的旷世伟人身边17年，周福明认为这一辈子活得很值。他觉得人的一生很短暂，在有限的生命里，能够认识自己想认识的人，能够做自己最愿意做的事，是最大的幸运。所以，他一直认为自己是最幸运、最幸福的人。

2022 年 4 月 4 日，周福明因病在北京逝世，享年 87 岁。

伟人的平凡生活
访毛主席的"管家"吴连登

> 吴连登,男,汉族,1941年生,江苏建湖人,中共党员。1958年参加工作。1959年被盐城专区(今盐城市)推荐至北京人民大会堂管理局服务处当服务员。1960年,被选调至中央警卫局。1964年,被选调至毛主席身边工作。1987年后任国家经济体制改革委员会办公室副主任。2000年退休。

毛主席身边的工作人员中,有一个特别的工作岗位,就是毛主席的生活管理员。吴连登就是在这个岗位上,在毛主席身边,在毛主席的家里,负责毛主席的生活管理,担当了毛主席家里"管家"的角色,时间长达12年。

吴连登对生活中的毛主席非常熟悉,毛主席对吴连登也十分信任。

为纪念毛主席诞辰130周年,我们采访了吴连登。

毛主席"点名"要我去

刚一见面,我们便直奔主题,问了一个好奇很久的问题:人民大会堂那么多服务员,为什么单单把您选调到毛主席的身边呢?

吴连登说:"是毛主席'点名'要我去的。"这个过程讲起来还真有点传奇——

"1961年,我在中南海颐年堂第一次见到毛主席。当时我是那儿的服务员。我在给毛主席端茶时,由于心里激动和紧张,手里端的一杯茶竟然洒了出来,没有想到,这下却引起了毛主席的注意。毛主席问我姓什么,是哪里人,我向毛主席报告:'我是江苏盐城人,叫吴连登。'后来,毛主席有时开起玩笑来,就喊我'咸城人',他说:'因为盐是咸的嘛。'毛主席还说:'你的"登"与电灯的"灯"是谐音,你是我身边一盏灯。'"毛主席的幽默极大地缓解了吴连登的紧张情绪。

1964年国庆节,吴连登正在天安门城楼上为参加国庆观礼的中央领导同志服务,忽然听到有人叫他,原来是毛主席身边的护士长吴旭君。她说:"小吴,主席叫你。"吴连登立即随护士长一起,来到天安门城楼大厅。两个人走进去,见毛主席坐在沙发上吸烟。

吴旭君向毛主席说:"报告主席,这就是吴连登同志。"

毛主席放下手中的烟,说:"我们见过,你,就是那个咸城人嘛。"

吴连登恭恭敬敬地向毛主席汇报,说:"我叫吴连登。"

毛主席十分亲切地说:"我想请你来,到我们家里来帮忙,行不行啊?"

到毛主席身边工作，到毛主席的家里"帮忙"，这是吴连登做梦也想不到的大事情。听毛主席亲口这样讲，他激动得心口怦怦直跳，连忙表态说："我坚决听从主席的安排。但我怕做不好工作，要请主席多批评。"

毛主席说："我那里要说事情多，有时事真多；但有时也没有多少事情。"

吴连登说："主席，我一定好好工作。"

就从那天谈话之后，他就到毛主席家里来工作了。刚到毛主席家里工作的时候，吴连登还不是当"管家"，只是管理一些家务事，管理小库房，搞搞卫生，帮助毛主席整理整理书籍。直到一年后，才让他管理毛主席的工资、伙食，以及江青的工资，以及几个孩子的家务杂事，成了名副其实的毛家"管家"。

吴连登回忆，中南海菊香书屋是毛主席的家。除了生活、办公场所外，还有一间放杂物的库房，其实是一间不足15平方米的小屋，里面放了几个木制的柜子，放的是平时的换洗衣服，换下来的破旧衣服。还有毛主席的大儿子毛岸英烈士的一些遗物，以及江青的几件像样的衣服。

吴连登清楚地记得，在这间小库房里，没有一件金银首饰，更没有任何一件外国人送给毛主席的贵重礼物。吴连登第一次进到这个库房时，看着那些破布、旧毛巾什么的物品，就问其他老同志："这是干什么用的？"老同志们告诉他："这些都有用，可以用来补旧衣服，你可千万不能丢呀。"吴连登听了，心里想到，毛主席是国家主席，他的家里，却好似一个普遍人家，毛主席他老人家真是一位伟大的人民领袖。

后来，吴连登管理毛主席家里的事情越来越多了，对毛主席

毛主席和生活管理员
吴连登

家里的真实情况也就知道得越来越多。他发现毛主席家的生活开支已经十分严格了,但是收入和支出还是差距很大,常常捉襟见肘。吴连登的心里既感动又难受,因为毛主席和全家人的生活太平常、太朴素了。

吴连登说:"毛主席'点名'把我调去当他的生活管理员,我在他家中当'管家'长达12年。能为他老人家服务,是我人生最大的幸运和幸福。"

毛主席的饮食习惯

毛主席逝世后,特别是在前些年,社会上对毛主席的生活方面有各种各样的议论。比如,对毛主席的衣食住行、生活起居、习惯嗜好,等等,就有许多不同的说法。在担任"管家"期间,吴连登主要负责毛主席膳食的安排和管理,在这个问题上,他最有发言权。

吴连登说,在饮食上,毛主席很不讲究,既不挑食又不浪费。每顿4菜1汤,2荤2素,一点都不复杂,也不浪费,以够吃为原则。荤菜就是猪肉、鸡肉、小鱼小虾、泥鳅、黄鳝之类。毛主席喜欢吃竹笋、蒜泥,但蔬菜要新鲜干净。这些菜,都是非常普通的菜,没有飞禽走兽,没有山珍海味,都是吴连登踏着自行车从农贸市场上买来的大众菜。

毛主席还有一个习惯,吃的菜很淡。他说,这是在战争年代养成的饮食习惯,那时因为国民党的封锁,根据地缺盐,菜里的盐放得很少。后来到了和平时期,盐虽然不缺了,但战争年代养成的饮食习惯也改不掉了。

吴连登说,保健医生为了保证毛主席的健康,提出一些营养方案,但这些方案往往与毛主席想吃的发生矛盾。比如,有人建议毛主席吃些高营养、高蛋白的东西,毛主席说:"你们说的那些山珍海味,我不喜欢吃。我不想吃的东西,你们就不要勉强我,我吃了不舒服,就说明吸收不了。"他说:"我想吃什么,就是我的身体里缺什么,吃下去能吸收好,你们不要限制我。"为了保证营养,吴连登和厨师安排毛主席10天左右吃一顿红烧肉,但如果不做，他也从不提想吃。他吃饭不忌口，只要做出来，他都吃，基本上是厨师做什么他吃什么。

吴连登回忆，毛主席说："我没有别的要求，每天一个烤红薯，每天啃一个老玉米就可以了。"这个要求不高，买这些东西，价格也不贵，钱照付，工作人员总能满足。红薯买回来后，吴连登放到挖好的地窖里，保存起来，经常给主席做。

毛主席吃油"三七开"，是他自己规定的。7分，是猪大油；3分，是植物油。用这种混合油做汤、做菜，口感很好，很香。毛主席晚年时，医疗专家组来，要查毛主席的伙食，还规定以后要停吃猪油。有一天，毛主席吃蔬菜了，刚吃一口，就说："今天的菜不好吃了，是你们换了油？这种'三七开'混合油，是我规定的，不要改。饭是我吃，不是你们吃。"听了毛主席这番话，吴连登和厨师重新恢复了毛主席规定的吃油"三七开"。

但有时他也会提想法。比如他喜欢吃糙米。有一次，厨师把米面做得很细。毛主席吃后，说："你把维生素都去掉了。我要吃糙米，熬粥、做饭，要带麸子的面，你告诉护士长。"厨师马上改变做法，用2两米一小袋的糙米蒸饭，毛主席吃了很高兴，说："就这样，糙米好，不破坏维生素。"

虽然毛主席注重营养，但他从来不吃人参等补品、补药。有一年，朝鲜的金日成送给毛主席一支野山参，毛主席还礼是龙井茶和茅台酒，但野山参动也没动就上交了。金日成还送给毛主席一大瓶人参酒，毛主席也是一滴未尝，全部交公。有时需要补充营养，就给他弄点葡萄糖水喝。吴连登记得当时买葡萄糖，1斤是1.7元。毛主席经常讲："我的肠胃很好，吃、喝、拉、撒、睡都正常。"毛主席晚年出现了老年性便秘，但多数时间消化功能很好。

毛主席也研究过西餐。有一天，他对吴连登说："小吴同志，你也给我搞一点西餐尝尝。"但吴连登不会做西餐，他就从北京饭店找了一个姓彭的师傅，请他过来，给毛主席做了一个西餐菜。但毛主席吃过这顿西餐菜后，评价不高，他对吴连登说："美国及发达资本主义国家德国、日本等，他们有钱但不会吃饭，他们吃的都是高热量、高脂肪、高蛋白的食物，最后吃成肥胖。我看，他们的饭不科学，还是我们中国的饭比较科学。"

毛主席的家用开销

吴连登除了负责毛主席的饮食安排和制作，还负责管理毛主席和全家的家用开销。

吴连登说，在日常生活中，毛主席从不搞特殊，也从不含糊。当年，在确定工资待遇标准时，他主动要求把工资级别降下来，而且在实际发放时，还从每月 404.8 元降到 243 元。

毛主席发工资后的第一件事，就是交党费。他总是在第一时间问吴连登："党费交了没有？"

吴连登说，毛主席每月的工资不够花。吃饭每月 100 元，房租每月 49.63 元，水费、电费、日常用品租用费每月 80 多元。还有抽烟、茶叶费每月 100 多元。另外，还要安排每月 100 元给孩子们，给江青姐姐的儿子每月 15 元。毛主席私人请客，也是自己掏钱。

毛主席家里买东西，与普通的老百姓家庭一样，都要用券（票），从没有搞特殊。

毛主席平时吸烟比较厉害。每月的烟钱，至少得几十元，这在当时是他家一项不小的开支。20 世纪 70 年代初，毛主席改抽雪茄，生产雪茄的烟叶由北京卷烟厂选配，用白纸和浆糊糊成一个烟盒，毛主席抽得津津有味，有时候一边看书，一边一根接一根地抽，一天下来要两三包。过量的吸烟，使得晚年的毛主席常常咳嗽、气管发炎。医生建议他少抽或不抽。开始戒烟时，毛主席很不适应，就时不时地从茶几上拿起雪茄，闻一闻，又放下。后来，毛主席终于狠了狠心，将烟灰缸、火柴盒统统收起来，以惊人的毅力于1975年戒了烟。

毛主席还特别喜欢喝浓茶，甚至把茶叶渣都要吃掉，每个月要喝一斤多甚至两斤多茶叶，这又是他的工资中一笔不小的支出。

除工资外，毛主席还有稿费收入。这是20世纪50年代实行稿费制后，由于出版了大量的《毛泽东选集》，出版社按规定支付给毛主席的稿费。毛主席逝世后，有一段时间社会上议论纷纷，传出很多谣言和谎言，对毛主席的稿费来源和使用妄加推测和评论。吴连登是毛主席稿费的具体经管人之一，对稿费使用情况知道得一清二楚。

吴连登说，在毛主席的费用开支中，每年有一笔不菲的支出，那是毛主席还的借款。早在1920年，党的成立筹备工作、湖南革命运动，以及一部分同志去欧洲勤工俭学，急需一笔数量较大的银款，当时在上海的毛泽东只好向时任护法军政府秘书长的老乡章士钊借款。章士钊当即在上海工商界名流中筹集了两万银元，全部交给了毛泽东。随后，毛泽东将此笔巨款一部分给了赴欧勤工俭学的同志，一部分带回湖南用于革命活动。

1963年，毛泽东要章士钊的女儿章含之转告她父亲："从今年春节开始，要还这笔欠了40多年的债。一年还2000元。10年还完。"章含之回到家里把这事说了，章士钊听了哈哈大笑，说："确有此事，主席竟还记得！"可是，他们父女并没把这事放在心上。没有想到，几天之后，毛泽东的秘书送来了2000元，并说："主席安排今后每年春节送上2000元。"

对此，章士钊嘱咐章含之说："告诉主席，不能收此厚赠。当时的银元是募集来的，我自己也拿不出这笔巨款。"章含之将父亲说的话转告给毛泽东。

毛泽东笑着说："你也不懂，我这是用我的稿费给行老（章士钊字行严）一点生活补助啊。他给我们共产党的帮助，哪里是我能用人民币偿还得了的呢？我要是说明给他补助，他这位老先生的脾气我知道，是不会收的。所以我说是还债。你告诉他，我毛泽东说的，欠的账无论如何要还的。这个钱是从我的稿费中抽的。"

从1963年春节起，毛泽东每逢春节初二这天，总是派秘书给章士钊送去2000元，直到1972年送满两万元。而这个"惯例"，一直到1973年章老在香港逝世才止。

吴连登说，毛主席很少请客。偶尔要请客，请的也是清一色的民主人士或老师、同窗好友，几乎不请党内的干部。不过也有例外，比如有几次在中南海丰泽园开会开到深夜，毛主席说："今天会开晚了，我请大家吃饭，面条一碗。"请大家吃面条的费用，毛主席要求吴连登在他的工资里支出。

1972年，李讷生下儿子效芝。当时她的工资仅有几十元，要买柴米油盐、买奶粉、请保姆，再怎么省也不够用。但毛主席早就立下规矩，孩子们参加工作拿到工资后，就必须自食其力，不再补贴，他的理由是："人民给了你待遇，你就自己安排自己的生活。"

见李讷束手无策，吴连登只好找张耀祠求助。张耀祠觉得，李讷的情况很特殊，她的要求也合情合理，就写了张条子请毛主席批准。毛主席看到女儿家庭生活确实很困难，不觉"动摇"了，对张耀祠说："不要批了，你说该给多少钱？"

张耀祠说："这回李讷生孩子了，开销不小，给个几千块吧。"

后来，毛主席同意从稿费中支出8000元，让吴连登交给李讷。但这笔钱吴连登没有一次全给李讷，担心她万一用过头，再开口要就难了，就只给她3000元，另外5000元以李讷的名义存在银行。李讷知道了这件事，感激得连声说："谢谢吴连登叔叔的安排！"其实吴连登的年龄比李讷还小，但按毛主席立下的"家规"，她要叫吴连登"叔叔"。

毛主席的家用开销，几乎每个月都要"闹饥荒"。吴连登不得不过一段时间就给毛主席写个报告，并当面汇报收支情况。毛主席总是挥挥手，意思是不用说了，然后画圈批准从他的稿费里提出一点钱来补贴家用。

毛主席不穿防弹衣

20世纪六十、七十年代，为了加强对毛主席的安全保护，经中央领导批准，警卫部门给毛主席做了一件防弹衣。但毛主席认为，党的高级干部绝不能搞特殊化，绝不能脱离人民群众。必须充分相信人民，紧紧依靠人民。所以毛主席与群众在一起时，坚决不穿防弹衣。

吴连登说，20世纪60年代，有一次，毛主席要去天安门广场看望联欢的群众。他从游泳池（住处）出来，到人民英雄纪念碑东南侧时，被许多群众围观了，人山人海，一时走不出来。这时，还是周总理及时赶到,把自己乘坐的小车让给毛主席,才让毛主席安全回到了中南海。事后,周总理、叶剑英、汪东兴等领导认为,要加强毛主席的安全保卫工作。

在一次政治局扩大会议散会后,叶剑英叫住汪东兴,说:"主席的安全工作你主管,我俩共同负责,绝不能出问题。"叶剑英又说:"我们要给主席做一套防弹服。"

汪东兴说:"主席不会穿的。"

叶剑英说:"防弹服要做。你的任务是把它送到主席那里去。"

汪东兴说:"好吧。"

防弹衣做好后,叶剑英派人送到中南海南楼汪东兴的住处。汪东兴马上送往游泳池。毛主席在工作和睡觉时不关房门,此时,他正在看书,精力非常集中,汪东兴轻轻咳嗽一声,毛主席察觉到了,他抬起头,问汪东兴:"你抱的什么东西呀?送的什么礼?"

汪东兴紧走两步上前说:"主席,叶剑英同志让我给您送一套防弹服来。"

当时,毛主席听了,讲:"什么?你再说一遍?哪有共产党的领导怕人民的?这衣服你们收,你们拿去穿!"

后来汪东兴只好把这套防弹衣退了回去。

吴连登记得,那个年代,全国到处都是高呼"万岁",毛主席并不喜欢,甚至很反感。他是一个彻底的唯物主义者。有一年工作人员为他过生日,大家都祝愿他老人家万寿无疆,他却笑了笑说:"屁话!世界上有活万岁的人吗?人活100岁就是很长寿了。人活多少年在天安排,七十三、八十四,阎王爷不请自己去。"

毛主席的"业余生活"

毛主席除了工作外，一生注重身体锻炼和运动，他特别喜欢游泳。我们请吴连登讲一讲毛主席游泳的故事，吴老一下子就打开了话匣子。

毛主席从青少年时期就非常喜欢体育锻炼。少年时，他到村旁的池塘嬉水；青年时，他到湘江击水。1959年，毛主席回韶山，到韶山水库等地游泳。后来，毛主席到长江、珠江、甬江、十三陵水库、秦皇岛海里去游泳。

到了晚年，毛主席坚持散步，坚持游泳锻炼。毛主席爱水。他说："游泳是强身健体的最好方法。"

毛主席尤其喜欢在风大、雨大、浪大的时候去搏击风浪。吴连登听老同志回忆，毛主席崇尚"海燕精神"，在北戴河度假时，他曾经多次在风雨交加的时刻到北戴河边的大海里游泳，还鼓励大家到大江大海去锻炼。后来，毛主席10多次畅游长江。在20世纪50年代，毛主席发出"发展体育运动，增强人民体质"的号召，在全国范围内迅速掀起了群众体育运动的热潮。

毛主席注意保健和锻炼身体的方法很多，他还喜欢用木篦子梳头。他的头发比较硬，一年365天他都要用篦子梳头。这种篦子是江苏常州生产的，篦齿很密。毛主席还提出不要私人保健医生。他说："我只听医生三分。增强抵抗力，一般不是靠吃药，我相信自身的抵抗力能战胜疾病。"

毛主席上山或走远路喜欢拄"拐杖"，这个习惯几乎伴随他的一生。红军长征前，在江西苏区，有一次毛主席生病了，有位当地老乡背着"毛委员"转移到山洞隐蔽，后来他自己拄着木棍走山路。1953年国庆节，毛主席还指示江西地方设法找到当年背他的这位老乡，把他请到北京登上天安门观礼台观看国庆典礼。

长征途中，毛主席基本上也是拄着棍棒走路。在延安时，毛主席有时用树丫子当拐杖。1949年3月，毛主席率领党中央从西柏坡进驻香山，直到进入中南海办公，在这半年里，他经常拄着棍棒去爬香山。毛主席在杭州出差时，几乎爬遍了南高峰和北高峰，每次都要拄着拐杖。有一次，吴连登问毛主席，爬山时为什么要拄一根拐杖，他说："因为三条腿比两条腿稳。"

因为毛主席的这个习惯，一中队的警卫战士砍了一根竹子，在竹子底部用车胎绑好，这样就不打滑了。只要毛主席外出，他们都带上这根竹棍，这是他老人家的专用拐杖。现在，这根拐杖还保存在中南海毛主席的故居。

还有一个有趣的故事。新中国成立后，有一次，毛主席住在玉泉山休息，来中国访问的越南主席胡志明也被安排住在那里。毛主席对胡志明非常尊重，把自己住的一号楼让给他住。胡志明也拄一根漂亮的拐杖，一天散步时，胡志明一定要与毛主席换拐杖，毛主席不愿意换，说："你呀，用你的文明棍；我呢，用我的打狗棍！"

毛主席每天工作时间很长，有时一天工作长达20个小时，要值班护士"催"他，他才休息一下，走到后面的小花园散散步。毛主席一边散步，一边做全身运动，弯腰、舒展。毛主席从办公室出来散步，总是要先看看天色。有时是晚上出门，他就看天上的月亮和星星。毛主席散步，还专门踩着地上的树叶，他不让我们扫落叶。毛主席特别喜欢雪，听说下雪了，他会马上放下手中的笔，出去看雪。雪下得大了，他就让警卫战士堆雪人。

春夏季节，毛主席会经常走到房后的小菜地，看看战士们种的瓜果蔬菜。他看着这些菜苗，还会高兴地伸手去摸一摸。有时，毛主席还叫司机开车悄悄地载着他到红墙外面转一转，主要是看看市容，像南长街、府右街、王府井、东单、西单这些地方，他都去过。但出于安全考虑，一般都不下车。

毛主席还有一个习惯，就是不走"回头路"。比如，他要去人民大会堂，一般是出中南海的西门，回来时走中南海的东门或新华门。

有一次，毛主席工作了很长时间，出来散步。他一边散步，一边看风景，吴连登和几个人跟在他的身后。忽然，毛主席站停在一棵小松树旁不走了，他要大家与他一起，向小松树三鞠躬。

毛主席问大家："冬天，别的树叶子都掉了，它（松树）为什么不掉呀？"吴连登回答："松树不怕冷。"毛主席说："你要说出道理来呀！"吴连登答不上来。毛主席说："松树是针叶树种，针叶上有油，起保护作用。松树不怕严寒、风霜、冰雪，是有傲骨的植物。我们都要学习松树的品格。"

吴连登说，毛主席特别繁忙，为了调节生活节奏，也为了休息一下，他也想通过看电影、看戏、参加舞会这样的方式放松，作为紧张工作之余的一种休闲。

有一天，毛主席很高兴，提出想看场香港电影，因为听说这类影片的娱乐性比较强，他对吴连登和周福明说："你们给我放吧。"吴连登说："我们俩都不会放。"毛主席说："那就算了！"

没能让毛主席看上电影，吴连登感到非常自责和难过。他暗下决心，一定要学会放电影。于是，他立马去警卫局找电影队的同志学习放电影，很快就掌握了放映技术。一天，吴连登看到主席兴致很高，便汇报说："主席，我会放电影了。"毛主席听到后很高兴，说："那就看一个电影吧。"

这是吴连登第一次给毛主席放电影，放的是老故事片《鸡毛信》。可能是这部片子的胶片太老化了，放映过程中断了好几次，而且吴连登还不大会接片子，每次都要鼓捣半天，毛主席也没有发火，就坐在那儿看书，等接好了片子再接着看。

在吴连登的印象里，毛主席有次亲自点了部纪录片电影《红旗渠》，是他给主席放的。让吴连登记忆最深的是，毛主席看战争故事片《南征北战》时，他老人家是一边看，一边流泪，一边回忆。

毛主席关心和爱护工作人员

毛主席非常关心爱护警卫战士和身边工作人员，同时对他们的要求十分严格，当发现身边工作人员有违纪问题时，就亲自要求开展"家庭整风"。

在工作人员眼里心里，毛主席既是领袖，又是长者父辈。毛主席叫吴连登"小吴同志"，叫吴旭君一口一个"护士长"，对"理发师"周福明、厨师田师傅，毛主席都以礼相称。

吴连登说："我在毛主席身边工作12个年头，从未见他对工作人员发过火。毛主席对我们比对自己的孩子还好。那时，我每个月的工资只有32元。有一年我老家发生火灾，一把火把房子烧掉了。这件事周福明听说了，他就讲给毛主席听，当时毛主席正在看书。万万没有想到，毛主席把秘书徐业夫叫来，吩咐他从稿费中拿出300元，放在信封中装好，让徐秘书把我叫去。"

毛主席说："小吴同志，这是我给你的300元，听说你家里遭了火灾。"

吴连登对毛主席说："主席，这钱我不能要，谢谢您的关心。"

毛主席说："这钱不是我的，是人民的、国家的钱。我们都是同志，你有困难，应该帮助你。"

听了毛主席的这番话，吴连登感动得掉下了眼泪。

但是，毛主席对身边工作人员的要求也很严格，一旦发现他们中有人出现违纪问题，他会严厉批评，并且要求组织做出处理。

毛主席要求所有礼品一律交公

出于礼节，一些国外政要和友人，经常会送一些保健珍品或食品给毛主席。毛主席对吴连登和其他工作人员说："这些东西，统统拿去登记交公。"

吴连登曾劝道："主席，这些礼品是送给您个人的，您留一点，应该是可以的。"

毛主席耐心解释说："这个问题不是那么简单，党有纪律。这些礼物不是送给我个人的，是送给中国人民的。如果说，你在我这个位置上，人家也会送给你的。中国不缺我毛泽东一个人吃的花的。可是，我要是生活上不检点，随随便便吃了拿了，那些部长们、省长们、市长们、县长们就都可以效仿了，那么，我们这个国家还怎么治理呢？"

毛主席在处置这些"国礼"上，既有原则，又有分寸。凡属贵重礼品一律归公，专门陈列起来。对于有些没法保存的土特产品，比如水果就送幼儿园，如是几包茶叶就送身边工作人员。但吴连登在毛主席身边工作了12年，从来没有听说毛主席让他把水果、茶叶以及其他吃的东西送给江青或子女。有时遇到国内有些人送的土特产品的量比较大时，毛主席就让吴连登他们送到中南海食堂，卖给他们，然后附上一封"党中央关于不准送礼的规定和纪律"的函，将变卖的钱退给送礼的单位或个人。

朝鲜的金日成对毛主席怀有特殊的感情，几乎每年都给他送来几十箱乃至上百箱苹果、梨和无籽西瓜，大的西瓜重达几十斤。如果把这些物品退还给人家肯定不合适，毛主席就让秘书开列一个名单，将水果分送给中央各位领导人。

1965年，东南亚某国出现了迫害我侨胞的严重事件，我国政府义不容辞地出面保护他们。有一位侨胞出于感激之情，送给毛主席31.5公斤燕窝。毛主席明确指示："把这些燕窝全部送给人民大会堂，招待外国友人。"他的秘书徐业夫试探地说："主席，是不是家里留一点？"毛主席摆摆手："不用留，一点都不留，全部拿走。"于是，吴连登把这些燕窝一点不少地送到了人民大会堂。

1975年，年迈的毛主席已经行动不便，咳嗽哮喘，身体十分虚弱。吴连登向张耀祠提出，要给毛主席增加营养，最好能弄点燕窝炖汤。张耀祠找到人民大会堂党委书记刘剑，得知当年送来的那30多公斤燕窝只剩下7两。经汪东兴批准，由吴连登打了收条取回中南海。厨师每次瞒着毛主席，在他喝的汤里加一点。万万没有想到，仅仅吃了3两，他老人家就去世了。

结束采访时，吴连登深情地说："毛主席他老人家逝世已经47年了，但许多往事就像发生在昨天一样，历历在目。我在他老人家身边工作了12年，许多事我一想起来就想掉眼泪，我永远记着他老人家对我的恩情。时间越长，我就越觉得他老人家太伟大了，他老人家的思想如明灯，胸怀似大海，境界凌九天。"

让历史的瞬间定格

访毛主席专职摄影师钱嗣杰

钱嗣杰,男,汉族,1928年1月出生,黑龙江黑河人。1946年参军。先后任东北画报、东北人民解放军第六纵队、第四野战军第四十军摄影记者。1964—1970年,任毛泽东随身专职摄影记者。历任新华社驻联合国摄影记者、新华社新闻摄影部中央记者组组长、华国锋主席专职摄影记者、新华社驻东京分社摄影记者、新华社摄影部中央新闻记者室高级记者、新华社离退休老干部局党委副书记等职。

1964年7月,钱嗣杰成为毛主席的随身摄影记者,从此开始了他人生中最难忘最幸福,也是工作最紧张的6年。

他18岁时参加东北民主联军任摄影员,从此与光影世界结缘。然而,能够成为毛主席的专职摄影师,是他做梦也没想到的。20世纪60年代中后期,他曾一次次随毛主席外出巡视,用红镜头见证了一代伟人巡视过程中的许多细节,拍下了许多经典的照片。

2022年12月，钱嗣杰因病去世。在他逝世前不久，我们采访了这位曾经担任过毛主席专职摄影师的著名摄影家。

成为毛主席专职摄影师

1964年6月，钱嗣杰跟随周恩来总理出访非洲10余个国家，刚刚出色地完成了新闻拍摄任务。7月的一天，正在刚果采访的钱嗣杰接到夫人陈惠嫣发自北京的电报，在心里打了一个冷颤。

钱嗣杰说，早在几天前，新华社外事部也给他传过话来，说他父亲身体不好，家属希望他能尽快回国看看病重的父亲。而此时，新华社总社也考虑让钱嗣杰回国述职。

原本打算过几天才回国，没想到父亲的病这么严重，看来只有立即回国了。想着想着，他突然有了一种预感：父亲可能已离开人世了。在一片慌乱之中，钱嗣杰迅速简单地收拾一下行李，飞一般地赶往机场。

飞机在高高的云海上飞行，钱嗣杰陷入了对父亲的无尽思念之中……

终于辗转回到了北京。

刚刚走出机场，外面正下着倾盆大雨，钱嗣杰无意识地合上双眼，心已凉了半截，仿佛老天爷也在哭泣。他努力地紧缩着自己内心的悲哀。接车人员什么话也没有说，直接把他送到了殡仪馆，他的脑袋"嗡"的一下被炸开了。他迅速跳下车，远远地看到了父亲静静地躺在肃穆的灵堂中央，刹那间，他抑制不住内心的悲伤，泪水夺眶而出，他扔掉手上所有的东西，几个箭步猛地奔跑过去，紧紧地扑在父亲的遗体上失声痛哭起来。

原来，父亲钱乐恩因为突发脑溢血，经抢救无效，不幸去世。

处理完父亲的后事后，钱嗣杰回新华社总社作了述职。组织安排他在国内休假一个星期。

一天，钱嗣杰突然接到新华社总社的电话，请他到社长吴冷西办公室去。他的心里有些不平静了。因为一般情况下，如果不是什么重大的事情，社长是不会亲自找他谈话的。

到了吴冷西办公室，钱嗣杰正襟危坐，心情颇为忐忑。他从社长手里接过茶杯，静静地等待着社长说话。吴冷西开门见山地说："小钱啊，你自进入新华社工作以来，表现突出，我们对你表示充分肯定。如今，组织决定将你调到中南海工作，担任毛主席的专职摄影师，你有什么想法吗？"

"到中南海工作？"钱嗣杰非常激动，甚至有些不敢相信自己的耳朵。他兴奋地说："愿意服从组织的安排。"吴冷西满意地点了点头，然后严肃地说道："到中南海工作，不是一般的新闻任务，而是政治任务，假如你工作出了问题，不是你钱嗣杰检讨，是我吴冷西得检讨。"

吴冷西还叮嘱他说，除了秘密活动外，毛主席的公开活动一般都要见报，必须把照片拍好，技术上要有绝对的把握。

组织上的决定，让钱嗣杰兴奋了好几天。他事后才知道，调查人员已对他本人及其家庭情况进行了详细的调查和了解，以至于老家的乡亲们都猜测钱嗣杰是不是犯了什么错误。

钱嗣杰介绍说，那时候，只有毛主席、周总理和少奇同志各有一名专职摄影师。

大概过了5天，中央办公厅给钱嗣杰打电话，叫他到中南海。

接受"面试"这天，是公安部副部长兼中央警卫局局长汪东兴带他去的。一路上钱嗣杰十分紧张，浑身上下一直在冒汗，他不知道见到毛主席该说什么。不多久就来到了中南海丰泽园，旁边就是毛主席居住的菊香书屋。刚刚走进房间，钱嗣杰就看见毛主席正坐在那里看书。

"主席，这位是钱嗣杰同志，是新华社派来的。"汪东兴说。

"欢迎，欢迎，快坐下吧。"毛主席听完汪东兴的介绍后放下手里的书，从沙发上站起来和钱嗣杰握了手。

刚一见面，毛主席就看出了钱嗣杰的紧张，于是，他就和钱嗣杰唠起了家常："你多大了？么子地方人？叫么子名字啊？"

"报告主席，我姓钱，叫钱嗣杰，是黑龙江黑河市人，祖籍山东平阴。"

"好嘛，你姓钱，你有钱啊，我可是无产阶级啊！"

毛主席风趣的谈话让周围的人都笑了，钱嗣杰既兴奋又紧张，他后悔自己回答得不流利。主席这一句玩笑话，让钱嗣杰紧绷的神经一下子放松了下来，说话和动作也自然多了。

钱嗣杰简单地汇报了自己在非洲工作的情况和所见所闻。毛主席听完后，高兴地说："将来我们要一起工作了，以后见面的机会就多了。"

半个小时的谈话完全改变了他对毛主席的印象：他老人家并不是人们想象的那么严肃，而是非常幽默、平易近人。

"面试"后的第二天，上级就通知钱嗣杰搬进中南海办公，钱嗣杰成为毛主席的第三任专职摄影师。

其实，这次"面试"并不是钱嗣杰第一次见毛主席。

早在1950年，钱嗣杰任中央新闻总署新闻摄影局记者时就给毛主席拍过照片。那一次，毛主席参加在北京饭店举办的捷克斯洛伐克国庆招待会，钱嗣杰在邹健东、齐观山两位老记者的带领下，负责了此次活动的采访任务。

钱嗣杰说，那会儿还没有人民大会堂，毛主席的外事活动基本都在北京饭店或者是中南海进行。这是钱嗣杰第一次见到毛主席。

初次见到毛主席时，他既紧张又兴奋。那天，毛主席神采奕奕地走来，钱嗣杰和大家一起忘情地不断鼓掌。一旁的老记者低声问道："刚才主席情绪很好，你拍了吗？"钱嗣杰的脑袋"嗡"的一声，才忽然想起自己肩负的重任。于是，他慌慌张张地按下了快门。由于紧张，他甚至没有把毛主席的身影留在画面中间。后来，在使用这张照片的时候，不得不经过认真的剪裁和处理，才把毛主席的身影放在了照片的中间位置。

钱嗣杰自豪地说："给主席当摄影记者太光荣了！要知道新华社好几百人哪，能选到我，我是又高兴又紧张哪！"说起当年的事情，钱嗣杰依然兴奋不已。

"这个工作责任太重大，压力也挺大，是不能出一点问题的，可以说非常重要。"钱嗣杰指着手中的一张照片说，"比如说这个照片，今天主席活动，已通知各报，那晚上版面都给你留着天窗呢，照片必须得补上去。所以那一段工作确实也很紧张，也很高兴。"

在毛主席身边工作，最基本的一点要求就是要做好保密工作。跟随毛主席外出工作时，家里人根本不知道钱嗣杰的行踪。不打电话，不能通信联系。外宾可能正在天安门或长城参观，如果这时毛主席说可以见，那就立即通知外交部安排接见。毛主席的行动高度保密，往往是上午见外宾，中午突然通知要出发去外地，工作人员必须紧急集合，直到上了火车才知道要去哪里。所拍摄的照片、胶片除公开采用的和部分留作历史资料、赠送外，其余胶片和照片必须定期销毁。在销毁的时候，将这些东西放在一个上锁的废片箱内，还有专人监督。销毁结束前，要认真检查其是否完全烧尽，任何人不得私自留底。在跟随毛主席的6年时间里，钱嗣杰拍摄了数万张照片，但他手上没剩几张，仅有5张与主席合影的纪念照片。

每次活动前钱嗣杰都十分紧张，生怕在关键时刻"掉链子"。每一次活动前，他都要反复检查前期准备工作是否做好，不敢有任何懈怠。为保险起见，他每次出去都带上两部相机，以防出什么差错。那时，汪东兴要求摄影师不得私自与领导人合影，也不许向领导人索字、求诗。所有工作人员必须实行24小时值班制，随时待命。一接到中央办公厅通知，说走就走，必须马上行动，而且必须严格保密，不许向任何人泄露行踪。

钱嗣杰说，在毛主席身边工作是辛劳的，也是幸运的，更是幸福的。

畅游长江留下经典形象

当年毛主席身着浴衣站在船头向人们挥手致意的那张照片，可谓家喻户晓，而这个瞬间就是钱嗣杰为世人记录的。《毛主席畅游长江》是一张当年影响极大的经典照片，我们的话题就从这张照片说起。

钱嗣杰说："毛主席他老人家对游泳真是有瘾的。1966年7月到武汉后便想到长江游泳，此前都'预谋'好几天了。"

这张照片是1966年7月从韶山滴水洞来到武汉不久拍摄的。主席坐车到武昌大堤口码头,然后乘快艇到江心,沿着扶梯下的水。钱嗣杰则坐在后面一艘小木船上跟着拍照。后来身着浴衣站在快艇观望的主席被一个小学生认了出来,于是,整个长江大桥都沸腾了。毛主席热情地向群众挥手致意,钱嗣杰趴在船头抓拍了这一瞬间。

《毛主席畅游长江》照片的发表,等于是向全社会首次公开了主席自隐居滴水洞以来的行踪。

钱嗣杰说,1966年7月16日这天,毛主席非常高兴。上午10点多钟,当他来到长江边的码头时,为他准备的快艇已经等在那里了。毛主席登上快艇,驶向江中心。

正在这时,恰遇武汉市为亚非作家会议在武汉召开而举行的横渡长江游泳比赛的队伍。此时比赛刚刚开始不久,5000名游泳健儿正在长江劈波斩浪,一艘快艇破浪驶来,与逆向而来的游泳健儿相遇,站在快艇上的正是毛主席。一个小学生突然认出了身着浴衣站在快艇上的毛主席,便大声欢呼:"是毛主席!是毛主席!"于是,整个长江武汉段沸腾了,立即响起"毛主席来了!毛主席万岁!"的口号声。紧接着,游泳大军高举百面红旗,朝着毛主席的方向游了过去。在旗帜映红的江面上、两岸江堤上,无数人高喊:"万岁!万岁!毛主席万岁!"与此同时,停港的船舶汽笛齐声长鸣,向毛主席表示敬意。一时间,震天动地的欢呼声淹没了滚滚长江的风浪声。

这时,钱嗣杰坐在一条木船上,正准备为毛主席拍照。只见毛主席神采奕奕地出现在甲板上,检阅与江水搏斗的游泳大军。看到游泳健儿们意气风发、斗志昂扬的动人场面,毛主席十分高兴。他一会儿走到快艇的这一边，一会儿走到快艇的那一边，在热烈的欢呼声中向大家频频招手，并高呼："同志们好！同志们万岁！"钱嗣杰十分激动，趴在船头不断地抓拍下毛主席招手致意的镜头。

就在人欢水笑、群情沸腾的时候，毛主席乘坐的快艇已经驶到武昌大堤口附近。毛主席迈着稳健的步伐，从船舷的扶梯走了下来。等快艇开到江中心时，主席才开始下水。他先在水里浸了一下，然后便伸开双臂畅游起来。钱嗣杰一看手表，此时正好是上午11时整。

7月，长江正值汛期，水流湍急，浪涛滚滚。毛主席在浩瀚的江面上，时而挥臂侧游，拨开层层波涛，破浪前进；时而仰卧水面，看万里碧空。

陪同游泳的时任中共中央中南局第二书记、湖北省委第一书记王任重和一群矫健的男女青年，围绕在毛主席前后。

在群情激昂的游泳队伍里，毛主席高兴得简直像个孩子。只见他老人家一会儿仰泳，一会儿侧泳，一会儿漂浮。有时，还把一条腿搭在另一条腿上……钱嗣杰坐在后面的一艘小木船上，一直跟着他不停地拍照。

毛主席一面击浪前进，一面同周围陪伴游泳的群众谈笑风生。其中一位女青年告诉毛主席："我这是第二次在长江里游泳了。"毛主席笑着对她说："长江又宽、又深，是游泳的好地方。长江水深流急，可以锻炼身体，可以锻炼意志。"

将近中午12时，辽阔的江面上刮起了5级大风，浩浩江面波涛滚滚。停候在江心的快艇向毛主席驶来，准备迎接他上船，王任重也几次请他上快艇休息。毛主席问："游了多少时间？"周围的人说："45 分钟了。"毛主席兴致勃勃地说："还不到 1 小时嘛！"接着又继续向东游去。游到 65 分钟的时候，王任重再一次请毛主席上艇休息。毛主席风趣地说："你是这里的省委第一书记，我听你的命令。"

这次畅游长江，毛主席从武昌大堤口顺流而下，一直游到武汉钢铁公司附近，游程将近 15 公里。

钱嗣杰说，在整个游泳过程中，毛主席一直精神焕发。哪怕是在登上快艇的那一刻，仍旧精神饱满，看不出有半点倦意。说到这里，时隔 56 年、如今已 95 岁高龄的钱嗣杰还感到十分惊讶。他说，后来新华社社长吴冷西在看到毛主席畅游长江的照片后，十分高兴，感慨道："这实在是太珍贵了。"

1966 年 7 月 18 日，毛主席从武汉回到北京。

1966 年 7 月 25 日，《人民日报》头版头条登载了《毛主席畅游长江》的通讯和钱嗣杰所拍的毛主席在快艇甲板上检阅游泳健儿、毛主席乘风破浪畅游长江等照片。当天，国内各主要报纸都刊发了钱嗣杰所拍的这些新闻照片。毛主席对钱嗣杰所拍的照片也很满意。

那天，毛主席畅游长江后，钱嗣杰还为他拍下了一张以武汉长江大桥为背景向群众挥手致意的照片。

钱嗣杰说，毛主席畅游长江，是一次万众瞩目的富有象征意义的活动。"跟着毛主席在大风大浪中前进！"很快成为全国家喻户晓的政治口号。

走下天安门城楼

在跟随毛主席做专职记者的 6 年时间里，让钱嗣杰印象深刻的还有 1966 年国庆节。

这天上午 10 时，毛主席和其他中央首长、民主党派人士检阅参加游行的各地各民族、各界代表和首都群众。

钱嗣杰说："在这天，我们要拍摄民主党派人士、外宾和登上天安门城楼的英雄模范人物、群众代表，但最主要的任务是拍好中央领导同志，特别是毛主席、周总理等领导同志。"

这天，钱嗣杰从上午 9 点开始就一直紧随毛主席。由于拍摄毛主席在天安门城楼上挥手的正面照有一定难度，栏杆前可供记者回旋的余地很小，相机一举，镜头和领导人近在咫尺，拍出来的效果很容易失真，钱嗣杰说他不得不仰着身子，尽量拉开距离。但这样也很危险，因为容易掉下城墙。每当这时，毛主席和周恩来总要关切地提醒记者小心，有几次周总理甚至亲自上前紧紧拉住记者的衣角，关爱之情溢于言表。

这一天，有许许多多的精彩瞬间。钱嗣杰说，但最经典的是毛主席和群众坐地观看天安门广场放烟火这张照片。

钱嗣杰说，那天晚上，首都群众集中在天安门广场看烟火。接待晚宴结束后，已是晚上 9 点时分，这是当晚天安门广场放烟花的时间。只见广场上空不时绽放出朵朵绚丽的焰火，无比璀璨。此时，天安门广场已完全开放，广场上挤满了来自全国各地的群众，人声鼎沸，人头攒动。

毛主席参加完晚宴稍事休息后，神采奕奕地走到天安门城楼的栏杆前，凭栏远眺，聚精会神地观看着前方天空绚丽多彩的烟花。正在这时，广场上的群众看到毛主席高大的身影出现在城楼上，他们异常兴奋和激动，不停地高呼："毛主席万岁！毛主席万岁！"欢呼声此起彼伏，久久地响彻在天安门广场上空。随着呼喊声的传递，越来越多的群众聚集到天安门城楼下。

钱嗣杰说，与此同时，毛主席看到广场上欢腾的人群也非常高兴，频频地向广场上的人群挥手致意。突然，毛主席没有和任何人打招呼，转身离开了城楼，径直向电梯间走去。

钱嗣杰急忙和警卫员一起紧跟了上去，他俩和毛主席的前后距离不到2米远。钱嗣杰想，毛主席在城楼上参加活动很少坐电梯，通常是背着手走楼梯上楼。他还在想，毛主席这次出乎意料地从天安门城楼上乘坐电梯下楼，这么急切地走到地面是为了什么呢？

就在这短暂之间，电梯已经稳稳地降到了地面。

电梯门自动打开后，只见毛主席一个箭步迈出了电梯门，大步流星地穿过了天安门城墙的门洞，疾步向金水桥走去。

当来到金水桥头的时候，毛主席突然停住了脚步，他仰望着天空。远方五彩缤纷的礼花映红了他老人家慈祥的面容，高大的身躯显得更加伟岸、健硕。

周恩来总理一看毛主席走了下去，也马上跟了下来。

天安门广场上的群众一看毛主席站在金水桥上，异常高兴和激动，都想近距离看看毛主席，人群都在往前涌。他们心潮澎湃，激动万千，不时爆发出雷鸣般的掌声和欢呼声，宽阔的广场成了欢乐的海洋。

毛主席不停地向热情似火的群众点头示意。这时，蜂拥而至的人群离毛主席越来越近了，人们争先恐后地与毛主席握手，许多人流下了激动的泪水。

这时，毛主席已经走到金水桥上，周围已经挤满了蜂拥而来的群众，只见他老人家双腿就势一盘，微笑着往地上一坐，就像一位普通的慈祥的老人一样席地而坐，微笑着瞧着大家。

此时，周恩来总理也来到了毛主席身边，他见毛主席席地而坐，也高兴地与毛主席坐在了一起。两位伟人无拘无束地交谈，完全融于人民群众欢乐的海洋里，同人民群众一起欢度着国庆之夜。

北京的秋天夜冷风寒，警卫员担心毛主席受凉，正掉头往回跑，想去为两位老人搬座椅，毛主席立即摆手制止了。毛主席非常兴奋地向人民群众频频点头，既像和大家打招呼，又像在示意人们安静下来观看焰火。

此时，一直跟随毛主席的钱嗣杰正好站在两位领导人的对面，正想抓拍几张照片时，身后的群众纷纷向他高喊："照相记者请蹲下！""那位同志快坐下来，快坐下来。"钱嗣杰意识到自己的身体已经挡住了他们看毛主席的视线，他赶紧抓拍了两张照片就坐下了。然而，刚刚坐下来的钱嗣杰看着眼前这一切，他再次心潮澎湃起来。职业敏感告诉他，这"突发"的一切太感人、太难得了。毛主席和周恩来总理席地而坐，一边交谈，一边与广大人民群众心无旁骛地欣赏着礼花，不时跟群众招手，兴致正浓，其乐融融。

那一刻，领袖与群众之间没有距离，彼此之间情感真切，中间没有布防，没有警卫，没有隔阂，是领袖和人民心相连、意相通的真情流露。钱嗣杰想，一定要记录下这千载难逢的历史瞬间。他迅速调整好焦距，再一次站了起来，并疾速地按动了快门。这一次，他一连拍了十几张照片。就这样，钱嗣杰职业生涯最经典的作品之一《毛主席在我们中间》诞生了。

钱嗣杰说，这样幸福而动人的情景一直持续了20多分钟。这是毛主席在多次国庆活动中唯一一次走下城楼，唯一一次与群众在天安门广场一起看烟花，这样的场景实在是太珍贵了。

钱嗣杰为后人留下了空前绝后的经典瞬间。

由于国庆活动期间的天安门城楼备受关注，因此，除了拍好国庆照片外，钱嗣杰还有一个"秘密"的工作要做——及时"扔"出胶卷。

按照规定，新华社需要在上午收到拍摄好的国庆新闻照片，赶在中午之前把图片发出去。也就是说，在上午10时20分左右，拍好的胶卷必须送出天安门。但那时，钱嗣杰身处严密"封闭"的天安门城楼上，如何将胶卷送出去？大家商量出了一个"扔胶卷"的办法——将胶卷密封后扔到指定的城墙下，由指定人在城墙下对接，之后立即送到新华社。经过实地比较，将"扔胶卷"的地点选在天安门城楼比较僻静的东北角。按照约定时间，城墙下早有人等候，送胶卷的汽车停在石碑胡同，司机拿到胶卷后以最快的车速送到新华社。中午，恢宏壮观的国庆新闻照片便准时发往全世界。

1976年9月9日，毛主席与世长辞。

那几天，钱嗣杰就在布置灵堂的现场拍照。他看见毛主席安详地躺在鲜花丛中，身上覆盖着党旗，他老人家头发稀疏，脸上布满了老年斑，顿时，以往朝夕相处的一幕幕涌上心头，钱嗣杰有说不出的哀伤，整天吃不下饭，眼泡儿始终是肿的。毛主席的遗体被移到人民大会堂后，钱嗣杰看到每天前来吊唁的干部群众悲痛欲绝，他常常控制不住情感的闸门，泪水早把相机的取景框打湿了。

钱嗣杰说："在毛主席身边的6年，是我一生中最值得留恋的岁月。"

2022年12月30日，钱嗣杰因病在北京逝世，享年94岁。

跟随毛主席转战陕北的日子
访原中央纵队电台报务员李锦华

李锦华，男，汉族，1931年3月生，陕西定边人。1944年7月参加革命，1945年到延安参加八路军，1948年加入中国共产党。解放战争时期，李锦华担任中央纵队（一大队一队）电台报务员，跟随毛主席转战陕北。新中国成立后，担任解放军总参第六十一研究所副所长。后历任新华社军管领导小组党组成员、新华社国际部党支部书记。2020年8月因病逝世，享年89岁。

李锦华是一位参加过解放战争的老干部。一直从事通讯工作，曾长期为党中央、中央军委和毛主席服务。在他生前，为了收集毛主席的故事，我们曾多次到他家中采访。

撤离延安保实力

李锦华是毛主席转战陕北期间自始至终的亲历者之一。从成立中央纵队后的第一天行军,到党中央离开陕北,李锦华一天也没有落下,是毛主席转战陕北全部过程的亲历者。

李锦华说,毛主席选择转战陕北是根据当时整个革命形势、国内局势的变化所做出的战略决策。当时,蒋介石背信弃义破坏"双十协定",从1946年6月起,发动对我中原解放区的全面进攻。经过7个月的较量,国民党没有在军事上占上风,反而由毛主席和共产党领导的人民解放军消灭了国民党军的66个旅,迫使蒋介石把"全面进攻"转变为"重点进攻"。蒋介石的重点进攻地区有两个,一个是山东解放区,一个是陕甘宁边区。蒋介石到西安亲自坐镇,重点加大对陕甘宁边区的进攻力度,并与胡宗南一起研究进攻计划。

从毛主席、党中央做出主动撤离延安、转战陕北的决策,可以看出毛主席作为伟大战略家的雄才大略。在解放战争初期,驻守在河北张家口地区的我军某部,由于没有按照毛主席的军事思想行动,消极防御,最终狼狈不堪地被敌人占领了阵地。李锦华的家乡位于陕北定边。当时,定边县领导也没有执行毛主席的战略思想,与敌人硬拼。结果,把一个战斗力很强、由红军时期发展起来的部队全部拼掉了,而当时的延安就不是这样。

1947年2月,蒋介石调集34个旅约25万人马,其中,胡宗南的精锐部队有十多万人,准备向陕甘宁边区发起进攻。其整体军事部署是:邓宝珊部在北边,马鸿逵、马步芳部在西边,胡宗南部在南边，东边是黄河，从南、西、北三个方向，对我党中央机关和西北野战军实施包围攻击。

1947年3月10日，国民党军的攻击准备就绪。3月13日，胡宗南的部队开始向延安发起进攻。3月18日夜晚，我党中央撤离延安。由于我军是主动、有序的撤离，敌军自然是迅速、顺利"光复"。次日，胡宗南部队占领延安时，延安已是一座空城。我党在撤出延安时，已把单位所用的物资均进行了处理，包括带不走的东西，该埋的埋了，窑洞门框都拆了。胡宗南"占领"延安后，为了舆论宣传的需要，他搞了一个"庆祝大捷"的活动，把自己的兵扮作解放军"战俘"表演了一番。实际上，我军主动放弃延安，部队实力没有受到损失。

敌军"占领"延安后，蒋介石、胡宗南开始并未察觉我军主动撤离的战略意图，于是野心膨胀，公然叫嚣要在三个月到半年内消灭我党中央和西北野战军，至少要把我党中央赶到黄河以东去。

毛主席在转战陕北的过程中，曾发生了很多生动的故事。李锦华回忆说，毛主席转战陕北用一句通俗易懂的话来形容：国民党军队要进攻延安，毛主席决定撤出延安并留在陕北，继续与蒋介石进行军事和政治上的较量。

1947年3月29日晚至30日，毛主席在清涧枣林沟主持召开中央会议，讨论中央机关行动问题。会议决定成立中央前敌委员会（简称"中央前委"）、中央后方工作委员会（简称"中央后委"）。中央前委由中央书记处3位书记毛泽东、周恩来、任弼时率中央机关和人民解放军总部留在陕北坚持工作，指挥西北和全国的解放战争。中央后委则由刘少奇、朱德等负责，转移到太行山晋察冀根据地开展工作。

李锦华说，在强敌压境的情况下，毛主席等中央领导同志率领前委机关人员，转战在陕北的崇山峻岭之间，仅以4个半连的警卫部队与胡宗南几十万大军周旋。在强敌布阵的间隙穿插迂回，牵着敌人的鼻子转圈。有时与敌人擦肩而过，有时在敌人的夹击之下，有时在敌人的大包围之中。在极其艰难的条件下，由于毛主席和党中央的英明领导和正确指挥，尽管情况常常万分紧急，但均化险为夷，创造了中外战争史上的奇迹。

就毛主席党中央转战陕北的决策，李锦华说，当时大家的认识并不太清楚，主要有两种想法：第一，为什么要主动撤离延安？第二，毛主席为什么要留在陕北？

一开始大家并不太理解。延安是党中央的指挥中枢、解放区的首府，为什么要主动放弃？但听说这是毛主席、党中央的决定后，大家都坚定不移、信心百倍了。因为长期的革命斗争实践使大家形成了一个共识：跟着毛主席走，不会有错。

事实证明，毛主席主动撤离延安和转战陕北的决策是非常英明、正确的。毛主席说，我党中央和人民解放军总部必须继续留在陕甘宁边区，此地区地形险要，群众基础好，回旋余地大，安全方面完全有保证。更重要的能够牵制国民党军的一支很庞大的力量，进而缓解其他解放区的压力。后来陕北战场战局的发展变化和最终结果，完全印证了毛主席的的英明论断和预言。

虎口脱险破"围剿"

李锦华回忆说，胡宗南"占领"延安后非常嚣张。他兵分四路齐头并进，有的部队甚至开进了榆林一带。在胡宗南重点进攻陕甘宁边区时，已有23个县相继被国民党军"占领"。那时，毛主席率领的中央纵队只有一二百人，加上警卫部队4个半连。面对星罗棋布、张牙舞爪的敌人，毛主席率领的中央纵队只能在缝隙中迂回穿插，每一个细小的行动都惊心动魄。在这一过程中，曾发生过三次重大险情。但是，在毛主席的英明决策指挥下，均化险为夷。

第一次险情，胡宗南察觉毛主席、党中央就在王家湾的行踪后，立即调兵进行大规模围歼。结果，我军与敌军"擦肩而过"。

那是1947年4月12日至6月8日，毛主席、党中央在靖边王家湾住了50多天，后被敌人发觉。中央前委的驻地怎么会被敌人发觉呢？据说，是被敌人的电台测向测到的。但实际上，当时测到的并不是中央前委机关，而是西北局机关。因为西北局机关的驻地也在那个方向。敌人得到情报后，立即派大部队进行"围剿"。那时，中央前委的电台叫一大队，李锦华所在的电台是一大队一队。李锦华说，一队联络的对象是东北野战军，他们的驻地叫羊额儿湾。他们得到了敌军将要前来围歼的情报，于6月8日晚饭后集结待命。

当时，党中央电台位于敌军进攻的最前方，敌军离电台只有5公里的距离。平时警卫电台的是一个班，因情况十分紧急加强到一个排，配了机关枪，还派了一个参谋来指挥。这时，中央纵队司令员任弼时下达命令，要求部队在天黑后立即紧急转移，并强调，在转移过程中，绝对不能发出声响、暴露灯光。开始行军时，天上下着雨，且越下越大。行军途中，漆黑一团，伸手不见五指。行军至半夜时分，李锦华他们突然看到对面山头上的敌军用手电筒晃来晃去正在巡察。大家谁也不说话，那么多人，愣是没发出半点声响，就这样在敌人的眼皮子底下静悄悄走过去了。行军至第二天中午，李锦华和战友们看到毛主席也骑着一匹白马过来，全身早已被雨水淋透了，但毛主席精神状态很好，高兴地与大家打招呼。

李锦华回忆说，平时行军到天明就隐蔽起来。这一次不同，他们一直继续走到了晚上，一共走了20多个小时。事后才得知，这次化险为夷，是毛主席在行军路线上改变了方向：由向东走改为向西走。还听说，在确定转移方向时，任弼时与毛主席还发生了争执。任弼时认为应该向东走。他认为，东面是黄河比较安全，向西走是马鸿逵的防区，很危险。毛主席则坚持往西走。毛主席说应当出其不意。最后，周恩来副主席提出，先向北再向西。

当时，很多同志也觉得这次转移行军不同于往常。因为部队行军前都要打前站，这次电台的管理员和大队长按原计划打前站去了，由于行军路线改变，派人去追他俩。结果，大队长被追回来了，管理员因为走得太远，一直追到了黄河边都没有追上，最后也没能追回来。这次王家湾险情转危为安，是毛主席的英明决策。

第二次险情发生在1947年7月。胡宗南派重兵在绥德以西布下口袋，东西夹击，下决心要将我中央纵队消灭在绥德地区。任弼时作动员时传达毛主席的指示说，一定要赶在敌人合围之前通过绥德。他要求大家尽量减少携带非必要的物品，以最快的速度行军。李锦华说这一次转移给他留下了非常深刻的印象。他在延安时买了一本精装唐诗，按照上级轻装行军的规定要求，他忍痛割爱把书的内页撕下来处理掉，只剩了书皮。按照毛主席的指示，部队白天行军，在敌军形成包围之前快速通过绥德，安全到达了佳县。

第三次险情发生在沙家店。这是毛主席转战陕北遇到的最危险的一次险情。

6月30日，我晋冀鲁豫军区部队（刘邓大军）在鲁西南抢渡黄河，拉开了解放军转入战略进攻的序幕。那时，中央军委提出"两厢牵制，三军配合"的战略方针。"两厢"就是陕北和山东，"三军"是指刘（伯承）邓（小平）大军、陈（赓）谢（富治）大军、陈（毅）粟（裕）野战军。根据中央军委部署，彭老总指挥西北野战军将胡宗南部引向陕北戈壁、沙漠地带。

7月26日，彭老总率西北野战军主力进攻榆林，我军直逼榆林城下形成包围之势。蒋介石怕榆林丢失，急令胡宗南的整编一军、整编二十九军，兵分两路向绥德集结。还令整编36师轻装急进驰援榆林。这样，就把国民党胡宗南的主力调到了米脂、佳县一带。此时，彭老总认为，调动胡宗南部的目的已经达到，他撤出榆林战斗，向榆林东南、米脂东北地区隐蔽集结，结果造成了西北野战军主力与中央纵队被"挤压"在榆林、佳县、米脂三县交界的狭小地区的局面。

周恩来副主席电告彭老总："中央不过黄河，关键在迅速歼敌一部，保证党中央的安全。"接到周恩来副主席的指示后，彭老总迅速下令，要许光达率领一、三纵队负责接应掩护中央纵队转移，并电请党中央、毛主席向西北野战军靠拢。同时，彭老总及时根据新的战略态势，调整了兵力部署，并向毛主席表达了要在沙家店地区歼灭敌整编36师的决心。毛主席回电指示彭老总说："好，这一仗一定要向全体指战员讲清楚，要教育参战人员，这是对整个战局具有决定意义的一战。要坚决彻底干净全部地消灭敌人，不让一个敌人跑掉。"

彭老总根据毛主席的指示和周恩来传达毛主席"在战略上作调整"的重要讲话精神，把原计划攻击榆林的部队撤回，埋伏在沙家店附近，伺机消灭敌人。

沙家店战役打响后，西北野战军激战一天，歼灭了胡宗南整编36师师部和两个旅，共歼灭、俘虏敌军6800余人，俘敌旅长刘子奇，敌师长钟松和另一个旅长李日基等化装逃跑。

李锦华说，沙家店战役对于扭转西北战局有着重大的意义。在转战陕北一年的时间里，中央机关一直远离野战军。沙家店战役取胜后，中央机关与野战军才挨得比较近，还接通了有线电话。这也是党中央、毛主席唯一一次靠近野战军。

沙家店战役后，西北野战军召开了旅以上干部会议，毛主席、周恩来、任弼时等中央领导都参加了会议。毛主席在会上高度评价沙家店战役说："这一仗打得漂亮，打得好，对扭转西北战局有决定性意义。最困难的时期已经过去了。打了这一仗后，战争的主动权完全掌握在我们手里了。"毛主席对彭老总也有很高的评价。毛主席说："不顾兵家之忌，指挥西北野战军英勇奋战，在短短的一天时间里就取得了空前的胜利。"

李锦华说，在毛主席转战陕北的伟大征程中，时任西北野战军司令员兼政治委员的彭老总率领西北野战军英勇奋战，为保卫毛主席和中央前委胜利完成转战陕北任务，作出了历史性重大贡献。

当时，西北野战军只有6个旅共计2万6千人，装备非常落后，是完全的"小米加步枪"，而且由于陕北地区十分贫穷，加上当年还有灾荒，西北野战军的作战条件是极为困难的。而国民党军拥有美式的现代化武器装备。但彭老总率领西北野战军，坚决执行毛主席和党中央的战略决策，不怕困难，不怕牺牲，坚持灵活机动的战略战术。他们打的每一次战役都是胜仗。包括青化砭战役，这是西北野战军在胡宗南"占领"延安后，一周时间内打的第一个大胜仗。

当时，我党情报部门事先得到了国民党部队要经过青化砭的时间，彭老总决定在这里设伏。可是，敌军并没有在原定时间出现，怎么办？彭老总说再等一天。坚持一天后，敌军果然出现了，打了一个漂亮的歼灭战。就这样，在不到一个半月的时间内，西北野战军连续打了三次战役，分别是青化砭战役、羊马河战役、蟠龙战役，史称"三战三捷"。后来，外线的宜川、瓦子街战役也获大胜，这场战役消灭敌军2.9万多人，毙敌整编第29军军长刘戡。这是西北战场我军转入战略进攻后取得的第一个大胜利，毛主席对西北野战军的表现给予高度赞扬，专门写了《评西北大捷兼论解放军的新式整军运动》一文，全面论述了这次西北战争。

李锦华说，这些战役打完后，整个西北战场局势发生了根本性变化，中央前委基本上再没有受到胡宗南的骚扰。不仅如此，西北野战军在转战陕北过程中，还迅速发展壮大了自己的武装力量。

四部电台显威力

李锦华说，毛主席转战陕北、指挥解放战争，电台是他唯一的，也是最重要的指挥工具。李锦华作为当时的电台报务员，回忆了中央纵队建立通讯联络大队（一大队）、电台构成、电台联络对象范围等鲜为人知的重要史实。

李锦华回忆说，周恩来副主席曾说，电台加中央委员，就是党中央。为什么这么讲？因为在当时的情况下，毛主席、党中央是通过电台指挥全党全军的，电台是唯一的通讯工具。

转战陕北期间，中央前委电台有三个大队，一大队管通讯，二大队负责情报，没有三大队，四大队是新华社的新闻宣传。

为了确保毛主席、党中央转战陕北的指挥通讯顺畅，在中央纵队成立的同时，我军组建了通讯联络大队（一大队）。根据电台大队长黎东汉的回忆，1947年3月，党中央撤离延安前，军委三局局长王诤给他交待任务时讲："中央前委决定成立一个通讯联络大队，代号是一大队，由你任大队长，负责保证统帅部对全军的指挥。这副担子很重，相信你能挑起来。"接着，王诤局长要他到周恩来、任弼时那儿报到。

接见黎东汉时，周副主席说："欢迎你，一大队长。这次中央留在陕北，电台是毛主席指挥全党全军唯一的通讯工具，一定要保证毛主席、党中央的指挥畅通无阻。"黎东汉说："请周副主席转告毛主席，请他放心，我们保证完成任务。"同时，周副主席还交待二大队、四大队，要与一大队密切配合，做好相关工作。

李锦华说，黎东汉大队长早在长征中就做通讯工作，是军委通讯部门一名很优秀的技术干部。他接受这次任务后，立即组建了通讯大队，踏上了跟随毛主席转战陕北的新征程。全国解放后，黎东汉参加过1950年召开的全国劳模代表会议，被评为全国劳动模范，1955年被授予少将军衔。

李锦华说，中央纵队一大队电台的组成，一开始有4部电台，每部电台均叫"队"，即一队、二队、三队、四队。一队主要负责联络东北野战军，另有一个任务是联络地下党组织。一队队长是个老八路，报务主任也是个老八路，报务员中有一个叫吕天文，也是个老八路，李锦华是一队最年轻的报务员。二队负责联络晋察冀和华东野战军。三队负责联络西北野战军和中原野战军。

为了保障毛主席、党中央指挥畅通，当时从全国来讲，通过电台需要与中央保持畅通联络的对象有很多，但在毛主席转战陕北期间，不能有更多的电台干扰，而且，不能像在延安时那样用大功率电台。因此，跟随毛主席转战陕北的只有3部小型电台，以及周恩来副主席从晋绥带来的一部电台，共4部电台。这几部电台联络的对象，均是当时全国各解放区、各军区和野战军的主要负责同志。那时，中央还有许多事情需要使用电台，由于特殊情况不能发报，只能通过中央后委的电台与各野战军、各解放区保持经常性联络。

李锦华回忆说，在毛主席转战陕北的特殊通讯环境下，我党电台的联络经常会出现"联不上"的现象。有一次，他能听到"东野"的信号，但就是发不出电文，心里非常着急。由于电台功率小，队长忙活了一整夜都没有联络上，最终，这一电报还是未能发出。李锦华把这个异常情况报告给黎东汉大队长。当时，大队长正患重病，因事情重大，他接到报告后，赶紧叫人扶着来到现场，对电台进行详细的诊断检修。最后，确认是电台的天线有问题。李锦华和同事们赶紧调整天线，终于接通了"东野"的电台，确保了电报顺畅发出。从此，李锦华和他的战友每到一个地方，总要对电台天线架设有特别要求，一是选好方向，二是尽量架高。

李锦华说，跟随毛主席转战陕北做电台收发报工作，是非常辛苦的。大家一起行军，宿营下来后却不能马上睡觉休息，必须先把电台架设起来。电台工作人员要有不怕艰苦、团结一心、勇于牺牲的精神。有一次,一队从队长到报务员都患了痢疾,且很严重,有的一天跑厕所几十次。但大家互相照应,继续坚持工作。在紧急情况下,只要上级有电报要收发,哪怕面临生死危险也要坚持工作。一次,在佳县、榆林一带,李锦华说,面临敌军大部队的围追,大家正在紧急行军途中,忽然接到任务说毛主席有紧急事项要给西北局发报。李锦华及同事不顾个人安危,立即停止行军,开始架线发报。大队长亲自把这份特急电报发了出去。李锦华说,发报时,敌人离他们已经很近了,能清晰地听到敌人的枪炮声。

李锦华认为,毛主席转战陕北,作为在一个特定时期发生的一段党史军史,它的意义非常深远。他说:"这段历史已经过去了70多年,回顾这段辉煌历史,完全可以说,没有毛主席转战陕北的胜利,就没有三大战役,就没有渡江作战和解放全中国。"

1948年3月,西北野战军转入外线作战,中共中央坚持留在陕北的任务已经胜利完成。为了更直接地掌握各个战场的情况,便于指挥即将到来的战略大决战,中央前委决定前往华北。1948年3月23日,毛主席率领中央纵队从吴堡县东渡黄河,离开战斗了13年的陕北。

李锦华说,毛主席转战陕北的时间现在有几种提法,有的说是370天,那是从胡宗南发起进攻、党中央撤离延安时算起。但是,李锦华认为应是360天,即从1947年3月29日晚中央书记处开会,做出成立中央前委和后委决定的那天算起。毛主席转战陕北,先后走了12个县37个村,累计行程1000多公里。毛主席和周恩来、任弼时在陕北最艰苦的环境中,成功地指挥了全国各解放区和人民解放军的行动。周恩来曾评价毛主席,他说毛主席是在最小的司令部,指挥了一场世界上最大的人民解放战争。

李锦华动情地说:"跟随毛主席转战陕北,对我而言,是一段终生难忘的峥嵘岁月和辉煌岁月。几十年过去了,回忆起当年毛主席指挥若定的伟大战略家风范,我仍然激动不已。"

毛主席在 118 厅的故事

访人民大会堂服务员张善兰

> 张善兰，女，汉族，1940 年出生，山东烟台人。1959 年 4 月由山东烟台机床厂选调至人民大会堂管理服务处，担任人民大会堂 118 厅服务员。

人民大会堂 118 厅是当年毛主席在人民大会堂办公和休息的地方。2023 年 3 月的一天，我们采访张善兰，听她讲述了许多关于毛主席在 118 厅的故事。

1959 年年初，国务院派人到全国各地为即将建成的人民大会堂选调服务员。当时 19 岁的张善兰是山东烟台机床厂的一名普通铣车工。一天，厂里的领导找她谈话，问她愿不愿意去北京，她点点头表示同意。于是，赶了 100 多里路回家探望了父母之后，张善兰就登上了开往北京的火车。当时被选调到人民大会堂的服务员，全国有 600 多人，山东全省只选了 6 个。

张善兰至今还清楚地记得她到北京的日子：1959 年 3 月 23 日。

服务员们刚到北京时，人民大会堂的工程还没有竣工，大家就居住在国务院招待所，在这里接受岗前培训，学习业务技能，还到郊区大兴去割过麦子。8月，服务员们进入人民大会堂工作，先搞卫生，布置厅室，为国庆10周年做各项准备工作。当时他们实行的是半军事化管理，每天早上，他们都是整队从招待所出发，下班也是整队回到住地。一个月的集训主要是学习业务，端盘子、端碗、倒茶……到9月份，人民大会堂竣工了，他们的各项工作也准备就绪了。

第一次见到毛主席

张善兰回忆第一次见到毛主席的情景。毛主席与她亲切交谈的音容笑貌，她至今记忆犹新，永远无法忘怀。

1959年9月30日下午，党中央、国务院在新建成的人民大会堂万人大会堂举行庆祝中华人民共和国成立10周年大会，晚上安排庆典国宴。一开始，张善兰不知道自己会在毛主席身边工作。因为她刚进人民大会堂工作时，被分配到服务处，服务处有好几个组，张善兰的那个组主要任务是管理118厅和主席台。后来她才知道，118厅是毛主席工作和休息的地方，因为这儿比较方便，毛主席从西南大门进来，不用坐电梯。

张善兰第一次见到毛主席，就是在9月30日这天下午。中央领导都陆续来到118厅，准备参加庆典大会。毛主席来得比较早，张善兰就去给毛主席送茶水，手里还拿了一块毛巾。当时，她心里挺紧张的，紧张得手都有点儿发抖。张善兰先把茶杯放在茶几上，把毛巾递给毛主席。

毛主席见到张善兰后，打量了一下，问："你是什么地方人？"

张善兰回答："山东蓬莱。"

毛主席说："蓬莱好呀，是仙人去过的地方。你叫什么名字？"

"张善兰。"

毛主席说："哦，弓长张，是张飞的后代。善字，与你的面相很配呀。"

毛主席还问了张善兰家庭的情况。这时，其他中央首长都来了，张善兰就给他们一一上茶，直到大会开始，首长们离开118，去了万人大会堂的主席台。

后来，与毛主席见面的机会就更多了。

毛主席与张善兰合影并题词

张善兰在118厅工作，有更多的机会接近毛主席。她向我们展示了多张与毛主席一起合影的珍贵照片，讲述了这些幸福的时刻。特别是得到了两幅毛主席为她的亲笔题词，她自豪地说："我是人民大会堂工作人员中最幸运、最幸福的人。"

20世纪50—70年代，毛主席除了在中南海居住、办公外，还经常在人民大会堂118厅办公。毛主席来到118厅，主要活动是开会、谈话、会见、办公、看书、休息等。118厅内有两个小厅，南面是休息室（卧室）。毛主席来人民大会堂，吃饭、休息都在118厅，服务员天天都能见到毛主席，就像孩子在家里每天见到父母那样。

毛主席非常关心张善兰等服务人员的学习、思想、身体健康。因为他们是从全国各地抽调来的，文化程度都不高，毛主席要求

张善兰和毛主席
合影

他们好好学习，学文化，学历史，学外语。毛主席说，在人民大会堂工作，与外国人打交道比较多，因此最好能学点外语。没过多久，管理局服务处就请来了老师，有教文化课的，有教外语的。后来，这些老师每个礼拜都来给他们上课。

　　有一次，张善兰向毛主席汇报了学习情况。毛主席说："好。你们就是要多学习，不能光搞卫生、招待客人，要安排时间多学习。"在生活上，毛主席比父母亲还关心他们。

毛主席不但与张善兰合影，还给她题字，而且题了两幅呢。

有一天，毛主席在118厅办公，张善兰坐在外面的沙发上翻看毛主席著作（《毛泽东选集》）。毛主席走过来时见到张善兰在看书，他拿起书看了看，说："你还看这个书呀！"

张善兰说："我当然要读毛主席的书呀！"

没有想到，毛主席随手在扉页上写了"好好学习 张善兰"几个字。一会儿，又给张善兰题写了"勤学苦练，为人民服务 毛泽东"这句话。

按规定，毛主席的手迹都是要上交的。所以，毛主席为张善兰题词的这两幅真迹，现在都交到中央档案馆了，张善兰手里的是复印件。

毛主席喝茶吃饭都付钱

毛主席的清廉，在中央领导人中是出了名的。张善兰以第一现场当事人的视角，讲述了毛主席在人民大会堂工作期间，喝茶付茶钱、吃饭付饭钱的故事。我们通过这些看来细小的生活琐事，看到了一代伟人的高风亮节。

张善兰回忆，毛主席喝茶喜欢喝龙井。她给毛主席上茶前，要先把水烧开，用少量的开水把茶叶泡一会儿。为什么呢？一是让茶叶浸润展开来，二是能去掉茶叶上的细尘。然后，等毛主席来后，再冲水泡茶，让毛主席饮茶。

那么，毛主席来118厅后，一般要喝几杯茶？张善兰说，毛主席喝茶，一杯茶要续冲3次水，如果续的次数多了，茶就冲淡乏味了，这时就要重新泡一杯。

张善兰记得非常清楚，毛主席到大会堂工作，吃饭、喝茶从来都是付钱的，他从不占公家半点便宜。毛主席还特别交待自己的生活管理员，让他按时按规定来大会堂结账。

有一次，张善兰向毛主席提出了自己的看法，她说："您是因为工作才到大会堂来吃饭或喝茶，这些费用理所当然是应该由国家来负担的。"但毛主席听后不以为然，批评她说："小张，你这话不对，我怎么就应该？我是国家主席，如我带了头，大家都来这里吃和喝，而且不交钱，那不成了大问题了！"毛主席还叫她"监督"他们（指毛主席的生活管理员）："月底不来交钱，你告诉我。"

张善兰说，毛主席把人民利益看得高于一切，真正做到了全心全意为人民服务。其实，毛主席到人民大会堂来工作，吃的很简单，三菜一汤或四菜一汤。在三年困难时期，毛主席带头不吃肉。毛主席吃饭吃得很快，她们与毛主席一起，一点都不拘束。

我们问，毛主席的儿女来过118厅吗？张善兰说，记得来过。有一次，李讷打电话要来大会堂见主席爸爸，张善兰报告毛主席后，主席说："叫她来吧。"李讷来后，她与主席爸爸搂在一起，说："爸爸，我特别想你。"毛主席说："我也想你们呀！"张善兰给李讷端上一杯茶，李讷喝了，最后照样付钱。

毛主席在118办公工作时，服务员是如何做好服务工作的？张善兰介绍，毛主席工作时，每隔半小时到1小时，她就给毛主席递送1次热毛巾，让他擦一擦，这样可以缓解一点疲劳。毛主席工作很繁忙，不是批阅文件就是看书，文件一堆一堆的，他几乎没有休息时间。她给毛主席递毛巾时，就提醒他休息一会儿，毛主席说："那好吧，现在走一走。"于是，毛主席围着沙发转两圈。因为118办公的地方太小了，张善兰建议毛主席到室外去走一下,因为门厅外地方大一些。毛主席说:"你们大会堂有规定,不能去呀。规定不能去的地方,我绝不能去。"

毛主席两次送钱资助张善兰

新中国成立后,毛主席身边的工作人员换了一茬又一茬,在他们的幸福回忆中,几乎都有自己在工作、学习和生活等方面,曾经得到过毛主席的亲切关爱和帮助。张善兰也充满深情地讲述了 1963 年她家中盖房子、1964 年跟随毛主席视察山东时,先后两次得到毛主席给予的各 300 元资助的故事。

张善兰说,在她的心目中,毛主席比自己的亲生父母亲还亲。1970 年,她生第一个孩子,休了 56 天产假。一上班,毛主席见到后就问她:"你的孩子叫什么呀?"

张善兰的孩子生日是 5 月 16 日,她姥姥给起了一个名字。

毛主席幽默地说:"那叫'516'吧!"

张善兰说:"那可是'反革命'呀!"

毛主席说:"那怕什么,他又不做反革命的事情。"毛主席又说:"你的父母年龄不小了,帮你看孩子,一定很辛苦的,今后你一定要好好孝敬他们。你天天在我这儿工作,你母亲有没有意见呀?"

张善兰回答:"能为毛主席服务,高兴都来不及呢!这是我们全家的幸福。"

毛主席说:"不是幸福,是辛苦。"

张善兰对毛主席讲:"我没有告诉父母我在您的身边工作,不能泄密。"

毛主席听后说:"你连父母都不告诉呀?没关系的,可以告诉父母。你们为我服务,我为人民服务。"

说到那么多年在毛主席身边工作,深受毛主席的教育,张善兰深情地说,毛主席还十分关心她的成长,教育她"不能犯错"。有一年,张善兰跟随毛主席外出视察到了湖南,住宿的地方有一片茶树,张善兰与同事摘了一把茶叶,很高兴地告诉了毛主席。毛主席说:"你们犯错误了,《三大纪律八项注意》你们学过没有?"

张善兰知道错了。毛主席又说:"可不能犯第二次了呀。"毛主席并不是声色俱厉,而是循循善诱。

张善兰还讲述了她们在毛主席身边工作,与毛主席一起吃饭的故事。她说:"我们在一起吃了无数次了。开始时,一是很紧张,二是不好意思让毛主席夹菜给我。我对毛主席说:'主席,我自己夹。'毛主席就说:'那我不给你夹了,你自己吃吧。'毛主席像对自己的孩子一样,关心我。我能得到毛主席的亲切关怀,是我一辈子的幸福。"

说到这儿,可能有人会问,毛主席喜欢吃什么菜?他吃过山珍海味吗?

张善兰说,在她的印象中,毛主席从没有吃过什么山珍海味,吃的就是米饭、红薯、玉米等粗茶淡饭。连国外送他的燕窝,他都让工作人员送到人民大会堂招待客人用。毛主席讲:"我们国家正在建设中,人民的生活还很艰苦,我吃好了,心里不安。"

给主席办公桌加块板

在接受采访时,张善兰还讲述了一个鲜为人知的故事。

毛主席在人民大会堂118厅的办公桌十分简陋,简陋到让人难以想象而为了放置书籍，需要增加桌面面积。当人民大会堂管理处要为毛主席换一张新的办公桌时，毛主席不同意换，坚持只加了一块板。

张善兰说，毛主席在118厅的办公室有一张办公桌，只有三个小屉子，因为书太多了，放不下。毛主席对她说："能否加一块板？"

她问："怎么加呢？"

主席说："你不会加，有师傅会加。"

她马上向人民大会堂管理处领导作了汇报，领导说："重新做一个吧。"

过了两天，主席问："加块板，怎么还没加上呀？"

她马上报告主席："正在做新桌子。"

主席说："为什么要做新的？那是浪费。这张桌子加块板照样可以用，新的我不用。"

结果，没有做新的，只是在旧办公桌上加了一块板。

当服务员提出要给这块板上点油漆时，毛主席说："为什么要上油漆？要什么好看！加块板就行了，照样用。"

毛主席深夜来到118

这是发生在20世纪70年代初期的故事——九一三事件。张善兰回忆了事发当天夜里，毛主席来到人民大会堂118厅，听取周恩来总理的紧急报告，以及毛主席说的那句"天要下雨，娘要嫁人，随他去吧"名言的往事。

张善兰说："我记得，1971年9月13日那天凌晨，人民大会堂的工作人员都下班了，只有我在值班，还有我们组长。突然，中南海打来电话，讲毛主席马上要来。大家赶快来到大会堂，我们大家，包括警卫、秘书都很紧张，不知出了什么事情，不像平时那样有说有笑。

"毛主席来到118厅后，就坐在沙发上抽烟，我给主席上茶，看到主席的表情很严肃，心情很沉重。当时，周总理就住在福建厅，他也很快走过来向毛主席报告紧急情况。周总理汇报完后回到住处，可主席还是坐在那里抽烟沉思。"

张善兰接着说，天快亮的时候，周总理又过来了。这时工作人员抱了一包衣服放在3号厅，有关同志就围着看，原来这是林彪仓皇出逃时，发生枪击后现场收检的血衣等实物，应该是从北戴河连夜送回来的。

天亮后，汪东兴在小厅吃早饭时，对大家简单讲了句："林彪跑了！"也没有多说，但大家听了十分震惊，面面相觑，直到当天下午，中办副主任王良恩向大家传达了九一三事件的经过，大家这才明白了是怎么回事。

九一三事件后，毛主席一直住在118厅，住了好几天。整宵整宵地不睡觉，连吃饭也不正常。平时，毛主席一天只吃两顿，一天只睡两三个小时的觉，而且要吃安眠药片，吃了安眠药也睡不踏实，这是他老人家在为国家为人民操劳。毛主席的护士长有事离开时，就交待张善兰："小张，这儿就交给你了，不要忘了给主席吃药。"张善兰听到里屋主席打呼了，才放下心来。这次看到主席连续几天吃不好、睡不好，她的心里很难受。

1973年以后，毛主席就很少去人民大会堂办公了，他主要在中南海的"游泳池"工作和休息。

张善兰说，1973年，她生第二个孩子。休完产假上班后的一天，毛主席的护士长告诉她："主席来了，要见你。"她马上来到主席那儿。主席问她家里的情况，父母亲怎么样，孩子好不好，问得很细，两个人聊了很长时间。主席这样关心她，让张善兰十分感动。但她看到毛主席的身体状况比前几年差了很多，心里也非常难受。

张善兰最后一次见到毛主席，大概是1973年年底吧。1974年、1975年后，毛主席基本没有去大会堂了。那几年，主席的身体很不好，心脏不好，气管也不好，抢救过几次。1976年，周总理、朱老总先后去世，毛主席因为身体很差，想去参加他们的追悼会，但想去却去不了。

从1959年初来到北京，张善兰一直在人民大会堂工作。曾经与她一起担任过服务员或执行过任务的同志，有的离开了大会堂，有的则先后被调回本省，被分到工厂或饭店。到了1988年，张善兰也离开了服务员岗位，被调到大会堂局办公室，负责内勤，但她的职务二十几年始终没有变过，科级干部，直至1994年退休。

张善兰在回忆了在毛主席身边工作时的一个个生动感人的故事后，饱含深情地说："毛主席身为我们党、军队和新中国的缔造者和伟大领袖，生活简朴，两袖清风，一心为公，一生为民，言行一致。他去世后人民群众每年都为他庆生，这不是没有的，这是因为他终生都在为人民服务，都在为这个国家的富强而操劳，所以他必将永远活在人民心中。"

"流动的中南海"温暖如春

访"毛泽东专列"乘务员王爱梅

> 王爱梅,女,汉族,1937年出生,北京市人。1956年1月参加工作。1956年6月调铁道部专运处任服务员。1956年8月至1967年12月在"毛泽东专列"工作,先后任餐车服务员和客运列车员,主要担负服务和照顾毛主席的工作。1988年退休。

2023年的春天,在一个风吹绿柳、白云飘飘的季节,我们如约来到中国铁路总公司职工宿舍,拜访"毛泽东专列"乘务员王爱梅。

今年已经86岁高龄的王爱梅身穿蓝底白花短袖上衣,浅灰色长裤,手捧一本回忆录《流动的中南海》,坐在沙发上迎候我们的到来。

话题自然围绕"流动的中南海"展开。她说,每年,毛主席的大部分时间都在祖国各地视察、调研。有时,一年中只有一个多月在北京。毛主席的主要交通工具就是专列，而且经常吃、住、办公都在专列上。他主持召开的庐山会议、武汉会议、上海会议、广州会议、成都会议，都是乘坐专列去的。有的会议甚至是在专列上召开的，如郑州会议。

"流动的中南海"，这是中共中央办公厅主任汪东兴对专列的形象称谓。毛主席赞同地点点头，说："就是。"

说着，她打开《流动的中南海》这本书，边翻看边继续讲述："一晃几十年过去了，多少往事已成为模糊的云烟，而'流动的中南海'则刻骨铭心，常常在梦中又回到专列上，醒来后久久不能释怀，哭得像个孩子一样。有几个人能在毛主席身边工作啊？如果这段特殊的经历不能记录下来，将是我终身的遗憾。可自己小时候没读过多少书，文化水平有限，后来在许多朋友的帮助下完成了这本回忆录，一个萦怀几十年的心愿终于实现了。"

王爱梅说："在我眼里，毛泽东不仅是领导中国人民彻底改变自己命运和国家面貌的一代伟人，而且还是一位情感丰富、平易近人的慈祥长辈。"

她侃侃而谈，把我们带到了"流动的中南海"……

"王字下面拐出个尾巴，那不是毛字吗？"

1956年8月，第一次执行专运任务时，王爱梅心中充满了自豪，但也很紧张。列车长把她叫到一边，说："这次任务，把你调到餐车做服务工作，你要边学边干，而且要干好。"

经过紧张有序的准备，专列开到了当时的北京前门火车站第一站台。因为餐车服务员不站车门，列车停稳后王爱梅好奇地从

毛主席与身边工作人员合影。前排左四为王爱梅

车窗往外看。这时，只见站台上开来了一溜小汽车，停车后下来不少人，又匆匆登上各节车厢，速度虽快却忙而不乱，前后不到两分钟，列车就平稳地启动了。到底是哪些首长上了车，她没有看清。

第二天临近中午，餐车的刘跃芳师傅对王爱梅说："小王，毛主席一会儿要来用餐，餐车以你为主摆台。"她简直不敢相信自己的耳朵。"啊！毛主席？由我给毛主席餐桌摆台？"不知是激动还是紧张，她的心怦怦直跳，看到刘跃芳师傅微笑着向自己点头，才确认这是真的。

看到王爱梅紧张的样子，刘跃芳说："毛主席非常和蔼可亲，用餐也很简单，每餐就是一碟红辣椒、一碟酱豆腐、两盘菜。毛主席经常吃粗粮，面食很少，主食一般就是掺着小米的红糙米或几块芋头。"

刘师傅还介绍说："毛主席喜欢听京戏，一边吃饭，一边听。

听的大多数是'四大名旦'和马连良、裘盛戎、张学津等名角的段子，如梅兰芳的《霸王别姬》、裘盛戎的《铡美案》、张学津的《借东风》等。过去，每到开饭前，我们就把音乐柜打开，把毛主席喜欢听的唱片准备好。毛主席一进餐车就把键盘钮按下，把音量调得低点儿，给毛主席创造一个轻松、舒适的用餐环境。"

尽管刘跃芳交代了许多，王爱梅也不停地告诉自己不要紧张，但忐忑的心怎么也平静不下来。把餐厅布置好后，她就站到主餐车与公务车的风挡连接处，静候毛主席的到来。

不一会儿，见卫士张仙朋陪着毛主席从公务车那边走过来了，王爱梅赶紧迎上前去说了声："毛主席您好！"毛主席微笑点头示意。

王爱梅和张仙朋扶着毛主席到餐车落座后，毛主席用慈爱的目光打量着她问道："小鬼，你是新来的吧？"

王爱梅说："是的。"

"叫什么名字呀？"毛主席用浓重的湖南口音问。

王爱梅因为紧张没听清楚，心里怦怦地跳，脸有些发烧，喉咙像被什么东西堵住了，站在那里不知所措，没有出声，求救般地望着张仙朋。张卫士似乎明白了她的意思，忙说："主席问你叫什么名字？"

"我叫王爱梅。"她赶紧回答。

毛主席觉察到王爱梅紧张，又听不懂湖南话，便模仿着普通话问她："你是哪里人？多大了？"

王爱梅回答："我是北京人，今年20岁。"她说的是虚岁。

毛主席听了点点头。看到她拘谨又难为情的样子，就有意放慢了说话的速度，用湖南普通话很幽默又略带神秘的语气说："小鬼，我俩还是亲戚呢。"

啊！亲戚？毛主席的这句话王爱梅听懂了，而且听得清清楚楚。她一愣，天哪！自己可从来没听家人说过与伟大领袖毛主席有亲戚关系。因为父亲是一名普普通通的工人，母亲是个目不识丁的家庭妇女，家里的亲戚也都是普普通通的人。湖南在哪里她都不知道，这到底是怎么回事呢？

王爱梅的思绪在脑海里急速地翻腾着，极力搜索和捕捉着记忆中所有的社会关系。她摇摇头又低下了头，自言自语地说："我不知道。"

见王爱梅一脸的茫然，毛主席哈哈笑起来，一边笑一边用手在空中写着、画着，问她："你想想看，王字下面拐出个尾巴，念什么呀？"

"啊？那不是毛字吗。"王爱梅不假思索脱口而出。

毛主席用手轻轻拍了一下桌子："对啊，你姓王，我姓毛，这还不是亲戚吗？"

她恍然大悟，高兴地一边拍手一边说："对，对！主席，我们是亲戚，我们是亲戚！"又说："毛主席，既然我们是亲戚，那您以后可要多帮助教育我呀！"

毛主席笑着点头答应，就像父亲那样亲切慈祥。

听着毛主席风趣的谈吐，看着毛主席和蔼的面容，王爱梅紧张的心情顿时消失得无影无踪。她兴奋地回答着毛主席的问话，竟然忘了毛主席还没用餐。这时刘跃芳师傅走过来，一边向毛主席问好，一边用手轻轻碰了她一下，她这才如梦初醒，赶紧对毛主席说："主席，我给您上饭。"

毛主席吃饭的速度非常快，一顿饭三下五除二就吃完了。王爱梅见毛主席随手从盘中拿了一个苹果，就赶紧拿起水果刀，说：

"主席，我给您把苹果皮削了吧？"

毛主席用手拿着苹果，像个孩子似的来回晃了几下说："吃苹果可不能削皮，小鬼，你知道吗？这苹果的营养可都在皮上呢。"说完把苹果举到嘴边，一下咬了一大口，又顺手从盘里拿起另一个苹果递给她："小鬼，你也消灭它一个。"

王爱梅急忙打着手势说："不吃，不吃。主席，您吃吧。"

毛主席故意装作不高兴，一沉脸说："要你吃你就吃嘛，我这个人可就喜欢实实在在的人。"随后又用手指了一下对面的靠背椅，示意她坐下。

王爱梅双手接过毛主席递过来的苹果，坐在他对面，也学着他的样子不削皮就吃了起来。

从那以后，她一直保持着在毛主席身边养成的吃苹果不削皮的习惯。

王爱梅说："这是我有生以来第一次见到毛主席，激动得晚上都睡不着觉了。后来才知道，很多人在专列上工作好几年，都没有面对面见过毛主席，因为专列上有严格的保密制度和工作纪律。我有幸能在毛主席专列的主车厢工作，好幸福啊！"

"我们平等，用不着客套。"

王爱梅第一次在专列上陪毛主席吃饭，是在见到他老人家后不久。

那次，是在毛主席到南方视察途中。当专列即将驶入镇江时，卫士封耀松来到餐车通知王爱梅说："主席已经连续工作很长时间了，一会儿他过来吃饭时，你陪着一起吃，随便跟他聊聊天，调节一下气氛，让主席好好地吃顿饭。"

王爱梅一听连忙摆手："不成，不成，那怎么成啊？"因为她觉得自己不过是个小小的服务员，陪毛主席吃饭未免太超出自己的身份和地位了。况且，专列上也有规定，服务员岂能随便陪首长吃饭？于是，王爱梅又摇头又摆手的。

封耀松一听有点儿急了："不成？怎么不成啊！主席太辛苦了，你陪着他一边吃饭一边聊聊天，让他调剂一下精神，放松放松嘛。"

王爱梅急忙解释："不是我不愿意陪毛主席吃饭，而是因为我没有这个资格。毛主席是全党的领袖，全国人民的领袖，我一个小服务员，怎么能陪毛主席吃饭？"

这时餐车主任走过来，和封耀松一起做她的思想工作，说："小王，既然让你陪主席吃饭，你就作陪好了，我来替你值班。"

听到餐车主任都这么说了，王爱梅只好硬着头皮答应下来。可自己跟主席聊些啥呀？

封耀松说："就随便聊聊家常呗。"

"那怎么聊啊？从哪儿说起呢？"

封耀松说："主席问话，你就随机应变。"

于是，王爱梅咬咬牙，下定决心把这个任务完成好。

整洁的餐车一角放着毛主席用餐的方桌，上面铺着洁白的台布，台布上面罩着天蓝色塑料花布。王爱梅和餐车主任在毛主席的座位前面整齐地放好了碗筷和一小碟红辣椒、一小碟酱豆腐。

餐桌摆好后，她又将音乐柜打开，把毛主席爱听的京剧唱片拿出来。准备就绪后，才长出了一口气。

不一会儿，封耀松就陪着毛主席从公务车走过来了。王爱梅赶紧迎上前去扶毛主席到餐桌旁。

落座后,王爱梅就坐在毛主席的对面。望着毛主席疲惫的面容,她问道:"主席,您没休息好吧?"

"就是这儿,有时睡不着觉。"毛主席用手拍拍自己的头说。

王爱梅说:"主席,那可不成呀,您的工作这么忙、这么多,如果再睡不好觉,身体可是吃不消的呀!"

毛主席听罢,看了她一眼。

王爱梅接着说:"主席,我教您一个睡着的办法,您只要闭上眼睛,数数,数1,2,3,4,5……一会儿就睡着啦。我就这样做的。"

话音刚落,毛主席就哈哈笑了起来,说:"喔,你这小鬼还是满有办法的。"说罢又摇摇头:"只怕你这办法对我就不那么管用喽。"

这时,餐车主任端上来两碗饭,先给毛主席上了一碗米饭,又转身给王爱梅上饭。她刚想站起来接,不料被餐车主任用脚踢了一下,示意不要动,她就没敢站起来。

见毛主席开始用餐了,王爱梅也拿起筷子,给毛主席夹了些菜。

没想到毛主席用拿筷子的手指指她,又指指自己,说:"小鬼,我们平等,用不着客套,还是各夹各的吧。"

毛主席的话,让王爱梅心头一热。

"我们平等。"这话出自伟人之口,是那么的真诚、自然!

看着毛主席风卷残云般吃饭的样子,王爱梅真想劝他慢点儿吃,却怎么也鼓不起这个勇气。

这时,毛主席夹起小碟子里的一个红辣椒放到嘴里,边嚼边问:"哎,小鬼,你敢吃辣椒吗?"

王爱梅犹豫了一下，而后大声说："敢！"说着，就夹起一个放到嘴里。

毛主席立刻伸出大拇指："好样的！好样的！"

毛主席这一夸，王爱梅更来劲儿了，一咬牙，一闭眼，嚼起来。哎哟！哪知这红辣椒特别辣，刚刚嚼了两下，嘴里就像着了火一样，额头上立刻冒出了汗珠，眼泪也忍不住出来了。她不敢往外吐，赶紧端起碗往嘴里扒拉几口米饭咽下去，一边摇头一边说："哎呀，真辣，真辣！"

这时，毛主席停下手中的筷子，看着王爱梅的狼狈相，哈哈大笑。接着，又伸出大拇指，说："好样的！好样的！这辣椒可下饭了，再吃一根，怎么样？"

王爱梅连连摆手："不敢，不敢啦，不敢吃啦！"她顾不上是在陪毛主席吃饭，竟摇头晃脑地大声喊叫起来。

厨房的师傅们听到喊声，知道王爱梅出了洋相，也哈哈大笑起来。

毛主席好像并没觉得她有些失态，依然笑着对她说："其实，辣椒是个好东西，是开胃下饭的，只是你不习惯吃它，一旦你吃习惯了，那就会每餐都离不开它喽。"

毛主席很快就吃完了这顿饭，并叫王爱梅把盘里剩下的菜给消灭掉，她顺从地把盘中的菜拨到自己的碗里，迅速地吃光了。

毛主席从牙签盅里取出一支牙签，边剔牙，边听起了京剧。他听得很入神，一边听，一边跟着哼唱，还用手在桌面上轻轻地打着节拍。

王爱梅清楚地记得，当时毛主席听的是张学津唱的《借东风》，唱词是："习天书学兵法犹如反掌，设坛台借东风相助周郎，曹孟德占天时兵多将广，领人马下江南兵扎在长江……"这段唱腔很好，张学津唱得也好，连她这个不懂京剧的人都听得入了迷。

看着毛主席听京戏时很放松、很惬意的神态，王爱梅心里美滋滋的。因为这会儿的毛主席，又恢复了神采，已经不是刚进餐车时的疲惫样子了。

"梅花开在隆冬，不怕风寒。"

那是在20世纪50年代末的一个秋天，毛主席去南方视察。

时近傍晚，王爱梅站在车厢走廊里透过窗帘往外看，只见晚霞染红了天边，旷野镶满了斑斓的色彩。劳作了一天的农民，有的牵着牛，有的扛着劳动工具，三五成群地行走在乡间小道上，天地间充满了诗情画意。

这一天，毛主席已经连续工作好几个小时了。王爱梅想毛主席很累了，应该让他休息一会儿，欣赏欣赏这窗外的景色。于是，她回到乘务室，拿起暖瓶轻轻走到毛主席身边，给他的水杯斟满了水，毛主席朝她轻轻点了一下头，说"知道了"，便埋头继续工作。

王爱梅轻轻把车厢一侧的窗帘拉开，对毛主席说："主席，您看，这外面的景色多好看呀！"

毛主席把手中的笔搁在笔架上，抬起了头，又伸伸腰腿。

趁这个机会，王爱梅又把另一侧的窗帘拉开了。毛主席揉一揉眼睛和太阳穴，顺着她指的方向欣赏起来。她就静静地站在毛主席身边看着。

列车风驰电掣地行驶着，毛主席一直在观望。突然，不知原野和晚霞的哪一个景物触发了毛主席联想，他收回眼神，看着王爱梅说道:"哎,小王,你喜欢梅花吗?"

王爱梅回答:"当然喜欢了,父母给我起的名字就叫爱梅,能不喜欢吗?"她不假思索,用自豪的口吻回答。

毛主席看着王爱梅,沉思片刻,问她:"那你说说看,为什么喜欢梅花?除此之外你还了解梅花什么?"

"这……"她没想过这个问题,一时不知道该怎么回答。

毛主席见王爱梅一时答不上来,又朝窗外看去,用满带感情的语气,像是自言自语,又像是对她说的:"这梅花呀,冬天开花。冬天来了,其他的花都谢了,唯独梅花盛开。"说到这儿,毛主席扳起了手指头:"梅花有白的、红的、粉红的……"说着,毛主席话锋一转,问道:"你知道梅花有傲骨吗?"

王爱梅回答:"主席,我不知道。"

毛主席说:"梅花开在隆冬,不怕风寒,傲雪凌霜,独自开放;梅花盛开不败,给人以春天的气息;活生生的花瓣,给人以享受。这就是梅花的可爱和可敬之处。"

毛主席一边说一边用手比画着,就像一个慈祥的爷爷给小孩讲故事,那神情、那拉着长音的湖南普通话,都深深地吸引着王爱梅。她思索着毛主席话中的深刻含义——这是在教导我怎样做人啊!

于是,王爱梅对毛主席说:"主席,我懂了,梅花很勇敢,下雪天也不怕。"

毛主席接过话头,说:"这就是梅花的傲骨。"

王爱梅马上回答:"主席,我也要学习梅花,今后遇到困难,学习梅花的勇敢精神,去克服困难。"

毛主席继续说:"你以后就得这样做。"又自言自语道:"现在的形势呀，国民党要反攻大陆，苏联撤走专家……我们应该克服困难，不怕牺牲，不怕卡脖子，我们苦干加巧干，一专多能，多面手，战胜困难，与敌人斗。"

王爱梅十分认真地对毛主席说："主席，我还年轻，文化水平低。但我一定不辜负您的期望，不管遇到什么困难，都要用梅花那种坚强、高洁的品质自勉，在前进的道路上勇往直前！"

毛主席挥动着手臂说："这就对了，无产阶级革命的历史进程是不会一帆风顺的，会经历许许多多的艰难险阻和曲折。共产党人要革命，就必须像梅花那样不畏风雪严寒，要有克服困难的勇气和思想准备，有一股蔑视一切压力和困难的大无畏的英雄气概。"

若干年后，王爱梅看到毛主席1961年12月写的《卜算子·咏梅》和1962年12月写的《七律·冬云》时，才深感自己对"梅花"的理解太肤浅了。为此，她自吟了一首小诗："峥嵘岁月稠，寒梅仍依旧。为人一生何所求，堂堂正正度春秋。"

王爱梅说："毛主席给我讲梅花，一直激励着我坚强地面对人生的风风雨雨。"

"哪有开刀不疼的，我也是人呐。"

毛主席曾说："我在火车上都习惯了。工作、休息都很方便。"

其实并非如此。专列是毛主席的第二办公场所，专列条件虽然比一般客车要好一些，但长期住在车厢里真不是滋味，整天离地三尺长途运行，一路噪音不断，颠簸摇晃，总使人有一种不安定和疲劳感。年轻的乘务员尚且如此，更何况他老人家呢？

1959年6月，毛主席背上长了一个脂肪瘤，随行医生发现后，便动员他到附近医院检查做手术，但毛主席说什么也不愿意去。后来实在没办法，就由卫生部黄树则局长在车上给他做了切除手术。

术后，王爱梅问毛主席："车上条件怎么也没有医院里好，您在车上做手术，多危险呐，万一感染了怎么办？"

毛主席说："不会的，要相信我的抵抗力。"

她又问："主席，刀口疼吗？"

"傻小鬼，哪有开刀不疼的，我也是人呐。"毛主席诙谐地说。她吐了一下舌头，没敢吱声。

毛主席又说："不过疼也和困难一样，你不战胜它，它就要吃掉你。现在疼一点儿，去了病根就好了。不过这比战争年代好多了，这点疼算什么？"

王爱梅苦笑着摇摇头，心里有股说不出的难受。

毛主席在专列上何止是辛苦？王爱梅还亲历了一次敌特针对毛主席专列的破坏行动。

三年困难时期，蒋介石反攻大陆的气焰十分嚣张，潜伏在大陆的敌特也蠢蠢欲动。

1961年中央在广州召开会议。毛主席下车后，专列就停在广州白云机场的专用线上。工作人员搞完卫生刚回到宿营车准备休息，车厢上空突然机枪声、炮声就响成一片，顿时火光冲天，硝烟弥漫。

专列立即启动，冒着弹雨硝烟驶出白云机场。大家意识到这是紧急敌情，于是，迅速回到各自的岗位上，随时准备为保卫毛主席献出自己的一切。

第二天，专列又返回白云机场，摆出要开出广州的阵势。中央警卫团的干部、战士登上各车厢，动作悄无声息。

这时，毛主席灰色的吉姆车停在专列公务车车厢门口。打开车门，王爱梅不由得"啊"了一声，原来是卫士长李银桥穿着毛主席的大衣上了专列。

专列开出一段后，又悄悄地转入另一条专运线上停留。事后才得知，原来白云机场上空有敌机侦查，以防万一，才上演了这出迷惑敌人的假戏。

王爱梅说："作为毛主席专列上的乘务人员，我们的战备意识非常强，得随时准备应付突发事件，随时准备用鲜血和生命保卫毛主席，保卫毛主席的专列。"

"这件事你知我知，可以了吧？"

1958年11月，中央在郑州召开会议。专列已行驶了十几个小时，一直伏案工作的毛主席抬起头，目光透过车窗注视着中原大地，然后放下手中的笔，伸展了一下四肢，慢慢站起来，从包房向客厅走去。

这时，王爱梅正在走廊待命，看到毛主席走出来，急忙迎上前去。刚到客厅门口，飞快行驶的列车驶进一个弯道道岔，车厢猛地晃动了一下，还在思考工作的毛主席猝不及防，一个趔趄差点儿摔倒。她立刻冲上去想把他扶住，但因身单力薄，再加上车身摇晃剧烈，不但没有扶住毛主席，反而和毛主席一起摔倒了，主席倒在靠门口的沙发上，她倒在地毯上。

王爱梅爬起来，见毛主席高大的身躯半仰半卧在沙发上喘着气，她吓出了一身冷汗："主席，主席，摔着了吗？"

毛主席说:"没事。"

王爱梅看看毛主席的胳膊,看看毛主席的脚,真的没磕着碰着才放了心。

毛主席乘坐的专列是德制列车,车身很重,一过弯道就会来回摆,过山洞时摆度更大。王爱梅说:"主席,在车上您自己可别走动了。不知哪会儿有弯道,哪会儿过山洞,哪会儿急刹车,要是把您给摔坏了,我们可怎么向党和人民交代呀?以后您要活动想着招呼我一声,我随时都在您身边啊……"她一口气不知深浅地说了很多。毛主席看着她着急的样子,摇着头连连说:"没关系,没关系!"说罢,顺势躺在了沙发上。

等王爱梅缓过神儿来,她心里特别害怕,没有保护好毛主席,导致他老人家摔倒,这可是一件特别严重的事故。

她说:"主席,这事您可千万别告诉我们列车长啊。"

毛主席说:"什么事?"

她说:"就是刚才您摔倒在沙发上的事。"

毛主席听后笑了起来,用手比画着:"我保证,绝对保密。"说完,见她仍提心吊胆地坐立不安,就又重申了一遍:"这件事你知我知,可以了吧?小鬼!"

王爱梅激动地说:"主席,您真好!谢谢主席,您真理解人!"

"几点开饭?我要参加通车典礼呀!"

1957年10月,规模宏大、气势磅礴的武汉长江大桥比原计划提前两年建成了。这是我国有史以来第一座规模最大的现代化大桥。它的建成,结束了我国南北交通阻断的历史,展示了中国人民建设社会主义的巨大热情和高度智慧，也了却了毛主席的一大心愿。

10月13日，是毛主席应邀参加武汉长江大桥通车典礼的日子。整个上午，毛主席那个高兴啊，跟小孩过年似的。一会儿问："几点到呀？"一会儿又问："几点开饭？我要参加通车典礼呀！"他在车厢里来回走动，这会儿连书也不看了，一会儿有说有笑地与工作人员聊天，一会儿又让放京剧唱片给他听。听到高兴处，就一边来回走，一边跟着哼唱，还用手敲着点儿。

中午，当工作人员告诉毛主席吃饭时间到了时，他高兴地把袖子往胳膊上一撸，说："走，快走！"

看着他这少有的高兴劲儿，工作人员别提多开心了。

典礼就要开始了，毛主席走下车去。现场人山人海，内三层外三层，大家高喊："毛主席万岁！"

当列车顺利通过大桥后，毛主席说："这回不用再分解了，可以直开过去了。"

是啊，在没有修建长江大桥前，火车每次过长江都是经过分解后用船摆渡到对岸的，一列火车一般分成三段转运，运到对岸再进行重新连接，非常麻烦，浪费很多人力物力和时间。现在可好了，火车开过宽阔的长江不过几分钟的时间，真是"天堑变通途"啊！

典礼结束后，毛主席听取了当地领导的汇报，他一边参观大桥，一边兴致勃勃地向陪同人员问这问那。

参加典礼回来，毛主席依然很高兴。中午吃饭，他大步走到餐车，坐下后很快就把饭吃掉了，兴致一直很高。

吃完饭，毛主席问工作人员："今天的典礼你们看了吗？"

不等大家回答，他就把讲解员讲的复述了一遍。大家听后都拍起了手。

武汉长江大桥的建成，是毛主席领导人民改变祖国山河面貌的宏伟蓝图的一部分，他由衷地感到欣慰。

毛主席高兴的时候，说话多，喝水也多，王爱梅就给他不断地续水。毛主席对她说："这是一个伟大工程呀！"过了一会儿，又说："以后还有更大的水利工程呢。"他边说边把大手一挥，表情既神圣又豪迈。王爱梅当时想不出还有什么更大的工程，就随声附和着说："那是，那是！"

参加武汉长江大桥通车典礼活动，是王爱梅在毛主席身边工作期间，看到他最高兴的一次。

后来，王爱梅听说武汉长江大桥还在修建之中时，毛主席就曾3次畅游长江。1956年夏天，毛主席搏击在波涛汹涌的江面上，遥望着建设中的长江大桥工地，写下了不朽的词作《水调歌头·游泳》：

才饮长沙水，又食武昌鱼。万里长江横渡，极目楚天舒。不管风吹浪打，胜似闲庭信步，今日得宽余。子在川上曰：逝者如斯夫！

风樯动，龟蛇静，起宏图。一桥飞架南北，天堑变通途。更立西江石壁，截断巫山云雨，高峡出平湖。神女应无恙，当惊世界殊。

今天，毛主席改变祖国山河面貌的蓝图早已变成现实。一座座雄伟壮观的大桥，修遍大江大河，修到高原边疆，创造了许多"世界之最"。他老人家如果在天有灵，该多么高兴和欣慰啊！

"想升官发财，就不要在我身边！"

生活在物质极其匮乏年代的人，都有这样共同的记忆：吃饭要粮票，买油要油票，穿衣要布票，还有肉票、煤票、棉花票、肥皂票、缝纫机票、自行车票……无票啥也买不着。

王爱梅回忆，1959年上海会议期间，根据上海市委书记、市长柯庆施的指示，会务部门在锦江饭店开了一个小卖部，专供参加会议的人员购买物品。

那天，李银桥带王爱梅他们去小卖部，有的同志买了上海产的手表，一块表售价37.5元，要比外面的市场价便宜些。

因为做毛主席的服务工作，佩戴手表也确实有工作需要。但这件事让毛主席知道了，他很不高兴，说是"多吃多占"。他拿出自己的稿费，责成汪东兴到小卖部如实补钱。事后叫他们都作了检查。毛主席说："想升官发财，不要在我身边！"

王爱梅说："毛主席对身边工作人员很关心，但要求一向也很严格。这次，他老人家是真的生气了。"

三年困难时期，毛主席带头和全国人民一起共渡难关。

这期间，有次专列停在某个机场专用线上，旁边很大一块场地上长满了野菜。为补充乘务员伙食不足的情况，从农村出来的李师傅说："这些野菜可以吃，能做菜包子，凉拌当菜吃也可以。"

听说这些野菜可以充饥，大家的积极性都很高，一起到地里去挖野菜。弄回来经师傅们加工制作后，就摆上了乘务员的餐桌，大家吃得那叫一个香啊！毛主席听说后，也让给他上了一盘凉拌野菜。吃完后，毛主席说："口感很好。"还表扬我们说："这样做就对了，让我们一起共度灾年。"

"从此，我们见野菜时不时地摆上毛主席的餐桌，心里有种说不出的滋味儿。"战争年代，毛主席和战士们一起出生入死；和平年代，毛主席还是和老百姓一起同甘共苦。从一言一行，到衣食住行，他对自己的要求都到了苛刻的地步。

王爱梅说，从1952年初到1971年，毛主席的睡衣穿了20多年。实在没法缝了，毛主席才同意它"退休"。

王爱梅记得大概是在1962年的一天，专列运行到江苏镇江车站，毛主席正在伏案批阅文件，她在窗前看着外面的风景。这时，卫士李银桥走过来，问她："小王，你那儿有布头吗？"

王爱梅说："没有呀，哪儿来布头呀，你要它干吗呀？"

李银桥说："主席的睡衣又有一个大窟窿了，得给他补上。"

怎么办呢？王爱梅灵机一动，马上想到了急救箱，里面有大绷带、口罩。她说："这个行吗？"李银桥说："可以呀！"

他就把毛主席的睡衣拿过来了，王爱梅打开一看，天哪！层层叠叠的都是补丁。数也数不清楚，就赶紧补了起来。她先用大块纱布把麻花的地方从底下托起来，用针线把它固定好，在外面再盖上一块纱布，然后，密密麻麻地缝了20几针才补好。

"毛主席睡衣上的补丁不是一个人补上去的，也不知经过了多少人的手，但我缝得可能比卫士们缝得要好些，李银桥接过睡衣说：'真不知道你还有这特长呀！'"

后来毛主席的秘书高智在《永恒的纪念》一文中讲到："我们统计了一个数据，毛主席的睡衣补了67块补丁。"

就这样，补丁像一朵朵彩云，把毛主席的睡衣装饰成了最美的睡衣。

一张无比珍贵的"全家福"

1959年庐山会议召开时,专列停在武汉一条仓库专用线上。正值炎热的夏季,火辣辣的太阳把铁皮车厢烤得像蒸笼。工作人员在车上根本没法儿休息,只好拿个凉席钻到车底下睡觉。殊不知,在有"火炉"之称的武汉,夏天是没地方躲也没地方藏的。

王爱梅说:"由于开会,毛主席在庐山上住。他得知我们正在武汉饱受高温蒸烤之苦后,立即让湖北省委第一书记王任重给我们安排住到庐山宾馆。

"记得那天,在我们驱车前往庐山宾馆的路上,环山公路两侧青山滴翠,古树参天,山花点点簇簇,空气里似乎都掺和着树的青绿和花的芬芳。汽车在崇山峻岭中穿云破雾盘旋而上,我透过车窗往外看,山涧下依稀可见戴着斗笠、穿着蓑衣在田间劳作的人们,真像一幅活生生的水墨画。

"'你们看,这一大片云雾正向我们冲过来,这就是山里的雨,你们赶快把车窗关好。'随我们上山的当地公安人员指着头顶上一大片白云,向我们介绍说。

"还真灵,车窗刚关好,倾盆大雨盖顶而下。车顶车窗被白花花的大雨拍打得'啪啪'作响,窗外白茫茫的一片。山里的天气小孩子的脸,不一会儿,雨便停了。我们把车窗打开,只见窗外又是一片白云。随行人员说:'再转一个山头,就能看到雾从空中向车内弥漫,那就是我们现在看到的这片白云。'

"庐山真是人间仙境,太美了!太舒适了!"

从似火炉蒸烤的武汉仓库专用线,一下子来到这风光绮丽、凉爽怡人的庐山，专列工作人员恍若飘然欲仙了。

"感谢毛主席！太感谢毛主席了！小王，毛主席再上车时，请他老人家跟我们合个影吧！""对，小王，大伙儿拜托你了。"车厢里同志们齐声说道。王爱梅一拍胸脯答应下来。

庐山会议结束后，毛主席又回到停留在武汉仓库专运线的专列上。见到毛主席，王爱梅立即转达了大家的心愿："您和我们合个影好吗？""好啊！"毛主席欣然同意。王爱梅急忙走出车厢，以最快的速度把这好消息告诉了列车长，告诉了全专列的同志们。

就这样，在武汉仓库专用线光秃秃的空地上，毛主席和全体专列人员站在专列旁，留下了一张珍贵的"全家福"。"一山飞峙大江边，跃上葱茏四百旋。"如今，庐山风光绮丽的人间仙境，在王爱梅的脑海早已模糊，但那张无比珍贵的"全家福"，却始终让她魂牵梦绕、思绪绵绵。

在纪念毛主席诞辰130周年之际，王爱梅说她想告诉毛主席他老人家的是："如果有来生，我还做您忠诚的专运人。"

深情的回忆让王爱梅回到了"流动的中南海"，她沉浸在"太阳最红，毛主席最亲"的幸福旋律中……

毛主席的第二个家

访"毛泽东专列"列车员李建新

> 李建新，男，汉族，1954年出生，河北新乐人。1971年8月1日参加工作，曾任"毛泽东专列"列车员、列车长、党总支书记、铁道部专运处工会主席等职。

2023年4月的一天，我们来到北京市朝阳区酒仙桥北路1号，这里坐落着一座既古朴典雅，又不失现代时尚的建筑——中国铁道博物馆东郊展馆。这个展馆的展品以机车车辆为主，展出中国铁路不同时期、不同类型及制式的机车车辆，约百余台。

远远看见，有人站在门口向我们招手。他就是我们要采访的对象李建新。他作为"毛泽东专列"的一员，在专列上工作了几年。其间曾跟随毛主席巡视南方，历时9个多月。

2015年李建新离开工作岗位后，独爱书法。在纪念毛泽东同志诞辰活动中，多幅作品被现场展示和收藏。

李建新引领我们走进馆内。只见铺设枕轨的石子路上，多台色彩明亮的老式机车静静停靠，展现着"铁道万里通古今"的丰厚历史文化底蕴。

走过室外展区，走过年代站台，我们在机车车辆展厅见到了仿佛刚刚从远途归来的"毛泽东专列"。

睹物思人，不由得感慨万端。

总行程 344.79 万公里的专列

李建新带领我们驻足在一节标有"软卧车"字样的车厢前。

"你们看，毛主席乘坐的专列与普通的火车外观一样，都是墨绿色，打上'软卧车'三个字是出于安全保密的需要。车窗的窗帘拉上后能防止灯光外泄。有节车厢是行李车，用于停放毛主席乘坐的红旗轿车。"说着，他带我们登上专列。

他边走边介绍：专列公务车车厢分甲、乙、丙三个等级，毛主席乘坐的是甲级公务车，中央办公厅主任、中央警卫局局长汪东兴乘坐的是丙级公务车，我们工作人员乘坐宿营车。

专列车厢分一位二位，锅炉房一侧为一位，客厅一侧为二位。一般情况下，毛主席是从二位的尾端上车，因为不用拐弯儿，直接就到了他乘坐的公务车。

专列上有毛主席秘书的房间，有乘务员值班室，乘务员 24 小时值班。

毛主席的办公室兼卧室又兼书房，毛主席办公累了，就躺在客厅的沙发上休息一会儿，客厅还兼会客室。毛主席一般在餐车用餐，餐厅也经常用作会议室会见外宾和地方领导，听取工作汇报，就像在中南海一样。著名的郑州会议就是在餐厅召开的。

在专列上，毛主席总是手不释卷，走到哪儿就把书带到哪儿。坐在坐便器上手里还拿着书看。工作人员看到毛主席这样看书很累，就专门制作了一张小桌子，这样可以把书放在小桌子上。在毛主席的包房内，床上、窗户边，放的都是书，睡觉的地方处在书的"包围"之中。有时候一本书没看完，毛主席还带下车去看。

听老同志讲，有一次，毛主席想把车上的大字本《前汉书》带到车下看，便写了个借条："大字体前汉书13—22共10本拟请借我一阅，如许可，请交来人，不胜感谢。看后连同之前的12本一并奉还。"

1952年，有一次在去山东的专列上，毛主席津津有味地读一本书。深夜1点多钟工作人员端来一碗面条，请他进餐。毛主席坐起来，眼睛还没有离开书。工作人员把面条摆在他面前，又将筷子插入他的右手。毛主席太专注了，把筷子插进碗里便不动了，左手按着书还在看。工作人员不便打搅，站在一边，待毛主席翻书时，轻声说："主席，吃完再看吧，面条凉了。"但毛主席的目光还是没有离开书，嘴朝碗边靠近，呼噜一声，一筷子面进嘴。这时，有几个贴近书缝儿的字看不到，工作人员赶忙上前去帮忙，这才知道那本书是周立波写的《暴风骤雨》。

坐专列是毛主席到各地去视察、去调查研究的一种特殊出行方式。他对专列有着特殊的感情："坐火车可以掌握主动权，想停就停，想走就走。想停就找个支线停下来，可下车看看，或找当地领导谈谈都行。"辽宁、吉林、黑龙江、天津、河北、河南、山东、湖北、湖南、安徽、浙江、上海、江苏、江西、广东……专列就这么载着毛主席，走走停停，停停走走，不停地驰骋在祖国大地上……

毛主席还把专列作为自己集中精力、运筹帷幄、排除干扰、解决问题、做出重大决策的特别场所。1971年发生的九一三事件，就是毛主席在专列上采取了一系列果断而坚决的措施，最终得以妥善处理的重大历史事件。

铁道部专运处至今还保存着"毛泽东专列"的详尽的乘务记录：从1949年3月乘火车"进京赶考"，到1975年最后一次南巡，毛主席无论是出国访问还是在国内视察，大多是乘坐专列。26年中，共乘坐专列72次，在专列上工作和生活了2148天，累计6年10个月21天，总行程344.79万公里。所以专列被形象地称为"流动的中南海"。

我有幸来到"毛泽东专列"

车厢包房里，有一尊毛主席伏案工作的塑像。李建新站在塑像前伫立良久，之后转过身来继续讲述道：

我们那批列车员分别来自河北、辽宁、山东三省农村。1971年，我正在读高中。招工的时候是按征兵条件办理的，8341部队派人参与"征兵"工作。自上而下先由省军区到县武装部，再到公社武装部，任务层层下达到当地多所中学，经严格的面试、体检、政审，几番筛选下来，合格的极少，几乎达千分之几。最后，才以"新兵"资格踏上不明方向的列车。

运行中，有人问穿军装的首长："怎么还不给我们发军装呀？我们去哪儿呀？"首长笑着拍拍他的脑袋说："傻小子，是去首都北京，不是去当兵，是参加革命工作。"我们这才恍然大悟，但又不敢再多问。到北京后，经过一个月的政治、军事和业务培训，我们被分配到各个连队。我和其他17名小伙伴被分配到铁道部专运处一连，就这样开始了长达40多年的专运生涯。

当年，专运处分为五个连队。一连为毛泽东专列，二连为林彪专列，三连为周恩来专列，四连为外国元首及高级外宾专列，五连为西郊机场代号为101段（为适应战备需要，专门为"毛泽东专列"而建）。下到一连的班组后，我们才知道一连是担当"毛泽东专列"任务，心里激动万分，难以言表。在班组欢迎会上，我们逐一发言，表示一定要好好干，让毛主席放心，让组织满意。

铁路是半军事化管理，而我们一连从体制到日常管理都是完全军事化的。20世纪70年代初正在"文化大革命"中，8341部队军宣队在专运处各个连队"支左"，实际参与专运处各连队的领导工作，一连更不例外。我们每天早晨6点30分起床，7点准时出操、跑步、打擒敌拳，要求我们既是服务员又是保卫员。对专列实行全连24小时警卫值班制，严格交接班登记。车上装有电铃，一旦有情况，按铃报警。除一连人员允许接触车辆以外，其他连队人员都不得靠近，更不用说外来人员了。毛主席乘坐的主车和甲级餐车（小灶车）更是严加看守，上车工作人员也要填写"工作日志"。患感冒的同志不得上主车工作，以免把病毒带上车，影响毛主席的身体健康。列车用水定期更换，保证水质安全。业余时间不得随意外出上街，外出必须到连部请假登记，回段后及时销假，以便有事找得到、回得来。

为了保障毛主席乘车需要，大家忠于职守，一年365天备乘待命。像爱护自己的眼睛一样，对专列车辆精心养护、精检细修，各种设备每个零件都要检查到、测量到，不放过一个松动的螺丝钉，不使一个元器件"带病"工作。无论是公务车、高包车、餐车，还是软硬卧车、行李车、发电车，还是卫生车（手术车）、电台车、特种行李车，无一例外。因为这是一个系统，是一个整体，牵一发而动全身，哪一辆车出故障都会影响到全列车的运行安全，责任重大，大到关系到毛主席的乘车安全。

记得那年，有一辆软卧车完成厂修后，由唐山工厂空运到武汉山坡机场专运线。车到就是命令，不等车长布置任务，大家就在夜深人静的夜晚，不约而同偷偷爬窗而入，顶着车内40多度高温和成群的蚊子叮咬，用手电照明进行卫生整理。

永生难忘的272天

在交谈中，我们看到，沉浸在回忆中的李建新神情越来越凝重。他继续讲述：

九一三事件之后，毛主席的健康状况每况愈下，在将近3年的时间里没有离京。直到1974年7月17日，我幸运地和铁道部专运处一连的同志共同执行毛主席南方之行的专列任务。

执行这次任务，我们全体列车工作人员的心情都十分沉重。因为毛主席的腿已经抬不起来了，要搀扶着才能上下车。

出发前，仅有半个小时的准备时间，前驱、本务、后卫3列车就开到了北京站，动作迅速而且有条不紊地达到了始发状态，无一人漏乘，无一件应上车的备品遗漏。在当年那个没有手机、没有网络，连电话机也极少的年代，能达到这样的"应急"反应水平，说明我们专列工作人员的政治责任心和组织纪律性是多么强啊！

夜幕降临，专列到达邯郸，停靠在一条专运线上。毛主席未下车，大家接到命令，原地待命休息。被特别强调纪律："说话要小声，走路不要出声，开关车门一定要轻。"我们心里清楚，毛主席要在车上过夜，靠安眠药才能入睡，绝不能因为个人违纪，打扰了主席休息。

第二天天刚亮，专列缓缓启动。大马力内燃机车一声长鸣，奔驰在千里京广线上。至于目的地是哪儿，出行时间多长，我们工作人员一概不知，也不会有人去问。专运保密纪律规定得十分清楚：不该问的绝对不问。

当天晚上，专列到达武昌车站。毛主席一行下车后，专列停靠到丘陵起伏的山坡机场专运线。第二天早饭后，连队领导宣布纪律："不准出机场大门，不准上山坡顶上散步，不准损坏站场设施及周围一草一木，按'三大纪律八项注意'严格要求。"

专运工作，头等重要的要求就是保密，为此我们需要断绝与外界的一切联系。但在实际生活中，许多同志的家属由于长期得不到音讯极度不安，多少封寄到北京的信也没有回复，因此担惊受怕。后来，为解决这个问题，经党委研究决定，通知远在千里之外的一连党支部，允许每个人写一封家书，用北京的信纸、信封，内容经组织审阅后，把信统一空运到北京，盖上北京的邮戳，再发往各自的家乡。同时派出慰问小组，分赴外省市到工作人员家中慰问，给家属报平安。这两项措施果然奏效，稳定了家属的情绪和职工队伍。多年来，一连的同志守口如瓶，高度自觉地践行专列保密工作"九分九不行，非十分不可"的保密守则，没有出过任何保密事故。

李建新说，一连的同志在毛主席的言传身教下成长起来，没有辜负他老人家的谆谆教诲。有句响亮的口号叫作"走起来红一线，停下来红一片"。"红一线"是指以一连的一言一行和热情周到的服务，密切专列沿线站车关系，密切车内军民鱼水关系，共同完成保障毛主席专列的光荣任务；"红一片"是指专列每到一地密切与地方的军民关系。为了让地方消防队官兵少送水，大家节约用水，一盆水多用，甚至自己下车取水，农忙季节还帮助老乡插秧、收割稻子，在专列驻地养猪种菜。对外树立"毛泽东专列"好形象，以实际行动为毛主席争光。

在武汉山坡机场天气十分炎热，在专列上大家"高温作业"，异常辛苦。空军地勤领导送来一车西瓜以示慰问。谁料为付款一事双方争执不下，眼看西瓜放了3天未动一个，最后，还是每人交了钱给空军送去。

在专列驻地大家的生活是非常清苦的，每天的伙食才4角8分钱。每到吃饭时，大家不是争着抢菜吃，而是争着抢酱油瓶子往米饭上倒酱油。白米饭成了红米饭，为的是让同桌的多吃上一口菜。地方领导看在眼里，记在心上，不时送些餐料和土特产，但都照价付款，不占地方一分便宜。

中秋时节，专列到达毛主席的故乡长沙，列车停靠在黑石铺机场专线。粗壮高大的梧桐矗立在列车左右，周围生长着一眼望不到边的桔子树，金黄色的桔子挂满枝头。大家帮助收获成熟的果实，摘下装筐，干得热火朝天。空军地勤的领导一再让大家品尝，但没有一个人动手。最后，还是空军领导亲自给大家送来一些请大家吃，"强行"付款后才每人分了一个（每人收了5角钱）。剥下的桔子皮晾干到药店换钱，购买理发工具，大家公用。白沙液酒是湖南的名酒，省领导送来几箱请大家品尝，仍然是老规矩，照价付款。李建新也买了两瓶，存放至今留作纪念。

更令李建新他们感动的是，毛主席把菲律宾总统马科斯夫人访华时送给他们的国礼——珍贵的芒果,派人送给一连的同志分享。手捧芒果,许多人舍不得吃,但又不能长期保存,只好把吃剩下的果核,洗净晾干,把绒毛梳理整齐,用线穿上,再写上年月日,挂在衣帽钩上,留作永久的纪念。

1975年2月初,列车经南昌(过夜)到达杭州,于4月13日返回北京。毛主席被工作人员抬下火车,可站在汽车门前他连收缩身子的动作都难以完成了,最后还是张玉凤用手按住毛主席的头,才算把他送进了汽车。

李建新清楚地记得,从1974年7月17日,"毛泽东专列"从北京站第一站台出发,到1975年4月13日返回,毛主席这次南方之行整整272天,长达9个月。行程路线为北京—邯郸—武昌—长沙—南昌—杭州,经上海回到北京,安全运行4302公里。这是专运史上历时最长的一次专运任务,也是毛主席乘坐专列最后一次离京外出。

1976年9月9日,毛主席永远离开了我们。

"又回家了。"

凝视着毛主席与专列全体乘务员的合影,李建新对我们说:"毛主席称专列人员为'我的队伍'。他喜欢这支队伍,并用心血培育了这支过得硬的队伍。"

"又回家了。"这是毛主席在专列上经常说的一句话。在李建新他们心目中,毛主席就像这个家中德高望重、亲切慈祥的"家长"。从学习、工作、生活到婚姻家庭,面面俱到,事事关心,随时随地给大家以教育、鼓励、鞭策。他曾在专列上亲自品尝乘务员吃的饭菜，关心伙食好不好；他曾走进乘务员的宿营车，查看包间里有没有空调；他叫来随车的保健医生，给患眼疾的乘务员看病；他让秘书到上海的旧书摊上买来字帖，让大家不仅学政治还要学文化；他还为女乘务员过"三八"妇女节，请大家吃饭、合影，祝她们节日快乐……

李建新接着说："除了对专列同志们的关心和爱护，毛主席一直用自己的行动为大家做出表率，保持艰苦奋斗的作风。毛主席问我们：'你们平时干什么？'我们报告毛主席：'平时保养车辆。'毛主席说：'现在咱们国家还落后，要发展经济。你们要办个工厂，自力更生。'所以我们办了个2353厂（东风电机厂）。艰苦奋斗还体现在方方面面，毛主席为我们做出了表率：他喝的茶让秘书带着，从不占公家的便宜；他穿的拖鞋破得不能缝了还在穿；他用的肥皂已经小得不能拿了，揉碎了捏在一起继续用。我们发扬艰苦奋斗精神，做饭粗菜细做，包括白菜疙瘩、菜根也舍不得丢，车上用品精心呵护从不浪费。为国家节约每一个铜板，我们把烧过的煤渣捡回来再烧尽。毛主席号召我们唱《国际歌》《三大纪律八项注意》，不拿群众一针一线。有一次，专列到江西南昌，汪东兴讲到：'了我老家，猪肉很好吃，上一点儿。'于是就上了几盘带骨头的猪肉。汪东兴问：'多少钱？'江西省委书记江渭清说：'不用付钱。'但回到北京后，还是如数付了钱。"

……

光阴荏苒，斯人已逝。这些近50年前的往事早已是世纪相隔。当我们再次追寻着历史的踪迹，走进"毛泽东专列"去触摸它的时候，依然泪眼蒙眬，心潮涌动。

韶山赤子毛泽东

访毛泽东侄女毛小青、侄儿毛坚平

　　春未尽，夏初临。2023年5月的一天，我们采访了毛泽东的侄女——毛小青。1959年，毛泽东回故乡韶山时，5岁的毛小青由母亲领着来到主席伯伯面前。毛主席俯下身子亲切地抚摸着她的头问长问短。这一场景被新华社记者侯波抓拍下来。

　　毛小青是毛泽东堂弟毛泽连的女儿。1954年1月10日，毛小青出生在韶山，1970年入伍，1976年退役后在湖南省广播设备厂设计所工作，先后任电子工程技术员、助理工程师、工程师等。1993年调到湖南省旅游局工作，1996年辞职。她是湖南省第十届、十一届政协委员。

　　坐在我们面前的毛小青方圆脸、大眼，秀外慧中，沉稳干练。从她身上隐隐能找到毛泽东的影子。毛小青笑称："我长得像姑姑毛泽建，当时韶山陈列馆做姑姑的雕塑和油画都是请我去做的模特呢！"

毛家曾是三代同堂的大家庭

枝繁叶茂的韶山毛家，当年是三代同堂的大家庭。繁衍到"泽"字辈，同一个爷爷有 10 个孙辈。尽管后来毛泽东的身份地位发生了巨大的变化，但他对于毛氏家族的亲情却始终没有变。

毛小青告诉我们："主席伯伯家和我们家的血缘亲情，是从他的曾祖父毛祖人一脉传下来的，是紧紧相连割不断的。"毛泽东的祖父毛翼臣（名恩普）与毛泽连的祖父毛德臣（名恩农）是同胞兄弟，德臣为兄，翼臣为弟。后毛翼臣生下了独生子，就是毛泽东的父亲毛贻昌（又名毛顺生）；毛德臣生了三个儿子，即毛菊生、毛梅生和毛蔚生，毛泽连的父亲便是毛蔚生。在毛家的这一辈兄弟中，毛泽东排行老三，毛泽连排行第九。所以，毛泽连称毛泽东为"三哥"。

毛小青说："毛家的祖居地在东茅塘。因为爷爷辈兄弟 4 人，慢慢长大准备娶妻成家，房子不够住了，所以在 1878 年，毛祖人就把韶山冲上屋场、杨林乡张家坪屋和蔡家塘夏花坳的 3 处房屋买了下来。刚买下房子时，毛祖人还没准备分家，带着我的爷爷毛蔚生搬到上屋场（现在的毛主席故居）住下来。到 1888 年后，老大、老二、老三相继准备结婚了，才开始分家。分家时我爷爷提出来不习惯住上屋场，想住回东茅塘祖屋，主席伯伯的父亲毛顺生听后马上说他愿意住上屋场，因为东茅塘是在山冲里，只有一条沿河边坑坑洼洼的小道，路不好走，而上屋场的路比较平坦，方便运送物资做生意经商，所以他们就搬下来了。

"我们毛家祖辈在韶山是一个比较大的家族，有严格的家训：

1959年6月，毛主席回韶山时与当年的私塾老师毛宇居在一起。毛主席手抚的儿童即为毛小青、毛坚平

要团结友爱，要孝老敬亲，念手足之情。一大家子在曾祖父、曾祖母的家教下很团结，一起生活。所以一直到第三代已结婚生子了才分家。虽然分了家，但是他们之间的感情是很深的，互相关照来往很密切，好比一家人。"

毛小青说："1905年出生的姑姑毛泽建是我爷爷的长女，也是家里的老大。老二毛泽华是1908年出生的。我父亲毛泽连出生于1913年，比我姑姑小了8岁。我还有一个1916年出生的小叔叔毛泽青，在'泽'字辈中排行老十（最小的）。

"我爷爷生病后不能种地了，也没有能力请人来帮种。这个时候主席伯伯的父亲就跟我爷爷商量说：'那不如把地归在一起种，两家合成一家来生活。'这样主席伯伯家里就有了22亩地，加上主席伯伯的父亲还做些生意，家里雇了长工，生活还是比较富裕和安逸的。

"韶山的老一辈人都知道，那时，主席伯伯去读书的时候提个小竹篮，里面是母亲做好的午饭和腊肉，中午他就跟同学们一起分享。下雨天收谷子，见邻居家没有足够的劳动力，他总是先帮着收邻居家的，再收自己家的。主席伯伯心地很善良，看到谁有困难他就去帮谁……这些可以说都是毛家家风的传承。"

带菊妹子走出韶山

毛泽建是毛小青爷爷毛蔚生的第一个孩子，也是毛家"泽"字辈中的唯一女孩。她原先只有奶名"菊妹子"，"毛泽建"这个名字是后来毛泽东帮她起的，还介绍毛泽建加入了早期的中国共产党。毛泽东是她走上革命道路的引路人。

说到此，毛小青不禁回忆起姑姑毛泽建：

姑姑毛泽建是家中的老大。爷爷去世时，这个家除奶奶外，姑姑就是家里的主要劳动力，虽然那时她也不过15岁。1920年我奶奶操办了姑姑的婚事。姑姑的夫家姓萧，家中只有父子俩，萧母在儿子出生时因大出血去世了。

那年，主席伯伯从长沙回到韶山没见到菊妹子，就问："菊妹子呢？"家人说："菊妹子嫁人了，嫁到杨林乡萧家了。"主席伯伯不同意菊妹子就这么给嫁了，就这么没有作为一辈子，他说一定要带她出去读书见世面，要她追求进步，参加革命和社会活动。

主席伯伯当即把姑姑小两口叫到上屋场，动员他们和自己一起去长沙。菊妹子听后非常高兴，但是男方小萧说需要回家征求他爹的意见。他爹听后坚决不同意，主席伯伯就把萧爹请了过来，对他说："你不同意你的儿子走，他可以留下来，但是菊妹子我必须带出韶山，那么就只好解除婚姻了。"萧爹当时就同意了主席伯伯的意见，并接受了适当的补偿。就这样，姑姑与萧家解除了婚姻，跟着主席伯伯去长沙读书。

我们家与私塾老师毛麓钟家门对门，不到十米远，毛麓钟的夫人张清文思想进步，是韶山妇女第一个进祠堂的。他们夫妇只有两个儿子，没有女儿，所以他们非常喜欢姑姑，张清文手把手教姑姑织布绣花，毛麓钟一字一句教姑姑读《三字经》，可以说，姑姑的童年是在朗朗读书声中度过的。由于姑姑有一定的文化基础，到长沙后进步非常快，学习都是连续跳级的。政治上进步也非常快，不久，她在三哥毛泽东的介绍下，在长沙秘密加入了中国共产党，并考上了省立衡阳女三师。她与战友一起建立了学校党组织并担任首任党支部书记，还培养发展了伍若兰、李祗欣、夏明衡、曾志等同学加入了共产党。

后来，这几位女同学都成为杰出的女红军、女革命家。伍若兰是朱德的夫人，曾志是陶铸的夫人，李祗欣是李立三的妹妹，夏明衡是夏明翰的妹妹。她们连同毛泽建在内的 5 人中，有 4 位都为中国革命献出了宝贵的生命，只有曾志看到了革命的胜利。她们都是湖南的巾帼英豪。

毛家纯朴厚道的手足之情

毛小青十分动情地追忆道：1925 年秋天，伯伯毛泽东和伯母杨开慧回到韶山进行革命活动时，父亲毛泽连刚刚 12 岁，虽然少不更事，但他朦朦胧胧知道，三哥是个了不起的人物，这次回韶山是在干一件大事情。于是主动给三哥当起了通讯员，还带头参加儿童团，为党组织开会站岗放哨，发现异常情况立即报告农会，为保护三哥的安全尽心尽力。

隆冬的一个晚上，夜色深沉。一队枪兵前来搜捕，刚到上屋场就被放哨的毛泽连发现了，他故意大声咳嗽，并高擎马灯向伯伯示警。伯伯见情况不妙，马上从后门躲入密林里，得以脱险。

1929 年秋的一天，毛泽连在夜间执行为地下党送信任务途中，被白鬼子发现盯上了。他为了躲避敌人，情急之中跳下深坑，左眼被柴蔸深深扎进去了，顿时鲜血直流。当时整个湖南到处是白色恐怖，没有人敢收留毛家人，更别说给毛家人治眼睛了。毛泽连的左眼很快发炎流脓，后殃及右眼，不到 20 岁，他就几近双目失明了。

1949 年夏天，在筹备成立新中国的日子里，主席伯伯在百忙之中依然念念不忘远在千里之外、已分别22年的我父亲。

那是在1949年8月下旬长沙和平解放前夕，主席伯伯托人带话给林彪，他说："你赶紧到我家乡去找一找，我有个弟弟叫毛泽连，现在不知道是死是活，你们帮我去找一找，找到以后马上送他到北京来。"

于是，林彪派人从长沙出发，路经湘潭、湘乡，经过10多天的翻山越岭来到了韶山上屋场。那天，我父亲正好在上屋场陪伴周外婆（毛楚雄的外婆），来人马上就安排我父亲去北京。

因当时交通不便，他们步行从韶山到湘潭，那时全国从南到北的江河都没有桥梁的，火车车厢都必须是一节一节渡船过江河的。因此，路上花了近一个月才到达北京。我父亲没有赶上在天安门广场举行的开国大典，他是在途经武汉的火车上，听到主席伯伯宣布中华人民共和国成立的消息的。

10月3日到达北京的当天晚上，父亲被安排住在中央警卫团，刚安顿下来，岸英哥哥就匆匆来看他了。

第二天，父亲就被接到了中南海主席伯伯的住地。"好，好，你们终于来了，我好想哦！"他们兄弟俩聊了很长时间，从家里5位亲人的牺牲到韶山建立第一个农村党支部，最早的5个党员全部牺牲；从家里亲人的现状到家乡的变化……

主席伯伯还特别了解了我父亲的个人情况。我父亲说："13岁的时候，我有过一个比自己大3岁的老婆，"女大三，抱金砖"，而且人长得也很漂亮。后来，由于我眼睛受了伤，又面临国民党的抓捕和迫害，不得不四处逃难，老婆受不了这种担惊受怕的日子，离家出走后再也没有回来。都过去20多年了，我还是光棍一条咧！"

我父亲还说:"我的左眼受伤后因为没有得到及时治疗影响到右眼,虽然右眼眼球保住了,但现在看人只能看到个模糊的影子。这左眼就完全坏死了,还一直在发炎。"

主席伯伯听罢,便派岸英哥哥把我父亲送到同仁医院去诊治。

经过全面检查,医生做出治疗方案:已经坏死了的左眼球必须挖掉,眼球挖掉以后装个假眼,如果不装假眼这里就留下一个窟窿,很难看。我父亲说:"装假眼?那要征求我三哥的意见。岸英,你回去告诉你爸爸。"

主席伯伯得知后,第二天亲自到医院来了。他说:"泽连啊!假眼是看不见东西的,只是个装饰。假眼球还要每天清洗,不清洗容易发炎,你单身一人,眼睛又看不见东西,谁给你清洗呀?我看你这个假眼就别装了。"

听了伯伯的话,我父亲就跟医生说:"假眼睛也同样是看不见的,算了,还是听我三哥的意见不装了。"所以,我父亲直到去世,眼眶里始终没有眼球,留下了一个小酒杯大小的空洞。

我父亲从10月上旬住院,一直住到12月底才出院。主席伯伯要他在北京多呆些日子。我父亲说:"三哥,我老母亲一人在家,眼睛也看不见,我还是早点回去陪她吧。"

临走时,主席伯伯把他自己用过多年的一只皮箱,装上蚊帐、棉衣、棉裤和衬衣,还有为我奶奶备好的全套衣物和一件羊皮毛大衣,一并送给我父亲。回到韶山后,这些衣服我父亲穿了好多年。

主席伯伯还嘱咐我父亲:"你是我的亲戚,在家乡凡事都要带个好头,不许打着我的旗号大小事情都去找政府。"我父亲连连点头:"记下了,我记下了。"

可以说,我父亲是主席伯伯亲戚中生活最艰难的,也是主席伯伯最放心不下的。一连十多年他都用自己的稿费接济我们家。1952年，奶奶去世了，主席伯伯得悉，又特意寄上300元："送泽连葬母和治病。"

后来李敏姐姐告诉我，伯伯逝世前，有一次对她讲："你家里（指韶山老家）还有一个堂叔，我不在了，你一定要多去看看。"

伯伯说的这个"堂叔"，就是我父亲。他也完全没有辜负他当党中央主席的三哥的嘱咐，从来没有要求政府给予任何特殊的照顾。

1995年9月29日，毛泽连在韶山医院逝世。

两天后，韶山万人空巷自发为他举行了隆重的追悼会。

1996年清明节，主席伯伯的孙子毛新宇到韶山，特地到泽连爷爷的墓前磕了9个响头。

听毛小青追忆往事，我们禁不住感慨万千。

"我是农民的儿子。"

毛泽东在延安时期，曾经这样告诉美国记者埃德加·斯诺："我于1893年生于湖南湘潭县的韶山冲。"一句简短的自我介绍，表达了他"我是农民的儿子"的故土情怀和对故乡的深深眷恋。

在一个翠竹翩然、溪水鸣唱的季节，我们开始了向往已久的韶山之行，为我们实地讲解的是乡音浓重的毛坚平。

毛坚平是毛泽东堂弟毛泽连的二儿子。1956年3月出生于韶山，1974年高中毕业后应征入伍，在广州军区情报部服役5年，年年受到嘉奖。1980年复员回到韶山，在韶山无线电厂做了一名技术工人。后来，为了照顾年迈的父母亲，又调到离家较近的韶山农机厂、韶山供水公司工作。2015年退休后，一直在全国各地做红色文化的传播工作，被称为是"毛家根基的守望者"。

毛泽东的故居上屋场离东茅塘3公里远，毛坚平带我们来到这里。

上屋场坐南朝北，是一座土木结构的"凹"字型建筑，东边部分是毛泽东的家，西边部分是邻居的家，中间堂屋由两家共用。1893年12月26日，正当太阳冉冉升起的时候，在这栋松竹掩映的土砖屋子里，一个新的生命诞生了！出世的是一个男孩，这对于这栋屋子的主人毛顺生和他的妻子文素勤来说，真是天大的喜事。孩子出生的第三天，按照韶山的风俗，要"贺三朝"。这一天，连平常不信菩萨的毛顺生，也忙着烧香点烛，燃放鞭炮，还办起了一桌丰盛的酒席，把亲朋好友请来吃"三朝饭"。酒席筵前，一位在韶山冲算是有学问的人，给这个新生的婴儿起了一个后来在全中国家喻户晓的名字：毛泽东。另外，还给起了一个号，叫润之。

由于毛家前两胎男婴都在襁褓中夭折，生母唯恐这男孩也不能长大成人，便抱到娘家（湘乡县，今湘乡市）那边的一座石观音小庙朝拜，烧香许愿，认"石观音"为干娘，祈求保佑，还取了小名"石三伢子"。

据毛坚平介绍，1878年，毛泽东的曾祖父毛祖人买下了上屋场5间半茅草房，先由长子毛德臣居住。10年后毛祖人的两个儿子（毛德臣和毛翼臣）分家，次子毛翼臣分得上屋场的房子，他便携儿子毛顺生、儿媳文素勤，从东茅塘迁居于此。大约1918年前后，毛顺生将茅屋扩建为13间半瓦房，占地566.39平方米，建筑面积472.92平方米。上屋场前有约1亩大小的池塘，即南岸塘，塘内种植荷花。距毛泽东故居100米左右，就是毛泽东少年时代读书的"南岸私塾",当年有10多间房屋。

我们从正门进入,见南墙设有神龛,由厨房向东过横屋便到了毛泽东父母的卧室。毛泽东的卧室与父母的卧室相邻,内有一个大床一张桌子,床边挂的是一盏桐油灯,卧室的陈设非常朴素。过卧室向里是一个长约7米多的天井,天井西南角是毛泽东小弟弟毛泽覃的卧室。毛泽东大弟弟毛泽民的卧室在整栋建筑的最后面,打开小窗可见绿荫苍翠的后山林。

毛泽东故居分布着堂屋、厢房、碓屋、灶屋、牛圈。灶屋有烧柴火的锅灶、碗柜、烧水的汤罐、水缸;碓屋墙上挂的是蓑衣,摆的是晒谷子的推耙、喂牛吃草用的铡刀、人力车水的小水车、石磨、犁田的犁、耙地的大木耙、舂米的臼、吹谷壳的风车、筛谷子的筛子等等。现在毛泽东故居陈列的日常生活用具和各种生产农具,有他少年时期用过的肩担、水桶、锄头等,其中有许多是原物。可以这样说,故居卧室中的床、衣柜、书桌、长睡椅和摺衣凳,堂屋中的方桌、板凳和神龛,厨房中的大水缸和碗柜,农具室中的石磨、水车和大木耙等,都曾留下过毛泽东及其亲人的印记。

毛泽东的父亲毛顺生是做稻米生意的,这里相当于一个小型稻米加工厂。这个殷实之家是由他的父亲、母亲"勤劳致富"建起来的,是一个充满农村特点的农民之家,在当时,也是一个比较富足的小康之家。

据史料考证,从1850年毛泽东的曾祖父毛祖人开始当家,到1950年新中国实行土地改革,百年中的前50年毛家家境困窘而平常。从1901年到1920年,当兵回乡、勤俭持家又善于经营的毛顺生开始振兴毛家的家业,他把父亲典当出去的田产陆续收回,一边做田,一边经营生猪、大米生意,还清了债务,扩大了田产,率先"发家致富"。

毛坚平曾听父亲讲过,伯伯毛泽东的父母亲去世后,伯伯便动员和带领两个弟弟参加了革命,家产由毛氏宗祠代管。后来由于特殊的社会及政治原因,代管的毛氏家产已经名存实亡,到解放前夕已经由富裕变为贫穷。到土地改革时,毛家既欠佃户佃金,还欠人家债务。按当时的地价计算,就是把家产、地产全部卖掉也资不抵债,家人几乎没有饭吃。这就是刚解放时毛家的家境。

据毛坚平介绍,毛泽东对母亲的感情很深,他在写给一位好友的信中说:世界共有三种人,损人利己的、利己不损人的、可以损己以利人的,母亲便属于第三种人。

毛泽东还在自传中写道:我的母亲是一个慈祥的妇人,慷慨而仁爱,不论什么都肯施舍。她很怜惜穷人,在荒年,她常常施米给那些跑来乞讨的人。

母亲深深影响了毛泽东。他心很软,听不得穷苦老百姓的哭声,看到他们受苦,就忍不住要掉泪。

毛泽东就出生在这样一个农民家庭,由农民养育成人。他的父母、亲戚、族人都是农民,少年时期他本人也当过农民。他终生对农民怀着割舍不断的深情和爱心,保持着农民的许多品质和生活习性。他多次说:"我是农民的儿子。"

农家灶屋和小阁楼传奇

1910年的夏秋之交,毛顺生一家站在私塾前的河岸边,目送着17岁的毛泽东踏上出乡关的征程。

这一天，秋高气爽，毛泽东挑着简单的行李，走上了通向山外的羊肠小道。他带走了父亲的遗憾，也带走了母亲的离愁，一个全新的世界渐渐在毛泽东的眼前展开。

若干年后，青年毛泽东接受新思想学成归来，在自家灶屋围着火塘教育弟妹"舍小家、为大家"，动员他们走出山村。一群"立志改造社会"的韶山儿女，还在小阁楼上成立了大革命时期最早的农村党支部。

毛坚平在小阁楼前给我们讲解道：伯伯在青年时代就信仰共产主义，树立了远大的志向和目标，要推翻封建专制主义压迫的旧中国，建立享有人民民主的新中国。1910年秋，他胸怀救国救民之志，离开上屋场外出求学。1911年冬天，伯伯从长沙回家过寒假。白天，他与家人一道打理自家田里的农务，处理生猪、米面等经营事务；晚上，他把大弟毛泽民、小弟毛泽覃、堂妹毛泽建等亲人叫到灶屋里，一边围着火塘烤火，一边向他们讲外面的世界、讲正在发生的时代变化，教育弟妹们要学习文化知识，积极投身社会实践，参加进步运动。

毛坚平指着小阁楼说：这个地方很隐蔽，只要抽上小楼梯盖好盖板，下面的人就不知道阁楼上的情况了。这个小阁楼是点燃韶山革命火种的地方，是杨开慧、毛泽民、毛泽覃、毛泽建等早期共产党人的革命摇篮。

1925年6月，毛泽东在这个阁楼上秘密召集韶山的革命同志开会，宣布成立韶山党支部。当时有5位地下党员，他们的入党仪式也是在这个阁楼上举行的。那年，毛坚平的父亲毛泽连刚刚12岁，就为这次会议站岗放哨。

1925年初，杨开慧带着两个儿子回到韶山上屋场，这是她与毛泽东结婚后第一次随丈夫到婆家。那时大革命正在轰轰烈烈展开，毛泽东和杨开慧以韶山为中心，开办了 20 多所夜校，成立秘密农会，开展农民运动。1927 年元旦，考察湖南农民运动的毛泽东再次回到韶山。他在上屋场家中召开各种类型的调查会，晚上在煤油灯下撰写报告。

就在 1925 年毛泽东回到韶山开展革命活动后不久，当时的毛家当家人毛泽民和他的妻子王淑兰，按照大哥毛泽东的意见，对毛家的家产进行了处理，田地交由毛氏祠堂代管，外人欠毛家的钱债一律免除，毛家经营的流动借贷全部还清，还把大型农具分送给族亲。

从此，毛泽东和他的两个弟弟，还有毛家的许多亲朋，都陆续走出了韶山。可以这样说，韶山儿女跟随毛主席一起闹革命就是从上屋场开始的。毛主席一家包括他的大弟弟、小弟弟、妹妹、侄子（毛泽覃的儿子毛楚雄）都是从这儿走出去干革命的。他们不再为个人"小家"的生计努力，而是为整个国家和民族的命运在奋斗。毛泽东为中国人民的解放事业、为中国革命的胜利，献出了 6 位亲人的生命。

割舍不下的缠绵乡情

"一路景色，弥望青碧，池水清涟，田苗秀蔚，日隐烟斜之际，清露下洒，暖气上蒸，岚采舒发，云霞掩映，极目遐迩，有如画图。"

据史学家考证，这是毛泽东一生中写的唯一的一篇散文，而且是赞美自己可爱的故乡的散文。

毛坚平感触颇深地说:"韶山是伯伯生命中的根。他在这里度过难忘的童年和少年时代,思乡、思土、思亲人,他对这里有着割舍不下的永远的缠绵乡情。为此,在新中国成立后,他在百忙之中曾两次回到他魂牵梦萦的故乡。"

毛坚平说:"伯伯回韶山那年,尽管我才3岁,但也有幸参加了伯伯举办的晚宴。那天,伯伯在韶山宾馆餐厅用自己的稿费宴请乡亲们,参加的人有他的老师和毛家长辈,有韶山第一任党支部成员5位革命烈士的遗孀,有韶山其他革命烈士的后代,还有我们全家(我父母、我、我哥哥、我姐姐)共计28人。"

毛坚平沉浸在幸福的回忆中:"吃饭时,我父亲说:'我家这个小孩(指我)很调皮,怕影响你的工作,就不想带他来见你了,没想到他在地上打滚,非要来不可。我就把他带来了。'毛主席听罢对我父亲说:'他胆子大,有办法,你不带他来,他自己都会想办法来。'我见了伯伯一点儿也不认生,追着喊他'大伯,大伯',伯伯十分高兴,抓了一大把糖果递给我……吃完饭后,伯伯和大家在韶山宾馆门口拍了一张合影。这张照片上的小孩便是我,那年我才3岁多一点。"

也许是随着年龄的增长,思乡之情愈来愈浓的缘故,在韶山,毛泽东唯一一次提出的个人想法,就是在滴水洞附近盖一个"茅棚",以便他退休后回家乡来住。当时他给湖南省委负责同志半开玩笑说的这句话,何尝不是他对故乡深深情感的一种自然流露。

滴水洞位于韶山西南部,是层峦叠嶂中的一处幽深狭长的山谷,距离上屋场约4公里,毛坚平领我们来到这里。

1960年,寂静的滴水洞喧闹起来。若干年后,一座青灰色四屋脊的平房悄然建成,它就是被称作一号楼的毛泽东下榻处。

"正是神都有事时，又来南国踏芳枝……"

1966年6月18日，就在一场政治暴风雨来临的前夕，毛泽东又一次回到韶山，来到了被他本人称作的"西方的一个山洞"。

下午，当汽车在滴水洞一号楼的草坪前停下来，他高兴极了，连声赞叹："咯是个好地方！咯是个好地方！"他用手往左侧的山头一指："那是龙头山，龙头山过去叫黄田坳，从前以黄田坳为界，山那边是湘乡，山咯边是韶山。韶山属湘潭，所以黄田坳又叫湘潭坳。"

他又指着右边的山脉说："那里是牛形山，山的形状像只水牛，小时候，我到外婆家去，就是走的这条水沟。"他还说："那个高山上有个大石鼓，过去常有老虎到石头上乘凉，所以叫虎歇坪。我的祖父母就葬在那块地方。"

一说起家乡的事，说起小时候的事，毛泽东就滔滔不绝。他用一口地地道道的韶山话作介绍，把水牛说成"许牛"，把大石头说成"晒头鼓"。

令人遗憾的是，毛泽东此次回故乡的行程是绝对保密的，连近在咫尺的韶山冲人民也毫无所知。毛泽东在这里住了11天。6月28日清早，就要离开滴水洞了，他握着工作人员的手说："你们要把我的房子看好啊，我还要回来的！"

本来，毛泽东该上车了。可是，他又从门楼的水泥斜坡倒走了回去，一边走一边说："你们走咯，我还要坐下哒！"说罢，在客厅的长沙发上就一屁股坐了下来，一口一口地品尝着家乡的韶峰云雾茶，喝完最后一口还把茶叶捋到嘴里。

在工作人员的多次提醒下，毛泽东才慢悠悠地站起身走出一号楼，步伐显得很沉重。

上午 9 时许，汽车马达响了，毛泽东离开滴水洞。汽车拐过一道弯，他朝祖居地东茅塘深情地望了一眼。汽车开到毛泽东纪念馆门前，他叫司机停了一会儿，掀起窗帘望着毛氏宗祠久久无语。此时，他心里有多少遗憾和伤感没有人知道。

更没有人知道，毛泽东这次悄然离去，竟成了他与故乡和故乡人民的永诀——

1974 年秋，毛泽东生前最后一次回到湖南长沙，他多么想回韶山看看，但由于身体原因，最终没能成行。

1976 年 6 月，毛泽东重病缠身，愈发思念故乡。8 月，他提出要回滴水洞休养。鉴于他的健康状况，中央政治局没有同意他的这个最后请求。

1976 年 9 月 9 日，毛泽东在北京与世长辞。

韶山乡亲眼里的毛泽东

访毛泽东韶山乡亲
汤瑞仁、胡小娟、李定洪、毛雨时

少年毛泽东爱劳动爱学习

汤瑞仁的丈夫叫毛凯清,公公叫毛福成,不仅与毛泽东是同宗同族,而且是名副其实的"同吃一塘水"的近邻。汤瑞仁的婆婆是当年毛主席出生时的接生婆,她是这个世界上第一个见到毛主席的人。

我们请汤瑞仁讲一讲毛主席少年时的故事。她说:"毛主席小时候的故事可多了。我的公公毛福成与毛主席同年出生,一起上学,就经常听到,甚至亲身经历、见证了很多少年毛泽东的故事。"

在毛泽东两岁时,他的父亲毛顺生出外当兵谋生,他被寄养在相邻的湘乡县(今湘乡市)唐家圫外祖父家,一住6年,直到8岁时才回到韶山。毛泽东的外祖父文绵薰、外祖母贺氏,育有三子,均住在一起,有孙辈20余人。文家以耕读传家,家风淳厚,家境富裕，有水田 140 亩，牛 10 多头，房屋 90 余间。年幼聪颖的毛泽东的到来，让文家十分看重和喜爱。虽然离开父母被寄养在外婆家，但毛泽东得到文家长辈的关爱，与表兄弟姐妹相处融洽，受到了文家良好家风的熏陶。更重要的是，他在这里接受了启蒙教育。

1902 年初，毛顺生从湘军解甲归田，即把年幼的毛泽东从外婆家接回韶山，之后毛泽东开始了在韶山的私塾学习的经历。他先后在南岸下屋场私塾、关公桥私塾、桥头湾和钟家湾私塾、井湾里私塾学习，师从邹春培、毛咏薰、周少希、毛宇居等私塾老师。但上了 4 年私塾后，1907 年底，在毛泽东 14 岁的时候，父亲毛顺生不许毛泽东读书了。之所以让儿子停学，是因为他认为儿子已经读了几年书，有一定的文化基础就可以了，再读下去也读不出什么名堂，不如跟着自己务农做生意。而在这期间，毛顺生因生意纠纷与人打官司输了，损失很大。毛顺生认为，输官司的原因，是别人欺负他没有文化，在订合同时挖了坑。今后要不被欺辱，改变家庭命运，非让儿子多读书不可。经过一番思量，1909 年秋，他又把 16 岁的毛泽东送到在县衙当过师爷的毛简臣私塾学习，嘱咐儿子好好地向老师学习如何打官司。只是毛泽东对打官司毫无兴趣，过了一段时间后，又转到当过县丞的韶山老秀才毛麓钟门下求学。前前后后，毛泽东断断续续读了 6 年私塾，也就是他后来所说的读了"六年孔夫子"。他虽然不喜欢古板、落后的教学方法，但还是受到了较为系统的儒家经典教育，打下了优秀传统文化经典的良好基础。

汤瑞仁说，她的公公毛福成与毛主席一起上过私塾，知道许多毛主席读私塾的故事。少年毛泽东去上学，每天都要带一大碗米饭到学校去，作为午餐。可是，他每天放晚学回家后总是大口猛吃晚饭，他娘问他："中午饭你没有吃饱吗？"他回答说："是的，没吃饱。"什么原因呢？他娘觉得很奇怪。有一次，他父亲说："伢子，我看见你早上带了一大碗饭，怎么每天晚上回家还要吃那么多！"毛泽东对父亲说："你年轻时，不也是这样吃吗？多吃饭身体才能长得好。"

后来，还是娘了解到了真实情况。原来儿子把每天上学带的一大碗米饭都分给同学们吃了，自己反而饿肚子。娘问："儿子，你为什么要这样做？"毛泽东也没有多和娘解释，就简简单单地说："有饭同吃！"

汤瑞仁说，这个故事是她公公毛福成亲口告诉她的。她公公还说过，少年时的毛泽东特别爱劳动、爱学习。

当年毛泽东的父亲善于经营，会精打细算，他家在韶山冲是数得着的富户。正因为这样，他家的地多、农活多、人多、家务事也多，少年毛泽东除了上学，放学回家后就要帮助家里做家务、干农活，去放牛呀，锄草呀，到了稻田谷子泛黄的时候他要去田里挖沟，到了9月份收黄豆的时候，他就带着两个弟弟去摘黄豆。

从14岁到16岁，毛泽东辍学在家，被派到田地里担负起一个成年人的劳作。他劳动很认真。他跟随家里雇的长工学做工夫，扶犁、掌耙、下种、插秧、割稻，样样在行，而且总是抢重活干，气力不够也不撒手，直到做完。因此他种的田收成总是很好。他还在门前塘边种上各种瓜菜，将菜地修整得很好。喂牛、养猪也在行，总是将牛栏、猪栏打扫得干干净净。

少年毛泽东不仅会劳动，还会想各种办法带领伙伴们一起玩。在韶山，还流传着一个毛泽东当"牛司令"的有趣故事。在南方农村，放牛是农家孩子必不可少的事情。儿时的毛泽东差不多每天清晨起来都要放牛,农闲时整天放牛。他还和左邻右舍的小伙伴一起放牛。由于毛泽东读过书,能讲会耍,做事有主意,胆子又大,这些放牛伢子都愿意跟着他一起放牛,他自然就成了"牛司令"。放牛的地方,是离上屋场1华里(500米)左右的山坡,那里附近没有田土,草长得茂盛。到了那里以后,他就把孩子们分成两班,一班负责放牛,另一班到山上采野果子。快晌午时,采野果子的一班就回来了,一大堆一大堆的野桃子、杨梅子、毛栗子、半春子……有酸的也有甜的,他就按人分摊,每人一份。有时还把剩余的用草绳拴起来吊在树枝上,谁能跳起来抓着就归谁。这样"组织起来"的劳动办法,不仅大家玩得痛快,而且牛也放得好,大家都尝到了分工合作的甜头。

除了做农活和帮助父亲记账,毛泽东仍旧挤出时间读书,把韶山冲能借到的书都读完了。于是他又设法到远处借书。他的外祖父家,在韶山的湘乡县(今湘乡市)唐家圫一带,成了他常去借书的地方。唐家圫,跟韶山隔了一座大山,每次往返要走10来公里的崎岖山路,还要经过几座丛林茂密、野兽出没的山冈,涉过几条碎石横陈、水流湍急的河流。但不论春夏秋冬、阴晴雨雪,为了借书,毛泽东总是起早贪黑,来往于这条路上。今天我们还可看到他当年向唐家圫的表兄归还《盛世危言》《新民丛报》等11本书的一张条子。他常常在深更半夜读书,为了不让父亲看见灯光,只好用被单挡着窗户。

我们请汤瑞仁说说毛泽东与他母亲的故事,汤瑞仁详细讲述:

听我家婶婶讲过:"上屋场毛家有一个好女人,就是毛泽东的娘。毛泽东非常尊敬他的娘。他娘去世时,毛泽东正在长沙读书,当听到这个噩耗后他连夜赶回家,当时交通不方便,他想尽一切办法往回赶，回到家后连水也顾不上喝一口就向母亲磕头，并跪在母亲的棺材旁守灵。"因为我婶婶家有人是做道士的，当时他们在现场看到了这一幕。

我家婶婶还说："毛泽东的娘是一个特别善良的人。有人上门来要饭讨米，她总是把量米的升拢得高高的，不是像别人家量米时升是刮平或者凹进去的。有一次，一个叫花子来了，正在家的少年毛泽东看到后也学他娘把米量给他，他与娘一样，想的都是为别人。"

毛泽东的父母亲去世后，他和杨开慧把毛泽民、毛泽覃两个弟弟和寄养的堂妹毛泽建叫到一块儿，要全家人"舍小家为大家，走出韶山去闹革命"。就这样，毛泽东穿一双布鞋，拿一把雨伞走出韶山，直到1959年再回来，已经是"别梦依稀咒逝川，故园三十二年前"。

毛泽东回韶山

1959年6月25日，毛主席回到阔别32年的故乡韶山。我们请汤瑞仁谈谈她见到毛主席的情景。

汤瑞仁说，当年毛主席回韶山，有一张与老乡亲在一起的合影照，坐在中间的是毛主席，抱着小男孩子的这个人就是我。我儿子叫毛民军，人民的"民"，解放军的"军"，他14岁去当兵，现在在长沙工作。

我们问："这张照片上还有几位是谁？"

汤瑞仁说："有一个是从湘潭市下来的蹲点女干部符金彩，还有两个就是我家伯伯毛晓生、伯母胡淑兰。"

我们问："那这张照片上的毛主席是坐在谁的家里啊？"

汤瑞仁："毛主席是坐在我们家呀！1959年6月25号下午，毛主席回到韶山住到韶山宾馆，26号一大早毛主席就去山上祭扫父母的坟墓。毛主席心里装着大家，从山上下来后没有先回自己的家，而是先去看望父老乡亲，所以先来到了我们家。听说毛主席回来了，很多乡亲就纷纷来到我们家看毛主席。现在回想起来，我们全家真的感到很幸运、很幸福。为什么毛主席要先来我们家坐坐？我想，这大概是因为我们两家都姓毛，在一个塘吃水，是和睦相处的好邻居。"

1959年，毛主席回故乡韶山，同乡亲们拉家常。左一抱着小孩者为汤瑞仁

我们问汤瑞仁："毛主席回韶山，还写了一首很著名的诗词《七律·到韶山》，你了解毛主席写这首诗的情况吗？"

汤瑞仁说："6月26日那天，毛主席下山时路过门前的一块大田，他停下了脚步。这块田是我当生产队妇女队长时，带领几十个妇女种的试验田，在这里，我们洒下了不少汗水。这时已经稻花飘香，呈现出丰收在望的景象。毛主席站在田边，看着早晨的清风吹过原野，稻田里翻起层层波浪，他好像是在沉思，脸上露出喜悦的微笑。当天晚上毛主席回到宾馆，写下了著名的《七律·到韶山》。'喜看稻菽千重浪，遍地英雄下夕烟。'那时正是'大跃进'的年代，毛主席写出了这么好的诗句，这也许与他老人家看到韶山大田里的层层稻浪、到处一派热火朝天的景象有些关系吧。"

毛主席关爱烈士遗孤

在对汤瑞仁的采访中，我们还听到了一个鲜为人知的故事。

毛主席亲弟弟毛泽民的结发妻子王淑兰与汤瑞仁是好姐妹。20世纪50年代初，韶山就经常有客人来参观，汤瑞仁和王淑兰作为军属和烈属的代表，参加欢迎客人的接待工作。

汤瑞仁了解许多有关王淑兰的故事，也了解到毛主席关心、关怀革命烈士遗孤的故事。

毛泽民是毛泽东的大弟弟。毛泽东很早就外出读书、建党、闹革命，父母亲去世后，毛泽民就成为毛家的当家人。王淑兰是毛泽民明媒正娶的结发妻子，嫁到毛家后，她与丈夫毛泽民把一大家子的事务管理得井井有条，为让大哥毛泽东全身心扑在党的工作上作出了重要贡献。1925年韶山建立了第一个地下党支部，毛泽民偕王淑兰一同入了党，还一起参加了"反帝反封建、抗租抗捐"等党的秘密工作。

1927年大革命失败后，毛泽民根据党组织的指示离开韶山到外地工作，因为王淑兰裹过小脚行动不便，毛泽民做通工作让她留在韶山坚持斗争。万万没有想到，自分别后毛泽民再也没有回过韶山，俩人就此失去了联系。毛泽民先后在长沙、安源、广州、武汉、上海等地从事党的重要工作，中华苏维埃共和国临时中央政府于1931年在江西瑞金成立时，毛泽民已从上海转移到瑞金，并参加和主持了临时中央政府和苏区国家银行的筹建工作，担任苏区国家银行第一任行长，为中央苏区经济发展和红军的物资、经费保障工作作出过重大贡献。后来，毛泽民参加了举世闻名的两万五千里长征，到达陕北后，又担任了中华苏维埃工农民主政府国民经济部部长。直到1943年在新疆被反动军阀盛世才秘密杀害。

王淑兰与毛泽民结婚后生育了女儿毛远志。在极端艰险的环境下，王淑兰抚养毛远志，直到抗日战争初期把毛远志送到延安。毛远志是毛主席唯一的亲侄女。

毛泽民为革命牺牲了，王淑兰就成为烈属。王淑兰至死还是把自己看作是毛家媳妇，而且引以为豪。毛主席也是一直把王淑兰视为自己的亲弟媳妇而爱护有加。

王淑兰还有个儿子叫毛华初。我们问汤瑞仁："毛华初是王淑兰与毛泽民的孩子吗？"没想到这么一问，倒问出了一段毛主席关怀革命烈士遗孤的佳话。

原来毛华初并不是王淑兰亲生的。汤瑞仁说，王淑兰曾亲口告诉她，毛华初是一位革命烈士的后代。

1930年，王淑兰被国民党反动派抓去坐班房。当时班房里有一个也是姓王的女同志,在被执行枪决的前一天,她把自己幼小的儿子托付给王淑兰,希望王淑兰把这个孩子抚养成人。出狱后,王淑兰就把这个孩子带回了韶山,让他姓了毛,取名毛华初。

1938年,王淑兰把毛华初的情况设法告诉了已经在延安的大伯毛泽东。毛主席听后说:"赶快送到延安来。"后来党组织辗转把毛华初送到了延安,这是1938年8月的事。毛华初虽然不是毛泽民和王淑兰的亲生骨肉,但因为他是革命烈士的后代,毛主席待他比亲人还亲。他在毛主席的关爱下健康成长。

汤瑞仁说:"毛主席不仅一直关心王淑兰,还关心小时候的同伴同学毛福成(我的公公)。解放后搞土改成立互助组,1953年毛主席家给我们家80元的补助,1954年我们家作为军属,合作社奖我家一头大黄牛。"

我们问汤瑞仁:"您创办了'毛家饭店',把事业搞得红红火火。当初您为什么要创办'毛家饭店'?"

汤瑞仁说:"1976年9月9日毛主席逝世,全国人民、外国朋友都来韶山参观毛主席的故居。我想这么多的游客来韶山,怎么能让大家饿着肚皮离开呢?所以我办了饭店,要让大家吃饱了再走。

"我是1984年下海,1987年正式开办'毛家饭店'的。经过这些年带出了一大批孩子,让他们有了工作和经济收入,有人统计了一下说有4000多人。现在还有20多个孤儿在我们这儿,我要资助他们到上大学。我是这样想的:别人家的孩子也是爸妈生的,我们有了钱应该带带他们,钱是拿来用的,只要用得值,如果不用就是一张纸。我要向毛主席一家学习,舍小家、为大家、爱国家。"

尊老敬贤的毛主席

今年52岁的中年妇女胡小娟，说话快言快语，给人一种爽快、利索的印象，显示出这个年龄段的女性特有的成熟和干练。

胡小娟，1971年生于湖南湘潭韶山冲东茅塘。她文化水平不高，中专毕业后，曾在韶山第二工程公司当会计。后来公司解散了，她便和丈夫一起创办了一家以物易物的贸易公司，任这家民营公司的总经理。目前公司和家都在长沙市岳麓区。

胡小娟的外太公毛宇居是毛泽东的私塾老师，与毛泽东的关系很密切。据胡小娟介绍，毛宇居出生于1881年，正好比毛泽东年长一轮。他的曾祖父毛兰芳和毛泽东的曾祖父毛祖人是嫡堂兄弟。算起来，毛宇居是毛泽东刚出五服的堂兄长。

在毛泽东才开始启蒙的那个年代，毛宇居是韶山冲最有学问的文人之一。他精通四书五经，熟读诗词歌赋，写得一手好字，文章也是绝妙，被称为"韶山一支笔"。毛泽东在韶山先后有五任私塾老师。毛宇居是第三任。在韶山冲的私塾学生中，毛泽东最为聪颖机敏，但同时也非常淘气，是毛宇居最头疼的学生。

有一次，毛宇居让学生们留在屋里背书，自己出去办事。等毛宇居走远后，毛泽东就背着书包爬到了后山上。他一边背书，一边将书包挂在胸前摘山上的毛栗子，课文背熟了，毛栗子也采了满满一书包。回到教室后，毛泽东将毛栗子分送给了同学们。毛宇居回来知道了此事，立马拉下脸来，生气地问道："谁叫你到处乱跑？"

毛泽东回答："我已经把课文背下来了。再说闷在屋里头昏脑胀，死背硬记也没有用。"

毛宇居听完毛泽东的话气得浑身发抖，怒喝道："放肆！"

他本想让毛泽东把课文背一遍，看看他是否真的会背，但想毛泽东记忆力超群，背书难不住他，不如现场出一道难题，考考这一位学生的真本事。于是他指着教室外的天井说道："我要你作一首咏天井的诗！"毛泽东不慌不忙，看着天井来回走了几步，脱口而出：

> 天井四四方，周围是高墙。
> 清清见卵石，小鱼圈中央。
> 只喝井里水，永远养不长。

毛宇居听完这首诗，顿时愣在了原地。这首短诗，虽然辞藻不算华丽，但其中蕴含着深刻的哲理和意境，竟出自年仅10多岁的少年之口。这不得不让毛宇居对他刮目相看，毛宇居内心受到强烈震撼。当时他就感到，眼前的这个毛家少年，格局和眼界如此之高远，日后必成大器。

从此以后，毛宇居逐渐改变了态度，对毛泽东采取了一些特殊的教学方法。针对毛泽东基础好、领悟力强的特点，他就布置一些难度大的作业让他做。鉴于毛泽东求知欲强、喜欢看课外书，他就把自己的一些藏书借给他看，扩大他的阅读面。毛宇居专门为毛泽东点读的《左传》，大大地拓宽了他的历史知识和视野。《左传》是一部反映春秋时期政治、军事、外交各方面活动，总结各国兴亡更迭的经验教训的编年史，在毛宇居的督促下，毛泽东对《左传》不仅背诵如流，而且融会贯通，这使他对中国历史产生了

1959年6月，毛主席回故乡韶山时，和启蒙老师毛宇居携手而行。毛宇居是胡小娟的外曾祖父

浓厚的兴趣。

在毛宇居的指点下，毛泽东读了许多他喜爱的书籍，学识有了长足进步，尤其是在古代汉语和古文写作方面，打下了坚实的基础。

后来，毛泽东离开韶山冲，告别了"六年孔夫子"的私塾学习生涯，到湘乡东山学堂读书，开始接触进步革命书籍，其中梁启超主编的《新民丛报》是毛泽东常看的刊物。他经常手不释卷、如饥似渴地读着报上的进步文章。

学习之余，毛泽东也经常回韶山看望父母，同时也到私塾看望问候原来的老师毛宇居。

1921年春和1925年上半年，毛泽东两次回乡，均去拜访毛宇居，并将家里的私事托付给他料理。1927年1月，毛泽东在湖南各地考察农民运动时再次回到家乡，毛宇居率毛氏父老在毛震公祠召开欢迎大会，并致欢迎词。

大革命失败后，毛宇居冒险保存了毛泽东在湖南第一师范读书时的听课笔记《讲堂录》和《伦理学原理》的批语，共1万多字。1932年，毛宇居曾冒死保护毛泽东的祖坟。他还尽力保护和照顾毛泽东的亲属，如毛泽覃的妻子周文楠、儿子毛楚雄、岳母周陈轩等。

毛泽东也一直没有忘记毛宇居。抗日战争爆发，国共第二次合作后，他们立即通过书信取得联系，互通情况、互相问候。湖南解放不久，毛泽东便给毛宇居捎信，邀他来京相聚。

毛宇居曾三次进京看望毛泽东。1951年9月，新中国成立两周年国庆在即。在毛泽东的盛情邀请下，毛宇居经过舟车劳顿，从韶山冲经长沙来至北京，毛泽东特意安排相关人员陪伴他的老师毛宇居游览北京名胜。随后，在中南海的含章堂，这对阔别多年的师生终于见面了。当得知毛宇居仍在韶山冲教书时，毛泽东十分欣喜。那日，当得知新中国即将成立，毛宇居欣喜万分，乘着兴致，他大笔一挥，接连写下了十首《导师颂》。

10月1日国庆节那天，毛泽东派专人给毛宇居他们三人送来了国庆观礼证，叫他们一同去天安门参加国庆观礼。他们平生第一次亲历了气势宏大、激动人心的国庆庆典。

这一次，毛宇居一行在北京参观、游览了将近一个月。天气渐冷，毛泽东给他买了皮大衣和皮鞋。毛宇居牙不好，毛泽东又派人送他到医院镶了牙。

也是在这次北京之行中，还发生了有一件令毛宇居终身难忘的趣事，那就是毛泽东请他看了一场有趣的电影。

一天晚宴后，毛泽东笑着说："今晚，我跟您回韶山去！"

毛宇居不免一愣，前几天毛泽东还对他说，什么时候得空了，要回韶山去看看。"难道今晚就动身么？"毛泽东神秘地笑笑："是呀，我们今晚一起回韶山，去看看你自己！"毛宇居更是满头雾水了。

当晚，毛泽东陪毛宇居看电影。灯光渐暗，银幕上出现了几个大字：解放了的中国。原来这是一部新中国与苏联合拍的彩色纪录片，其中有不少在韶山拍的镜头。

毛宇居年轻的时候就留须，是一位美髯公。全国解放时，他已年近七十，早已白发银须，仙风道骨，自然是电影摄影师拍摄的对象。影片中既有他的中景镜头，又有他的大特写。毛泽东笑道："宇居大哥，我们不是回了趟韶山么？还看见了你自己嘛！"

1952年冬，毛宇居受韶山乡政府委托第二次进京，请毛泽东为家乡新办的韶山小学题写校名。毛泽东听说家乡办学校，非常高兴，但是他把"韶山小学"改成了"韶山学校"，他解释说："不仅是办小学，以后学校发展了还可以办中学、大学。"1958年，湘潭县委想创办湘潭大学，又一次委托毛宇居进京，请毛泽东题写校名。毛泽东再次热情接待了他，并题写了校名。

1959年6月25日，毛泽东回到阔别32年的故乡。他想见的第一个人就是毛宇居，于是交代工作人员："把我大哥接来。"毛宇居夫妇和孩子们来到韶山招待所，毛泽东与他们作了长谈。

6月26日下午，骄阳似火，毛泽东邀毛宇居在韶山水库游泳。游泳过后他们一起来到毛震公祠，看到这里的陈设依旧，毛泽东心潮难平，他对毛宇居说："1927年初，我回到韶山考察农民运动，你们就在这里敲锣打鼓欢迎我。"毛宇居惊异地说："主席，你还记得？""怎么不记得呢？你还在欢迎会上致词：'毛君泽东，年少英雄，到处奔走，为国为民，今日到此，大家欢迎。'"毛泽东竟然顺口背出了当年的欢迎词，更让乡亲们惊讶不已。

我们问胡小娟："根据历史资料记载，在回韶山的第二天晚上，毛主席在韶山宾馆自费宴请了当年的老师、长辈、老党员、老赤卫队员、烈士后代、亲属代表。毛宇居也在被邀请之列，你有没有听说过他参加这次晚宴的细节？"

胡小娟说："我出生的时候，外太公已经过世了，我没能听他讲出席这次晚宴的故事，但这是他老人家一生中最值得自豪、夸耀的事情，所以我爷爷、父母他们都知道得很多……"

那天酒席开始前，毛泽东恭恭敬敬地请毛宇居坐上席，毛宇居非常激动。毛泽东一边为毛宇居斟酒，一边问道："宇居先生您还记得我年少时，带着小伙伴下您家的鱼塘偷鱼吃么？"

嘴角微微上扬的毛宇居，似乎想起了这件有趣的往事，对毛泽东说道："当然记得，那是我唯一揍你的一次。你当时太顽皮了！这事过去这么久了，润之你竟然还记得呀？"

"您就揍了我这么一次，怎么忘得了啊，要不是您及时纠正我的过错，我毛泽东还不知道顽劣到什么样子呢！"

过了一阵，毛泽东突然问道："宇居先生，您知道我当时为什么要去偷鱼么？"

"还能是为什么，你们几个偷偷摸鱼的小家伙，从来就没有吃饱的时候，你父亲给你带的饭食，你都分给其他人，能不去摸鱼么！"毛宇居回答道。

"是啊，那时候不论吃多少，都感觉吃不饱，我每次将饭食分给众人，可还是有人吃不到，只好去您家偷鱼了。"毛泽东停住筷子，陷入了沉思。

毛宇居笑着说："润之啊，不要难过，那个时代已经过去了！"

说罢，两人定睛相视，哈哈大笑起来。

酒席开始后，毛泽东站起来第一个向毛宇居敬酒。

胡小娟说，当时外太公特别激动，立马起身说："主席敬酒，岂敢，岂敢！"

毛主席张口就来，说："尊老敬贤，应当，应当！"

毛泽东这段"尊老敬贤"的佳话，一时在韶山广为流传。

毛主席不忘儿时玩伴

癸卯年（2023年）立春刚过，韶山市韶山乡韶山村春意盎然。山上新芽初露，一片葱绿；村里热气腾腾，人声鼎沸。走进村庄，以黄、白、灰为主色调的民居建筑映入眼帘，宽阔的道路纵横交织，水塘、农田与果林错落有致，中式古朴与现代活力在这里完美融合。宽广的韶山毛泽东广场上，前来参观的全国各地群众仍然游人如织，熙熙攘攘。毛主席的故乡在新时代绽放出别样的新农村风采。

在毛泽东同志故居前有一片面积约22.3亩的稻田，原本是毛泽东家的祖田，现在的耕种者是韶山村的"新农人"、当年租种毛家祖田的佃农李家的后代——韶山村农民李定洪。

我们面前的这个60岁左右的汉子就是李定洪。他家境很好，皮肤黝黑，但保养得不错，脸上呈现出健康的光泽。他虽然出生在韶山冲，但已经不是纯粹意义上的农民，应该算是当地小有名气的农民企业家了。2010年，李定洪成立韶山市祖田米业有限责任公司，注册"毛家祖田米"品牌，把自己生产的"毛家祖田米"以"韶山特产"名义向游客销售。这种米由于是在毛主席家的祖田里种养出来的，很受游客青睐，因而销路甚好。在李定洪的精心运作下，毛主席祖田的观光农业和种植业都越来越红火。2022年，通过土地流转，李定洪把毛主席故居前的自种地扩展到140亩，建成了一个全程机械化示范基地，让包括毛主席祖田在内的几百亩耕地耕作实现全程机械化。同时，还拿出10亩地作为引进北方优质旱稻品种试验田。

"现在看来效果非常好！"李定洪扳着手指头向我们介绍。耕作全程机械化让种田变得"简单"起来，而更让他惊喜的是试种的旱稻："比同类水稻每亩增产约100公斤，而且米质非常好，软和！"今年，他准备再扩种30亩。

在李定洪等韶山乡亲们的共同努力下，韶山村的农业和旅游观光业发展很快，尤其是以规模化、现代化手段做优做强、极具地方特色的"毛家祖田米""韶山红"茶叶等品牌，有很好的市场，为韶山村的经济发展插上了腾飞的翅膀。

我们的话题还是回到毛主席这里。1959年6月26日上午，回故乡韶山的毛主席"走亲访友"，专门来到李定洪家看望。我们请他谈谈当年毛主席回韶山时专门去他们家看望的往事。

李定洪说："我是上世纪（20世纪）60年代出生的，没有见过毛主席。我父亲比毛主席小17岁，我爷爷比毛主席大几岁。我听到的关于毛主席的故事，许多都是我父亲给我讲的，而其中有些故事是我爷爷讲给我父亲听的。

"我的父亲叫李生华，爷爷叫李南春。在韶山冲，上屋场毛家与李家的关系特别亲近。我们李姓人家从爷爷辈起，就是毛家的佃户，耕种毛家的祖田，与毛家结下了不解之缘。因此，我爷爷与毛家、与少年毛泽东的接触较多。

"那时我们李家穷，而毛主席家是韶山的富户。我爷爷是毛家的佃农，只要到毛家有饭吃就可以了，拿不拿工钱都无所谓。我爷爷比毛主席大几岁，就和少年毛泽东一起帮着大人干活，用农村的土车把米推送到市集上去做生意，搞完这些事后他俩一起回来种地，种完地后就一起捡柴、放牛、割猪草。我爷爷是少年毛泽东的玩伴。"

我们问："你还记得你爷爷是如何评价少年毛泽东的？"

"我父亲听我爷爷讲说，小时候的毛主席特别爱学习，他经常在放牛的时候看书，其他的小孩子就去捡柴，捡完了柴就一起做游戏。"

我们问："你父亲当年与毛主席接触过吗？"

李定洪肯定地说，接触过，而且有两次，分别是毛主席1927年在韶山脱险的时候和1959年回韶山的时候：

1959年6月26日早上，毛主席祭拜完父母亲后，往中间一条小路走去，他看到了我们李家的房子，就直接到了我们家里。当时我们家就叔叔、婶婶、我姐姐、哥哥在，我父亲不在家。后来我父亲听说毛主席到了我们家，就立即往回赶。

毛主席在我们家坐了20多分钟，他让警卫员拿来11丈白布、9丈布票放到我叔叔的手里，说："这是我送给你们李家的。"当时我父亲三兄弟，这些白布和布票是三家平均分派的。

毛主席和我叔叔、婶婶他们聊了起来，说："你们李家这么多年住在这个房子，太小了，为什么不到我家里去住？"

我叔叔和婶婶说："毛主席，你们家的房子，我们不敢住。"

毛主席又问我叔叔:"现在的口粮多少?能不能吃饱?"

我叔叔说:"靠了共产党的领导,靠了毛主席,能够吃饱吃好。"

毛主席说:"没有吃饱,你们的小孩都是很瘦的,没有吃饱饭。"

毛主席还问我叔叔:"每亩地能打多少粮食?"

我叔叔讲:"400斤左右。"

毛主席讲:"你扯谎。现在哪有每亩收粮食400斤的,顶多100斤到200斤。"

我叔叔没有再答毛主席的话。

毛主席在我们家喝了茶,坐了一会儿,就回到了自己的旧居。

在半路上,毛主席碰见了我父亲,还跟我父亲握了手。毛主席问:"你到哪儿去了?我到你家里,你却在外面。"

我父亲说:"我到外面的地里干活去了。"

毛主席就把自己戴的一顶草帽送给我父亲,让我父亲戴上。

毛主席又问我父亲:"你为什么不把自己家里的地种好?我看到地里有很多杂草、小杂树,你还到外面去种地?"

我父亲讲:"现在土地集中在一起了。我们家这块地去年前年'抛荒'了,没有人种,都去炼钢炼铁了。"

后来,我父亲跟着毛主席一起到了毛主席的旧居。毛主席从自己家里出来后,又来到了邻居毛小生家里。

我们很感兴趣:"毛小生是毛主席家的邻居?毛主席与毛小生交谈了吗?"

李定洪说:"是的,毛小生原来的家与毛主席旧居的家是同一个屋场,他们两家是紧邻。毛主席与毛小生交谈了大约20分钟。接着,毛主席又到了周兴培家里,就是毛主席当年在南岸私塾的老师。毛主席和周老师攀谈了一会儿,还送了一件黄色的军大衣给他。现在这件军大衣，还有送给我父亲的那顶草帽，都保存在韶山纪念馆。"

我们又问了李定洪一个问题："毛主席为什么会对你们李家如此关心呢？"

没想到，这个问题倒打开了李定洪的话匣子：

毛主席对我们李家确实特别关心，这里面也是有原因的。听我父亲讲，当年国民党反动派搞"白色恐怖"，湘潭、韶山等地的地主武装来到韶山，要抓捕正在韶山开展革命活动的"共党分子毛润之"。当时情况十分危险，毛润之先是躲在池塘边上，我爷爷他们假装往稻田里走，把土豪劣绅引开。后来是我爷爷、我父亲、叔叔，还有姓周的，一共6个人抬着轿子，让毛润之也扮作轿夫混在人群里，我爷爷坐在轿子上，混出了土豪劣绅的围捕。毛润之就是毛主席。

还有一个故事，也是我爷爷告诉我父亲的。当年毛主席的爷爷看中了一块山地，准备作为自己的坟地，结果毛主席的爷爷死了一个多月才埋葬。为什么呢？因为当时毛主席爷爷选中的这块坟地在很高的山岗上，棺材抬上去非常困难。是我爷爷他们用7天7夜时间，在坚硬的山岩上开凿墓穴，又用土办法把棺材拖上山，棺材放进墓穴时距两边的岩壁仅仅只有几寸的空隙。

李定洪说："毛主席对我们李家的感情很深，我觉得与这些老故事可能有一定的关系。"

毛主席做"月老"

1945年11月出生的毛雨时，在1959年6月毛主席回韶山时，还不到 14 岁。从韶山学校毕业后，他的人生轨迹基本上没有离开过韶山冲。在领袖故乡这片热土上，他写出了精彩的人生。

中学毕业后，毛雨时回到村子里，成为那个年代农村为数不多的"秀才"。后来他入了党，先后担任了韶山村村主任、韶山村党总支书记、韶山乡党委副书记，先后荣获全国劳动模范、全国优秀村主任等荣誉称号，并光荣当选为党的十五大至十九大代表。退休后，任韶山村党委第一书记。作为毛主席家乡的退休老干部、党代表，他始终不忘初心，牢记使命，认真履行党代表职责，热心热情帮助群众解难题、办实事，扶助贫困学子追梦圆梦，是老百姓心目中的优秀党代表。

1959 年 6 月，毛主席回故乡韶山，当时还是韶山学校小学部学生的毛雨时，与全校师生一起幸福地见到了前来看望他们的毛主席。

我们问曾经担任过韶山村党支部书记的毛雨时："我们看到在毛主席许多珍贵的历史图片中，有一张他戴着红领巾与小学生在一起、脸上充满喜悦笑容的照片，据说是在韶山学校拍的。请问，这张曾经让新中国亿万少年儿童感到特别亲切、温馨的照片，是在什么背景下拍摄的？你当时在现场吗？"

毛雨时回答说："那天我就在现场，亲眼看到了毛主席来到我们中间。"

1959 年 6 月 25 日傍晚，毛主席回到阔别 32 年的故乡韶山。6 月 26 日这天的天气较热，毛主席穿着白衬衣，一大早先去山上给父母亲扫墓，然后去看望乡亲，接着就来到韶山学校看望师生。

"毛主席到你们学校，当时讲了些什么话？"

毛雨时说："毛主席走着看了一下校舍。那时我们韶山学校，

彩云长在有新天

毛主席亲属和身边工作人员难忘的回忆

1959年,毛主席回到故乡韶山,来到韶山学校,与前来欢迎的师生们合影留念

一边是中学部，一边是小学部，规模不小。毛主席对校长说：'你们这个学校已经蛮大了嘛。'毛主席讲的是韶山方言，我们大家都听懂了。

我们问毛雨时："毛主席戴着红领巾、与韶山学校的孩子们在一起的照片，站在毛主席身边的小同学叫什么名字？"

毛雨时说："站在毛主席两旁的，男同学叫蒋含宇，女同学叫彭淑清。给毛主席献花的是彭淑清，戴红领巾的是蒋含宇。"

"你还记得给毛主席戴红领巾时，毛主席讲了些什么话？"

毛雨时说，毛主席接过红领巾问蒋含宇："你把红领巾给了我，你自己怎么办？"蒋含宇毫不犹豫地说："我家里还有一条，这一条就送给您了。"毛主席开怀大笑道："谢谢你了小同学，我现在变成少先队员了，变年轻啦！"毛主席的话音未落，现场顿时掌声雷动，在场的人们都被毛主席的话逗笑了。蒋含宇给毛主席戴上了红领巾。记者在现场拍了照片，现场一片欢腾。

我们问："毛主席在韶山学校待了多长时间？"

毛雨时说："差不多有半小时。"

我们向毛雨时打听照片上最醒目位置的两位同学，即站在毛主席左右两侧的蒋含宇、彭淑清两位同学的情况，没想到却引出来一个动人的故事。

1959年夏天，蒋含宇还是一个天真烂漫的少年，彭淑清也还是个扎着羊角小辫的小姑娘。他们俩都出生于韶山冲，称得上是毛主席地地道道的"小老乡"。蒋含宇和彭淑清都是品学兼优的"尖子生"，两人都是14岁，都是韶山学校初中部二年级的学生。

自从见到毛主席以后，蒋含宇和彭淑清就暗暗定下目标：一定要刻苦努力，好好学习，将来报考北京的大学，这样就能离毛主席近一些了。1964年,蒋含宇和彭淑清双双考上了北京的大学。蒋含宇考上的是中国人民大学国际政治系,彭淑清考上了北京石油学院机械系。

因为中国人民大学与北京石油学院离得不远,蒋含宇和彭淑清时常能见面。

久而久之,两个年轻人产生了朦胧的感情,大学四年级的时候,蒋含宇和彭淑清明确了恋爱关系。

大学毕业后,他们双双被分配到祖国的工业基地东北地区工作。1971年元旦,蒋含宇与彭淑清办理了结婚手续。在他们的新房里最醒目的位置,放着一件比黄金珠宝还要珍贵的"家当"——在韶山学校,他们与毛主席的那张合影。

后来,由于工作需要,蒋含宇、彭淑清调到湖北、江西工作。蒋含宇先后担任九江炼油厂的教育科干事、副科长,至2000年调任江西石油公司纪委书记。2005年退休。彭淑清则以石化总厂设计院高级工程师的身份,完成了一项又一项高难度科研项目,还担任大学生的毕业导师,获得"导师带头先进个人"的美称,于1999年退休。

如今,蒋含宇和彭淑清在南昌定居下来,过着幸福、平静的晚年生活。早些年工资不高的时候,每隔一两年,夫妻二人就会回一趟老家,看看双方的父母、亲戚,也必定会去毛主席故居瞻仰。

每当看到他们和毛主席的那张合影,蒋含宇都会说:对我们来说,它不只是一张普普通通的照片。毛主席是我们的"月老"。

这真是一幅经典照片演绎了一桩幸福良缘。